独ソ開戦の真実

『ジューコフ回顧録』完全版が明かす

守屋純

序

本書で取り扱ったのは、第二次世界大戦史において今日まで議論されることの多い、大戦勃発直前の独ソ不可侵条約締結から独ソ開戦までの約一年と一〇ヵ月間の時期、ソ連の指導者スターリンがどのような判断をし、それがどのような結果をもたらしたかについてである。この主題についてはこれまで各国の研究者による多くの労作がある。ではなぜ今、筆者がこの主題を取り上げることになったかと言えば、元々はソ連邦元帥ゲオルギー・ジューコフの回顧録『(Vospominaniia i Razmuishleniia)［回顧と思索］』「以下「ジューコフ回顧録」と表記）の整理と復元を手掛けたことがその始まりである。

一九六九年に刊行された「ジューコフ回顧録」の初版は当時のソ連当局によって大幅な検閲と削除が施されたもので、ジューコフ自身が「自分の著述は半分だけ」と嘆くほどの有り様だった。その後、ソ連末期の一九九〇年になって検閲削除されていた部分と、ジューコフが追加補筆した原稿とが公表され、その後は次々に改訂新版が公にされて、結局二〇〇二年版が今では最新版となっている。

しかし「ジューコフ回顧録」の叙述の裏付けを得るために関係する資料と証言を検討していくうちに、結局はスターリンの判断からすべてが発していることがわかり、冒頭に述べたような主題に焦点をしぼりこんだ。その結果、新たな事実も判明し、また逆に新しい疑問点も浮かび上がってきた。

ソビエト連邦が崩壊してからすでに二〇年の歳月が過ぎている。この間に旧ソ連の公文書や証言が大量に公表され、一般の研究者にとって利用可能なソビエト側の資料の範囲は格段に広がった。しかし現実に独ソ関係史の研究に関しては、ロシア語とそして当然ドイツ語という二つの言語の壁にはばまれ、欧米の研究者でもこのどちらか一方の言語による資料と証言にのみ依拠して、他を英語文献で代用する、という状況はまだつづいている。

だが問題は語学上の障害だけにとどまるものではない。最大の障害とは実は、旧ソ連資料の分量の膨大さにあり、それは一人の研究者が一生かかっても到底扱いきれぬほどである。その結果、各研究者は自分の最大の関心事もしくは問題点についての資料の追究に走るあまり、一種の資料の〝たぬき堀り〟のような状態に陥っている。すなわち、初期の採炭現場で見られたような、坑員一人一人が腹這いになって石炭を掘り出し、外へ運び出す方法に似ている。このやり方では、なるほど外交史、軍事史、諜報戦史、スターリン個人史など個々の分野についての研究は進むかもしれないが、各分野相互の作用と影響についてはかえって混乱を深めることになってしまう。実際、本書で扱った問題はそれほど興味深く、しかもさまざまな範囲にわたる論題であるとも言える。

本書では、このような状態に陥るのを避けるため、できるだけ時系列に従って資料を整理し叙述する方法をとった。読者には煩瑣《はんさ》と感じられるであろうような細かさで、スターリンとソ連側の行動を時間的に逐一追うことで、現実に何が起こったのか、そして何がなされなかったのかを検討したつもりである。逆に、多くの論者が必ず問題とする「ではあの時スターリンとソ連側は何をすべきだったか」については、仮定の問題となるので極力話題にしていない。

何より重大なことは、スターリン独裁体制のすさまじさであり、本当に「機械のように」スターリンの意のままの動きをしたという実態である。スターリン個人は決して超人でもなければ怪物でもなかった。しかし、その作り上げた独裁体制は史上例を見ないほど強固であり、まさしくヘーゲルが『歴史哲学』で中国の清朝を批判した言葉にぴったりとあてはまる。「皇帝一人が自由人で、他のすべてが奴隷」。本書は、ヒトラーが内心うらやんだと言われるほどのスターリン体制が、この緊迫した時期にどのような動きをして、それが最後にはスターリンとソビエト連邦にどのような結果をもたらしたかについての今日の視点からの考察である。

最後に、本書での露文文献の引用において、ロシア語のアルファベットの順番に従ってそれをローマ字表記で示した。そのため記号の順番はa, b, v, g, d, e, j, z, i, iiとなっている。ご了承ありたい。

目次

第一章　独ソ不可侵条約とソ連の参戦

ソ連はいつ参戦したか

かつてソビエト連邦では第二次世界大戦を特別に「大祖国戦争」（Velikaiia Otechestivennaia Voina）と呼称し、それは現在のロシアでも受け継がれている。だがこれはソ連（およびロシア）だけにあてはまる呼称であって、他の参戦国にはあてはまらない。それは、戦争の開始をドイツおよびその同盟諸国がソ連に侵入した一九四一年六月二十二日とする、ソ連の戦歴にもとづく呼称だからである。

これはちょうど、一九四一年十二月八日の対米英宣戦によって第二次世界大戦に参戦した日本が、それまでの日中戦争（支那事変）も含めて「大東亜戦争」と呼称したのと同じである。

だからソ連にとっての第二次世界大戦とは、ドイツのソ連攻撃、「バルバロッサ」作戦によって突然、無理やり引きずり込まれたものということになる。しかし実際にはヒトラーが「バルバロッサ」作戦を発動するずっと前、否、ヒトラーがポーランドを攻撃して英仏両国が対独宣戦をした直後から、スターリンも赤軍を動かして戦争を始めていた。しかも最初の敵はヒトラーの独軍と戦っているポーランドである。そして対ポーランド戦が終わると、次にスターリンはフィンランド攻撃に着手する。このようにスターリンはヒトラーとほとんど同じ時に〝自分の〟戦争を始めていたのだ。

すると、ソ連の本当の参戦は赤軍がポーランドに侵入した一九三九年九月十七日ということになる。そしてスターリンに参戦を決意させた最大のきっかけはヒトラーとの独ソ不可侵条約だった。

スターリンにとっての独ソ不可侵条約

世界を震撼させた独ソ不可侵条約が締結されたのは一九三九年八月二十三日のことで、調印したのは独ソ両国の外相だった。それゆえ調印者の名前をとって、モロトフ＝リッベントロップ協定と呼ぶこともある。しかし当時の独ソ両国はどちらも極端な独裁国家だったから、双方の独裁者の名をとってヒトラー＝スターリン協定と呼ぶほうがふさわしい。この協定を結んだドイツ側の意図と計算についてはこれまで多くの研究がなされている。しかしどの研究にしても、ヒトラーの意図が対ポーランド戦にあって、そのために背後の抑えとしてスターリンとの提携に踏み切った、とする点ではほぼ一致をみている。

これに対して、スターリンの意図が何であったのかについてはいまだに諸説あって決着していない。当時のスターリンの内心を伝える資料として、スターリンにもっとも近い存在だった外相（外務人民委員）ヴャチェスラフ・モロトフの晩年の証言を紹介する。

スターリンは偉大な戦術家だった。結局ヒトラーは日本の了解もなしにわれわれと不可侵条約を結んでしまった。スターリンがヒトラーをそうさせたのだ。日本はドイツを深く恨み、日独同盟からなんの利益も与えようとしなかった。われわれの松岡洋右外相との会談は大きな意義があったのだ（一九八二年）。

スターリンがヒトラーの歓心を買うためにバルト三国を差し出した、というのはまったくあり得ない。そのような手順ではヒトラーを阻止するのに失敗するだけでなく、逆に彼の食欲をそそらせてしまう、ということはわれわれも十分認識していた。そしてわれわれ自身がバルト諸国を必要としていた（一九七五年）。

われわれがリッベントロップを接見した時、当然彼はスターリンと私に乾杯した――彼は良き友だった。不意にスターリンがこう言った、「さあ新しい反共主義者スターリンのために乾杯しよう！」。そうスターリンはふざけて言い、私にめくばせした。彼はリッベントロップの反応を見るために冗談を言ったのだ。リッベントロップは電話に急行して、ヒトラーに興奮して報告した。ヒトラーは「わが天才的な外相！」と答えた。ヒトラーはマルクス主義者を理解していなかった（一九七一年）。

これらの証言からスターリンの内心をさまざまに解釈することはできるが、重視しなければならないのは、実際にスターリンがヒトラーとの協定から何を引き出そうとしていたかである。公表された独ソ不可侵条約の正文は七ヵ条の簡単なもので、内容は、締約国の相互友好と不可侵、第三国との交戦の場合の中立保持、共通利益についての連絡と協議などが規定され、有効期限は一〇年とされた。そして最後に、条約の批准は極力短期間に行われるべきものと規定されている。

これだけでは独ソ両国間の友好を全世界に訴える政治的、イデオロギー的なデモンストレーションの意味しかない。たとえ独ソ両国がそれまで、スターリンの言葉を借りるなら、「互いに肥の中味を浴びせ合ってきた」仲だったとしてもである。したがって、不可侵条約付属秘密議定書にある東欧での独ソ両国の勢力範囲についての取り決めこそスターリンの最大の狙いだったと言えるだろう。

この独ソ不可侵条約付属秘密議定書（Sekretnuii Dopolnitelinuii Protkolm）は、二十世紀を代表するスターリンとヒトラーという二大独裁者の性質が遺憾なく表れた取り決めであり、まさしく「悪魔の盟約」と呼ぶにふさわしい。第二次世界大戦後すぐに、当時の西独でこの秘密議定書の独文が公表され、冷戦時代に西側ではその存在が常識となっていたが、ソ連側では一貫してその存在を否認してきた。ソ連解体後の現在では秘密議定書の露文を読むこともできる。

独ソ不可侵条約付属秘密議定書

ソビエト社会主義共和国連邦とドイツ国との間で不可侵条約が締結されたのを機に、両国の調印全権は厳重に秘密の協議において、東ヨーロッパでの両国の利益範囲の境界画定の件を討議し、以下のような結論に達した。

一、沿バルト諸国（フィンランド、エストニア、ラトビア、リトアニア）に属する地域で領土的・政治的変更のある場合、リトアニアの北部国境をそのままソビエト連邦とドイツとの利益範囲の境界とする。……

二、ポーランドに属する地域に領土的・政治的変更がある場合、ソビエト連邦とドイツの利益範囲は概ね、ナレフ、ヴィスワ、サンの各河川の線を境界とする。……

三、南東ヨーロッパについては、ベッサラビアにソビエトが利益を有することを強調するとともに、ドイツ側は当該地域にまったく政治的な関心のないことを確認する……。

この取り決めを見た限りでは、スターリンの意図はもっぱら、第一次世界大戦後に失われた旧ロシア領の回復としか考えられない。ヒトラーの意図が目前に迫った対ポーランド戦争のための布石であったとすれば、両独裁者はまったくの目先の利益に目が眩んで、この途方もない取り決めを結ぶことを決断したことになる。両国が参戦してこの取り決め通りに東欧を分割してみてはじめて、「悪魔の盟約」だったことに両独裁者は気づくのである。

独ソ両軍のポーランド侵入

一七九五年の第三次ポーランド分割によって消滅したポーランドが再興されるのは、第一次世界大戦でのドイツ、オーストリアの敗北とロシア革命による。一九一八年の独立宣言ののち、ポーランドはレーニンの革命ソビエト政権との間に国境線をめぐって戦争を起こした。ソビエト＝ポーランド戦争あるいは略してソ波戦争である。一九二〇年四月に始まった戦争は戦線が東西に大きく移動した。緒戦ではポーランド軍が優勢で、ウクライナの首都キエフを攻略したが、赤軍はすぐに反撃に出て、今度はポーランドの首都ワルシャワに迫った。ここで「ヴィスワ河畔の奇跡」とよばれるポーランド側の逆襲が成功して赤軍は再度退却を余儀なくされ、十月、これ以上の戦争継続は無理と判断して両国は休戦協定を結び、翌年三月ラトビアの首都リガで講和条約を締結した。

このリガ条約は一九一八年の独立時に比べ、ポーランド領を東方へ大幅に拡大させたため、領内にかなりの数の白ロシア人やウクライナ人をかかえることになった。またポーランドはその独立が戦勝国、特にフランスの肝煎りで実現したために、最初からフランスの対独・対ソ戦略の要《かなめ》、当時の用語で「防疫線」の役割をになわされていた。これだけ見ても独ソ不可侵条約とはスターリンにとっては、ポーランドに併合された旧領土奪還とあわよくばポーランド国家打倒のためのドイツからの保障だったであろうことは想像に難くない。

しかしながら、一九三九年九月一日にドイツがポーランドを攻撃した時点では、スターリンはただちにポーランド侵入の好機到来と考えたわけではない。九月三日の英仏両国の対独宣戦によって、下手をするとソ連はドイツの一味として英仏の敵国になりかねない状況になった。この緒戦時のスターリンの判断を示す言葉を、当時コミンテルン書記長だったゲオルギー・ディミトロフは九月七日付けの日記で次のように伝えている。

現在行われている戦争は、二つの資本主義国の陣営の間での世界再分割と世界支配のためのものである。彼らが戦って互いに弱体化することはわれわれにとって何もまずいことではない。もっとも豊かな資本主義国（英仏）がドイツの手中で揺さぶられるとはまったく素晴らしいことだ。権力を握った共産党の立場は野党でいる共産党のそれとは異なる。われわれは自分の家の主である。野党の共産党は野党のままであって、そこではブルジョアジーが主人である。われわれは策略によって一方を他方と対抗させ、互いにできるだけ激しく戦わせることができる。

この証言からするとスターリンは、西欧で戦争が始まったのは予想通りであるとして、しばらくは模様眺めの態度をとるつもりだったようである。だか、英仏両国はドイツに宣戦布告したものの具体的な軍事行動をとる様子はなく、その一方でドイツ側の快進撃は世界の目を見張らせるものであった。九月八日には独機甲部隊の先鋒がワルシャワの郊外に到達し、十一日には同市は完全に包囲される形勢となった。

予想外の展開にスターリンはポーランド全土がドイツに征服されてしまう、との危惧を抱いたようである。十日にモロトフはモスクワ駐在のドイツ大使フリードリヒ・ヴェルナー・フォン・デア・シューレンブルク伯にこう伝えた。

もしこれ以上独軍が進撃して、それでポーランドが崩壊したら、ソ連は「ドイツに脅かされている」ウクライナ人と白ロシア人の救援に赴《おもむ》く必要がある、と言明するつもりである。――もしドイツがポーランドと休戦してしまうと、ソ連は「新しい戦争」を始められなくなる。

本書の他の箇所であふれるように、モロトフはスターリンの番頭に徹して、個人的な見解や独自の判断を外部の人間に漏らすようなことは決してしない。だからこのモロトフのドイツ大使への言明はスターリンの考えそのものだったと言えるだろう。

実はすでに九月四日、ソ連の西部にある六個軍管区で予備役兵の召集が演習の名目で始まっており、すぐに徴兵の規模は一〇〇万人に達し、つづいてポーランドと接する白ロシア特別軍管区とキエフ特別軍管区がそれぞれ白ロシア方面軍とウクライナ方面軍に改組され、いつでもポーランドに侵入する態勢が整えられていた。

そしてポーランド軍の総崩れが明らかとなった十四日にモロトフはドイツ大使に、「政治上の理由から、ソ連の行動（ポーランドの打倒とロシア系少数民族の保護）には最重要の意義があり、もしポーランドの政治中枢であるワルシャワが陥落すれば、その時行動するつもりである」と伝えた。

さらに二日後の十六日、モロトフは同大使に向かって、「ウクライナ系と白ロシア系同胞の保護のために介入するのがソ連の義務であると考えており、かつ、これらの不幸な住民が平穏に仕事に就く機会を与えることも同じく義務だと考えている」として、ソ連のポーランド介入をやや唐突な形でつたえた。

翌九月十七日、ミハイル・コヴァリョフ指揮の白ロシア方面軍とセミョン・ティモシェンコ指揮のウクライナ方面軍が国境を越えてポーランド領内に侵入した。これは決して平和的進駐などではなく、れっきとした軍事行動であり、ポーランド側は微力だが抵抗した。赤軍の西進はドイツとの国境友好条約が結ばれる九月二十八日までつづき、ソ連は新たに人口二一〇〇万人、面積二〇万平方キロの領土を併合した。ソ連側の損害は十月三十一日のモロトフの報告によると、戦死七三七人、負傷一八五九人となっているが、現在の統計では、戦死九九六人、負傷二〇〇二人と訂正されている。

九月二十八日、独外相リッベントロップが再度モスクワを訪問し、あしたに「独ソ国境友好条約」が結ばれた。この時、秘密議定書の内容が修正され、「リトアニア国の領土はソビエトの利益範囲に入り、ルブリン管区とワルシャワ管区の一部はドイツの利益範囲に入るものとする」とされた。

この修正はもっぱらソ連側からの強い要請によるものであったと言われる。八月二十三日から九月二十八日までの一ヵ月間にスターリンにはどのような考慮があったのだろうか。

とにかく対ポーランド戦の勝利はスターリンにとって実にたやすいものであった。そしてスターリンはすぐに次の一手として、九月二十八日から十月十日のあいだに、リトアニア、ラトビア、エストニアのいわゆるバルト三国に対してソ連との相互援助条約の締結を強要し、結局三国ともにソ連の海軍と航空隊そして砲兵隊への基地提供を認めさせられた。これはやがて起こるソ連による三国併合への第一歩となる。

このようにして、ヒトラーが始めた戦争に便乗したスターリンは、ヒトラーのように英仏からの宣戦をうけることもなく、まったくの漁夫の利を得た。不可侵条約によってドイツ側から認められたソ連の勢力範囲征服の次はフィンランドの番で、これも難なく併合できそうであった。

「アバス特電」

以上のようなソ連の動きを見た西側諸国では、独ソ不可侵条約の締結そのものがスターリンの遠大な謀略で、それによって戦争へとヒトラーの背中を押したのではないかと疑われるようになった。ソ連がフィンランドとの国境線変更をめぐる不毛な交渉を打ち切って軍事行動に出ようとしていた矢先の十一月二十八日、フランスのアバス（Ｈａｖａｓ）通信社が「ジュネーブ経由でモスクワの完全に信頼できる情報源から」の報告として、「一九三九年八月十九日の政治局会議でのスターリンの演説」なるものの全文を配信した。それによれば、八月十九日夜、共産党政治局員とコミンテルン書記長ディミトロフを緊急召集して行った、ソ連の政策変更についてのスターリンの演説だという。この「スターリン演説」の内容は次のようなものである（ここでは英訳から紹介）。

まずヨーロッパでの戦争勃発の可能性について。

われわれにとって戦争か平和かの問題は危機的な段階に入っている。もしわが国が英仏と相互援助条約を結べば、ドイツはポーランドを諦めて西欧諸国とのmodus vivendi（注：一時的な妥協）を模索しはじめるだろう。――もしドイツの提案を受け入れて不可侵条約を結べば、ドイツは当然ポーランドを攻撃し、英仏の参戦も不可避となろう。西ヨーロッパは深刻な騒乱と無秩序にみまわれよう。そのような状況でならわが国は紛争を傍観できる好機が得られるだろうし、有利な立場で戦争に介入することもできる。

では、なぜソ連にとって西欧での騒乱が必要かについてはこう述べる。

過去二〇年間の経験が示すように、平時にヨーロッパでボルシェビキの権力奪取を可能とするほど強力な共産主義運動を遂行するのは不可能である。共産党独裁を可能にするのはただ一つ、それは大戦争の結果によってである。われわれの選択は明らかであって、ドイツの提議を受け入れて英仏の使節団を丁重に送り返すべきである。

独ソによるポーランド分割（1939年9月28日）

そして、ドイツとの提携で得られるであろう具体的な収穫について列挙する。

そこから引き出せる利益としてはまず、ウクライナ・ガリツィア（注：ポーランドの東南部でウクライナ系住民が居住）を占領してワルシャワにまで到達してポーランドを打倒できる。ドイツはわが国にバルト諸国での完全な行動の自由を保障するだろうし、ベッサラビアのソ連への返還にも反対しないだろう。ドイツはルーマニア、ハンガリー、ブルガリアをわが国が勢力範囲とするのを容認する用意がある。問題として残るのはユーゴスラビアである。

もしドイツが英仏との戦争で敗れる場合も想定する。

ドイツ敗北の場合、ドイツのソビエト化が避けられぬものとなり、共産党政権が樹立されよう。だが忘れてはならないのは、もし短期戦でドイツが敗北した結果のソビエト化には大きな危険がある、ということである。その場合に英仏はベルリンを攻略したうえ、さらにソビエト・ドイツを打倒するのに十分な強さを保持するであろうから、われわれがドイツのボルシェビキ同志の救援にかけつけることは無理となろう。

かくてソ連と西欧の共産党の採るべき路線が示される。

かくてわれわれの任務は、ドイツが戦争をできるだけ長引かせて英仏両国を疲弊させ、どうやってもソビエト・ドイツの打倒を行えないようにすることにある。その間、ソ連は中立の立場を維持し、ドイツに原料資源と食糧を供給しながら、ソ連がドイツを救援することができるその日を待つ。――同時にわれわれは積極的な共産主義宣伝活動をとりわけ英仏ブロック、それも主としてフランスで実行せねばならない。今、戦時となればこの国（注：フランス）では共産党が非合法化され地下に潜伏せざるを得なくなる、という状況にもそなえねばならない。

かかる業務には多くの犠牲を必要とするであろうことを知っているが、さりとてフランスの同志はそれに疑問をもつまい。まず第一の彼らの任務は、軍隊と警察の切り崩しとその士気を沮喪《そそう》させることとなろう。もしこの予備作業が成功裡に運べばソビエト・ドイツの安全は保障され、それがひいてはフランスのソビエト化をも可能とするだろう。

ではもし逆にドイツが勝ったらどうなるのか。それについては次のような判断がくだされる。

ドイツの勝利はわが国にとって深刻な危険をもたらす、との意見もあろうし、その見方には幾分かの真実がある。だがそのような危険がひどく切迫していると思うのはまちがいであって、ドイツはたとえ勝っても戦争による疲弊のためにこれから一〇年間はソ連と武力対決を始められないだろう。

今度はドイツ勝利の場合のソ連とフランス共産党の可能性について語られる。

ドイツの主な関心は敗れた英仏両国の復活を阻止するために支配を維持することになろう。その一方でドイツは領土を意のままに広げ、何年にもわたってそこから搾取するのに多忙となろう。ドイツが他の地域でわが国に立ち向かってくるにはあまりに多忙になるということは明らかだ。

――敗北したフランスではフランス共産党が強力となろう。不可避的に共産革命が発生し、われわれはその情勢を利用してフランス救援に馳せ参じて、フランスを同盟者とすることができよう。すべての諸国民が勝ったドイツの「保護」のもとに入ったなら、かれらはわが国の同盟者となろう。

こうしてスターリンの結論が導きだされる。

同志諸君！　労働者の祖国であるソビエト連邦の関心事はドイツ・ライヒと英仏資本家ブロックとの間に起こる戦争である。双方の側を疲弊させるため、できるだけ戦争を長引かせるようすべてを手配しなければならない。まさしくその理由からわれわれはドイツから提案された条約に同意せねばならない。

この記事にはさらに「スターリン演説」のあと、どういうやりとりがあったかまで述べられている。

スターリンの演説を宗教的な畏敬の念をもって拝聴

していた列席者たちに異論のあろうはずはなかった。ただ些細な内容の二つの質問が出され、スターリンがそれに答えた。かくて彼の、ドイツとの不可侵条約を受け入れるべし、との提案は満場一致で承認された。それから政治局は一つの決定を行った。それは、コミンテルン書記長マヌイルスキーと同議長ディミトロフに同志スターリンの指導のもとに、外国共産党への指示の作成を委任することである。

「アバス特電」の影響

この「アバス特電」と呼ばれる記事についてその真偽のほどは定かでない。今日では多くの研究者によって偽作もしくは創作であろうと言われている。根拠は以下の通り。

①そもそも一九三九年八月十九日のソ連共産党政治局会議自体がなかった。
②記事でコミンテルン代表の二人の肩書が逆になっている。
③既出のディミトロフの日記にはソ連とコミンテルンの路線変更について何の言及もない、等々。

実際、文面を一読しただけで創作らしいことは推察される。第一に、スターリンは英仏とドイツのそれぞれの勝利の場合を想定していることになっているが、事実上はドイツの敗北に乗じての共産革命の可能性に力点がおかれた「分析」になっている。ドイツ勝利の場合の想定は意味不明の部分が多く、記事作者の英仏側勝利を前提とした希望的観測であることをうかがわせる。第二に、外国共産党の活動ではフランス共産党のそれに力点がおかれている。この時点でドイツ共産党はとっくに消滅しているが、西欧ではそれぞれの国でなお共産党は健在だった。だがこの「演説」ではフランス共産党についてしかふれられておらず不自然であり、やはり記事の出所がフランス人絡みと推測される。

ところで「演説」でもっとも強調されているのは、英仏とドイツとの戦争をできるだけ長引かせるべしとしている点である。この記事が発表された時の状況は、独ソ両国による対ポーランド戦が終わって、ドイツの西部戦線では静謐《せいひつ》状態が保たれたいわゆる「奇妙な戦争」の時期である。そしてヒトラーは十月六日に国会での演説で英仏両国に和平をよびかけたが、どちらからも拒絶されている。すると記事の作者は恐らくフランス人で、和平なり総攻撃なりとにかく連合国側の対独戦略をはっきりさせたくて、このまま宙ぶらりんの状態が続けば得をするのはスターリンだけだ、との切迫感に駆られて発表したのかもしれない。ともかく「アバス特電」の作者が誰であるかはわからないが、スターリンでなかったことはほぼ確実であろう。

にもかかわらずこの記事に注目せざるをえないのは、スターリンの反応である。「アバス特電」が配信されて西側諸国の新聞に掲載されると、そのわずか二日後の十一月三十日、スターリンは党機関紙『プラウダ』にみずから反論を掲載した。スターリンの反論は次のようである。

プラウダ編集者は以下のような質問を同志スターリンに行った——。

アバス通信社の配信しか、八月十九日の政治局で同志スターリンが行ったと言われる演説、そこでは交戦各国を消耗させるためできるだけ戦争を長引かせねばならないとの考えを推進しているとされている点について、同志スターリンの意見やいかに？

同志スターリンは次のように回答した——。

アバス通信社が配信したこの報告は同社の他の配信記事同様、馬鹿げたものである。無論私はこのような戯言がどこのキャバレー（注：スターリンは cafe-chantant というフランス語で表現している）で捏造されたかまではわからない。だがアバス通信社の諸氏がどのような虚言を吐こうとも、以下のことは否定できまい。

a　ドイツがフランスとイギリスに宣戦したのではなく、フランスとイギリスがドイツに宣戦したのであり、それゆえ現在の戦争の責任はこの両国にある。

b　開戦後もドイツはフランスとイギリスに和平提案をし、ソ連は公式にこのドイツの提案を支持した。それが可及的速やかに戦争の終結をもたらし、すべての国々と人民に安堵の念を与えられると考えたからであり、今でもそう思っているからである。

v　イギリスとフランスの支配層は、ドイツの和平提案も戦争を極力早期に終結させようとのソ連の努力のどちらも無下にしりぞけた。

以上が事実である。アバス通信社のキャバレー政治屋たちは以上のような事実にどうやって反論するのだろうか？

これまた奇妙な対応で、スターリンはなぜこのような出所不明の記事に過敏に反応したのか。スターリン独裁体制下のソ連で「アバス特電」がマスコミに報道されることはなく、当時ソ連ではほとんど誰もこの記事について知らなかったはずである。

ちなみにこの「アバス特電」がロシアで紹介されるのは一九九四年になってからである。だからスターリンは「アバス特電」など一顧だにせず黙殺して済んだはずである。それをなぜわざわざ自身の言葉による公式の反論を発表したのか。それはアバス記事に、スターリンのよほど癪《しゃく》に障る内容が含まれていたからとしか考えられない。

ではスターリンはアバス記事の何にもっともカチンと来たのか。その答えはスターリンの「回答」に示されている。スターリンがもっとも問題にしたのは、ソ連が戦争の長期化を策しているという点である。これこそスターリンが心中で温めていた構想ないしは願望ではなかったか。おそらく外国の観察者に図星を突かれて逆上してしまったのだろう。だがこの反論の直後に対フィンランド戦争が起こっているのは事実であるから、スターリンが反論に持ち出した「事実」はまったく説得力に欠け、逆に「アバス特電」の的確さを際立たせる結果となってしまったのである。

第二章　対フィンランド戦争の結果

一、ソビエト=フィンランド戦争

ソビエト=フィンランド戦争とは

一九三九年十一月三十日に交戦が始まり、一九四〇年三月十三日に講和となったソビエト連邦とフィンランド共和国との戦争は、歴史的名称として「ソビエト=フィンランド戦争」の用語が定着しているが、ソ連そして現在のロシアでは「冬戦争（Zimnyaia Voi na）」と呼んでいる。また、ソ連とフィンランドは一九四一年の独ソ戦で再度交戦することになるので、それと区別するために「第一次ソビエト=フィンランド戦争」と呼ぶこともある。ここではあくまでソ連側、ことにスターリンの対処を取り扱うため「対フィンランド戦争」の呼称をもちいる。

フィンランドも第一次世界大戦末期の一九一七年に革命に乗じてロシアから独立を宣言した国家だったが、独立の後押しをしたのは連合国側ではなくドイツだった。そのため第一次世界大戦後もずっとドイツ=フィンランド関係は親密であった。にもかかわらずヒトラーは浅はかにも、不可侵条約付属秘密議定書でフィンランドをあっさりとソ連の勢力範囲と認定してしまい、それがやがてはフィンランドをめぐる独ソ間ののっぴきならぬ対立を引き起こす原因になる。

前章で触れたようにポーランド東部侵入と併合、バルト諸国への駐兵がとんとん拍子に運んだところで、スターリンの次の目標はフィンランドということになった。そして十月の初めからモスクワでフィンランド側との間に、領土交換とフィンランド湾内の島の租借または割譲について交渉が行われた。この交渉でのソ連側の要求をまとめてみると、

一、レニングラード保全のため、国境をフィンランド側にあと二〇～二五キロだけずらす。

二、フィンランド湾の保全のため、重要ないくつかのフィンランド領の島をソ連に貸与もしくは割譲する。
三、その代わりにソ連側は内陸の領土をフィンランドに割譲する。

というものである。この、ソ連側の一方的な都合による領土交換要求にフィンランド側が応ずるわけもなく、十一月二十九日にソ連側はモロトフの名で国交断絶を伝え、翌三十日早朝、ソ連軍は「フィンランド側からの砲撃に反撃するため」、一斉に空爆と砲撃に入った。

のちに国防人民委員第一代理グレゴリー・クーリクが証言しているように、レニングラード軍管区の部隊が対ポーランド作戦に参加しなかったのは後方の控えだったからではなく、次に予定した対フィンランド作戦の準備に専念するためだった。しかも軍管区司令官キリル・アファナショヴィッチ・メレツコフが準備の命令をうけたのは九月半ばというから、ソ連側の対フィンランド作戦はほぼ予定通りの行動だったと言えよう。

スターリンの狙い

スターリンのフィンランドに対する本当の狙いが何であったか、今となってはわからない。しかしこれまで見てきたポーランドやバルト諸国の運命からすると、やはりフィンランド全体のソ連への併合をめざしていたのではないだろうか。それは、開戦早々の十二月二日、ソ連側が占領したフィンランドの国境の町テリヨキでフィンランド出身の党政治局員オットー・クーシネンを大統領とする「フィンランド人民共和国」なるものの樹立が宣言され、ソ連との間に「相互援助条約」がむすばれ、ソ連側の領土要求を承認したことになっているからである。

対フィンランド戦争が終結した直後の一九四〇年四月十七日、赤軍幹部を前にしてスターリンは、戦争という解決策を急いだ理由をこう説明している。

たとえわが方にフィンランドの自然環境での戦争遂行の準備が万全ではなかったにせよ、フィンランド攻撃を二～四ヵ月先延ばししなかった党と政府の判断は絶対に正しい。軍事行動を正確に十二月初頭に始めたのはわが国の都合からだけではなく、国際情勢がもっと大きく関係している。西欧では三大国が死闘にはまりこみ、他の方面に介入できない時こそレニングラード問題解決の最良の好機であった。

もしこの瞬間を逃したとすれば、それは大いなる愚鈍かつ政治的視野狭窄《きょうさく》となったろう。西欧列強が自分たちの戦争で手足をとられている間に、われわれはレニングラード保全の問題解決を急がねばならなかった。それゆえ二〜三ヵ月間の遅れは二〇年間の遅れを意味する。なぜなら政治上の進展というものは誰にも予想ができないからだ。彼ら（注：交戦中の英仏とドイツ）はこれからも戦い続けるかもしれないが、戦争の前途とはきわめて曖昧なものであり、彼らが戦争を続けるのか、それとも単なるカードゲームをするだけなのか誰にも明言できない。

突然の講和の可能性も排除できない。そうなると、レニングラード保全の問題を取り上げる絶好の機会を取り逃がすという大変な失策をすることになる。だから、フィンランドとの交渉が中止になったところでこの件を先延ばしせず、即座に戦闘行動に入ったわが党と政府の決断はまったく正しかったのだ。

このスターリン自身の事後説明によると、フィンランド全体の併合ではなく、レニングラード防衛確保のために国境線をずらすことが対フィンランド戦争の最大の目的だったことになる。スターリンの本心が何であったにせよ、偽作ではあるが「アバス特電」の指摘はやはり正鵠《せいこく》を得ていたと言うべきだろう。スターリンは、西欧で英仏とドイツが「奇妙な戦争」という睨み合い状態に陥って互いに動きがとれない隙を狙って、フィンランドに対する軍事行動を強行したのだ。

ソ連側の楽観

しかしスターリンが北緯六〇度以北の戦域で、それも厳寒期に入りつつある十二月にあえて軍事行動を選んだ背景は、赤軍の軍事力の過大評価とフィンランドの軍事力の過小評価抜きには考えられない。開戦前に開かれた赤軍最高軍事会議の席上、参謀総長ボリス・シャポシニーコフはスターリンから、赤軍を過小評価しフィンランド軍を過大評価していると厳しく批判され、実際の対フィンランド作戦計画はレニングラード軍管区司令官メレツコフにまかされた。そればかりかシャポシニーコフは十一月三十日の開戦さえ知らされず、ニュースを聞いて休暇先から大急ぎでモスクワに帰ってくる有り様だった。

政治上の決断が独裁者によって下されると、軍事専門家の判断も独裁者の意向に沿う形で従属させられてしまう。一九三七〜三八年の赤軍大粛清によって真に有為《ゆうい》の人材は姿を消し、赤軍のトップには「内戦時代の遺物」と陰口を言われたクリメンチ・ヴォロシーロフが国防人民委員（国防相）として、また内戦で騎兵を指揮して伝説的な英雄となったセミョン・ブジョンヌイが元帥として君臨していた。またその下には国防人民委員第一代理兼兵器担当にクーリク、同第一代理兼最高軍政治委員にレフ・メフリスという、若手だが軍事的にはまったく無能で、ただスターリンへの忠誠だけでのし上がってきた「忠臣」もしくは「佞臣《ねいしん》」が専横をきわめていた。主人スターリンの意向をそのまま実行するしか能のないこれら「忠臣」たちは早速スターリンの意向の広報役となった。ヴォロシーロフは「対フィンランド戦争は四日で終わる」と広言した。

当時の軍人たちの間の異常な雰囲気について、赤軍砲兵総監だったニコライ・ヴォロノフの後年の証言がある。

作戦開始の少し前、私はメレツコフのところを訪れた。するとそこにクーリクとメフリスもいた。そのなかの一人が私に向かって、「君はちょうどよい時にきた！」と言った。「君は危険な状況について知っているか？　カレリア地峡とラドガ湖北方へと予想される作戦で必要とされる砲弾の量についてどう考えているか？　どんな種類の砲が必要になるのか？　その数は？」

「私の考えでは、すべては状況次第です」と答えた。

「君は攻守いずれを計画しているのか？　どの部隊で、どの戦区で？　ところで作戦に要する時間はどれくらいか？」

「一〇日から一二日のあいだでしょう。全部で二ないし三ヵ月間で片がつけば有難い」。私の発言は嘲弄的な笑いでもって迎えられた。クーリクは私に、作戦が一二日間かかるとの想定の根拠を示すよう命じた。誰も戦闘準備にどれだけの時間がかかるか知らなかった。彼らはただこう言った、「フィンランド軍はいつでも攻めてくるぞ」

このヴォロノフの回想している情景はクーリクの証言に

よると十一月二十六日のことで、場所はレニングラード軍管区司令部である。あとになってクーリクは、メレツコフが二ヵ月間の戦闘準備期間に部隊訓練を怠っていた、と非難しているが、ヴォロノフの証言からすると赤軍首脳全体に楽勝気分がただよっていたことがわかる。

　こうして赤軍はなんらの合理的な算定も事前の敵情調査もなしに対フィンランド戦争に突入していった。

赤軍の拙戦

　フィンランド攻撃に投入された赤軍は、南側からカレリア地峡のフィンランド湾側に第七軍（ヤコブレフ指揮）、ラドガ湖側に第一三軍（グレンデル指揮）、ラドガ湖北方に第八軍（シュテルン指揮）、さらにのちに第一五軍（はじめミハイル・コヴァリョフ、のちクルデューモフと交代）が新設される。中部フィンランドには第九軍（ヴァシーリー・チュイコフ指揮）、最北には北極海沿岸のニッケル鉱山の都市ペッアモ攻撃のため第一四軍（フロロフ指揮）、が配置された。最初に投入された兵力は二一個師団と言われる。これら各軍の総指揮をとるのはレニングラード軍管区司令官メレツコフである。

　だが喧伝された〝無敵赤軍〟とは裏腹に、赤軍部隊は随所で悪路と豪雪、そしてフィンランド側が構築した永久堡塁群《ほうるいぐん》と阻塞《そさい》陣地帯にはばまれて撃退され、あるいは逆に包囲寸前の状態での退却が続出した。そして間隙を縫って行われるフィンランド軍のスキー部隊の狙撃兵による「ヒット・エンド・ラン」戦法に翻弄されてしまった。

　もっとも極端だったのは、第九軍麾下でフィンランド分断を狙って中部のスオミサルミへと侵入した第四四狙撃兵（注：歩兵のこと。伝統的にこの名で呼ぶ）師団（ヴィノグラードフ指揮）で、ラーテ街道上に戦車、大砲、輸送車が一列縦隊をなして立ち往生し、そこを前後左右からフィンランド軍スキー部隊に攻撃されてほぼ全滅した。そして師団指揮官ヴィノグラードフと同師団の連隊長や大隊長はモスクワから派遣された赤軍最高政治委員メフリスの手で銃殺された。

　もっとも南で最大の兵力が配置されたカレリア地峡では、赤軍は「マンネルヘイム線」と呼ばれるフィンランド側のコンクリート製永久堡塁群に前進をはばまれ、無駄な正面突撃を繰り返してはいたずらに損害を重ねるだけであった。これはフィンランド軍最高司令官カール・フォン・マンネルヘイム元帥が戦前から構築しておいた堡塁群で、ラドガ湖とフィンランド湾にはさまれたカレリア地峡を横断して約九〇キロにおよぶ。フィンランド側にしてみれば、すぐ南はレニングラードであり、ソ連側の攻撃がカレリア地峡に集中するであろうことは一目瞭然だった。しかしソ連側はこの要塞線の詳細をほとんど知らなかったことがのちに判明する。かくて数日間で終結するはずだった対フィンランド戦争は、年内にはとても決着せず、根本的な冬季戦準備の練り直しが求められる状況となった。

ソ連の国際的孤立

ソ連側の計算違いは国際政治の面でも起こった。十二月十四日、ソビエト連邦は国際連盟から除名された。全加盟国四〇ヵ国中三〇ヵ国の賛成で、残りの一〇ヵ国は棄権した。たとえすでに有名無実の存在になっていたとはいえ、本来平和維持のために設立された国際連盟から侵略のゆえをもって除名されたことは、ソ連の国際的威信失墜を加速させる結果となった。そして、西欧諸国はドイツとの戦争で手一杯なためにフィンランド問題には介入してこないだろう、との事前のスターリンの思惑ははずれ、英仏米の三国のほか、スウェーデン、デンマーク、ノルウェー、ハンガリー、イタリアの諸国から、規模の大小はあったが武器がフィンランド側に供給される事態になった。

さらに、ドイツとの戦争には不熱心だったフランス参謀本部がフィンランド救援には熱心で、ソ連のバクー油田地帯爆撃も検討された。しかもこの情報はすぐにソ連側の察知するところとなり、相当スターリンの気をもませたようである。のちにスターリンは赤軍諜報本部長イヴァン・プロスクーロフに対してこうなじっている。

スターリン　君はイギリスにチェルニーという諜報員を配置したが、彼はどうだ？
プロスクーロフ　彼は諜報員ではなく、空軍武官です。
スターリン　彼はバクー油田への大空襲がここ数日のうちに起こると言ってきたが、結局何もなかったぞ。さらに彼は、ルーマニアに一万二〇〇〇人の有色人部隊が送られたとも報告してきた。彼は正直な阿呆だ。なにかのソースによるとバクーへの空襲があるらしいとのことだが、君はたしかな筋からの情報では空襲があるらしい、と報告しただけだ。君が彼に情報の信憑性を確認すると、彼は正しいと答え、その次には何の部隊移動もない、と訂正した。もし君の諜報員がこんな調子で仕事を続けるなら、なんの成果も挙げられな

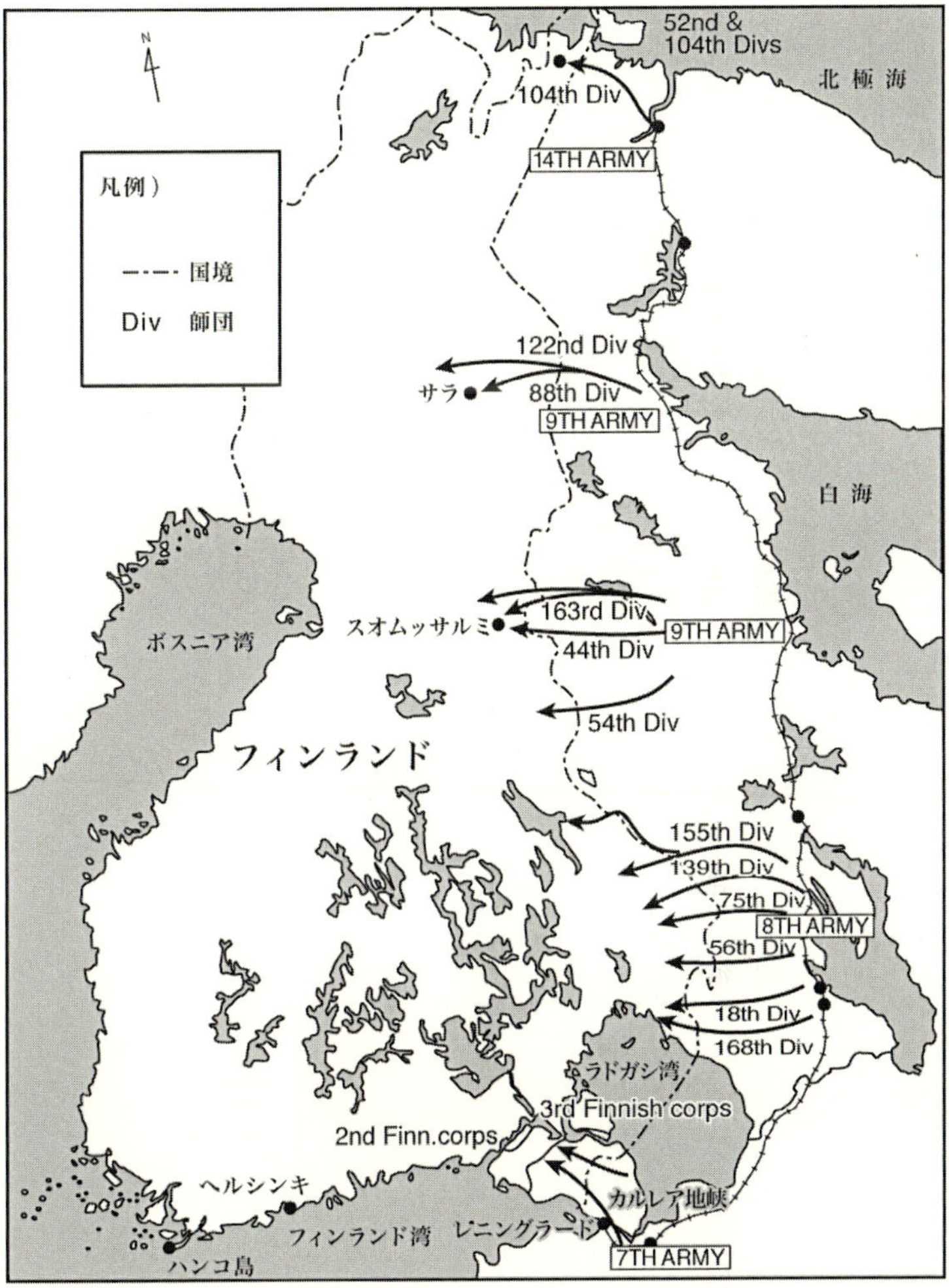

ソビエト・フィンランド戦争（1939年12月19日−40年3月）

いだろう。

こうして皮肉にもスターリンの頼れる味方はヒトラーのドイツだけということになってしまった。事実、ドイツだけはフィンランドへの武器の供与をしていない。

攻撃再開と講和

予想外の展開に驚いたスターリンは、陣容の抜本的な建直しを決め、年明けの一九四〇年一月七日、キエフ特別軍管区司令官ティモシェンコを最高指揮官とする北西部方面軍を設置し、これまで全体指揮をとってきたメレツコフは第七軍の指揮に専念させた。そして約一ヵ月間の入念な準備ののち、第七と第一三の両軍が二月十二日にカレリア地峡で総攻撃にうつった。こうなってはフィンランド側もソ連の猛攻撃に耐えきれず、遂に三月十三日に休戦に応じた。その前日、モスクワでソビエト＝フィンランド講和条約が結ばれ、ソ連側の要求通りに、カレリア地峡からラドガ湖東方にいたる国境線を約二〇～二五キロ後退させ、フィンランド湾入り口のハンコ半島の三〇年間租借が決まった。

結局、動員された赤軍の総数は当初の二一個師団から最終的には六四個師団にのぼった。各師団の定員は一万五〇〇〇人であり、もし定員通りだったとすると、一〇〇万人にちかい兵力が動員されたことになる。休戦後の三月二十九日に開かれたソビエト最高会議で、モロトフが人民委員会議議長（首相）として報告したところによると、ソ連側の損害は戦死四万八七四五人、負傷一五万八〇〇〇人となっている。だが現在明らかになっている別の統計によると、ソ連側損害の実数は戦死六万五三八四人、負傷一八万六五八四人、行方不明一万九六一〇人、凍傷九六一四人、罹病五万一八九二人にのぼっている。

これ以外に約三万人の将兵がフィンランド側の捕虜となった。これら捕虜たちは休戦後、身柄をソ連側に引き渡されたが、「国境では楽隊と花束で迎えられたものの、そのまま強制収容所送りとなり」、ほとんど生還者はいなかったという（アレクシス・ド・ジョンジュ「スターリン」）。この、捕虜となって帰還した将兵に対する無情な仕打ちは第二次世界大戦後、もっと大きな規模で繰り返される。

二、対フィンランド戦争戦訓検討会議

赤軍拙戦の原因究明の必要

ともかくスターリンは、レニングラード防衛保全のための国境線の変更と、フィンランド湾防衛のためのハンコ島租借という当初の戦争目的は達成した。だが軍事的にはまったくのソ連側の惨敗であった。これまで何百万人ものウクライナ農民を餓死させてまでソ連の重工業化を強行したのも、また、ミハイル・トゥハチェフスキー以下三万人もの有為の軍人を無実の罪で粛清したのも、スターリンにしてみればすべてはソ連の軍備増強のためだった。そして対フィンランド戦争こそは、スターリンがいわば「手塩にかけた」新生赤軍の最初のテストケースだったはずである。それが最初のデビューで総動員数の三〇パーセントを超える損害を出すという体《てい》たらくだったことは、スターリンに深刻な動揺をもたらさずにはおかなかった。

かくてスターリンは赤軍惨敗の原因を究明すべく、国防人民委員ヴォロシーロフの名で中央軍事評議会拡大会議を開くよう勧告させ、四月十四日から十七日までクレムリンで「ソ連共産党中央委員会・対フィンランド戦争体験収集のための指揮官集会」が開催された。この「戦訓検討会議」の報告者は全部で四六人で、佐官級の部隊長から軍司令官、はては元帥クラスにまで及び、一人当たりの持ち時間は一五分とされた。そして連日、午前と夕方の二部に別れて開かれ、議長もしくは司会者として、始めはヴォロシーロフ、あとの大半は第一代理のクーリクが務めた。ただし、会議の終わりころにはクーリクさえも質問に答えねばならなかったため、モロトフが代わりを務めている。

スターリンも出席して積極的に議論に加わり、また会場からの姓名を特定しない参加者の発言も記録されており、相当に大規模な集会だったと推察される。また、赤軍幹部の多数を集めて四日間ぶっ通しで朝から晩まで会議を行うというのも、それだけスターリンの切迫感を反映したものだったと言える。そのことは開会にあたってまずスターリンが「欠陥を指摘すべし」と宣言し、議長としてヴォロシーロフが、「戦争での肯定的側面と同時に否定的側面、すなわち軍の編制、部隊指揮官（最上級の用兵法も含めて）について同志諸君は発言すべし」と述べたことで明らかだろう。会合での質疑応答を記した議事録によって、当時の赤軍のかかえていた問題

点が浮かび上がってくるとともに、スターリンにとって対フィンランド戦争がどのような意味をもっていたかもわかってくる。全部は紹介できないので、特にスターリンが問題視した主題について、どのような報告と質疑があったかを概観してみよう。

報告と質疑①　赤軍の装備、特に小火器について

キルポノス第七〇狙撃師団長、バトフ第三狙撃軍団長　フィンランド軍は重砲はわずかだったが、十分な数の迫撃砲とスオミ短機関銃のおかげでわが方の歩兵に甚大な損害を与えた。わが方には短機関銃がなく、軽機関銃は三脚が雪に埋もれて役に立たなかった。
スターリン　わが方の小火器はフィンランドに後れをとっているのか？
答　短機関銃は皆無だ。
スターリン　迫撃砲もか？
答　そのとおり。製造はやっと一九三九年になってからだ。
プロスクーロフ諜報本部長　スオミ短機関銃についてはすでに一九三六年の報告にあり。一九三九年の書物には写真と詳細が掲載されている。われわれ自身が自動火器を軽視してきた。
会場　スオミ短機関銃は一九三六年にわが国でテストされたというが、それは本当か？
スターリン　短機関銃はアメリカのものが有名だが、それは警察の武器であると考えられ、軍では無視された。だが実際にはその逆のことが起こったのだ。しかもわが諜報部の報告は警察的見地からのみだ。
クーリク国防相第一代理・兵器担当　自己批判すると、私は現職にある二年半のあいだ迫撃砲の支給も訓練も怠り、デグチャレフ短機関銃についても全然考慮せず。前線でみずからスオミ短機関銃を試してみてはじめて、それが有用なのに気がついた。森の中で囲まれて困惑した時、やっとデグチャレフのことを思い出した。
スターリン　君がへまをやったのは事実だ。

報告と質疑②　赤軍の編成・士気・訓練について

ノヴォセルスキー第八六狙撃師団長　小集団を指揮する下級将校が不足していた。予備役出身の将校は戦闘前に姿を

かくし、下級将校抜きで戦闘をした。わが軍は下級将校の訓練と育成を怠った。
会場　それはまちがいだ。
スターリン　それは正しい。
ノヴォセルスキー　私は帝政軍でプレオブラジェンスキー連隊の兵士だったが、その時の訓練が今でも役に立っている。今は士官学校出でさえも兵器や射撃の基本的知識が欠如している。
クリュコフ第三〇六狙撃連隊長　優秀な下士官が必要。かつて曹長は神であり王であった。指揮官の制服はもっと洗練されたものがよい。歩兵の服も騎兵並みに改良すべきだ。
ゴレレンコ第五〇軍団長　わが軍には曹長がいない。赤軍に軍服が必要。制服が良くなればすべてが解決する。
スターリン　わかった。
フルリョフ赤軍補給総監　軍服はウール地で作るべきだ。軍服はすべての指揮官の夢である。木綿製ルパーシカの代わりに軍服を。――旧軍にあった兵士一人一人の軍隊手帳を復活させる必要がある。それによって負傷や入院時にも本人確認ができる。
スターリン　第四四師団の正確な人員、死者、捕虜の数さえ把握できなかった。
フルリョフ　それは四四師団だけでなく全軍でのこと。たとえばティモシェンコからの数字と実際との間に二〇万人もの誤差があった。――長外套《なががいとう》はパレード向きなだけで無駄、戦場ではかえって足手まとい。綿入れのズボンと上着がよい。
グレンデル第一三軍司令官　わが歩兵は良い兵士ではあるが、訓練がまったくなっていない。これは下級将校についても言える。フィンランド兵は各自が自分の行動をわきまえている。わが軍の兵士一人一人に各種兵器の用法を熟知させねばならないとはまったく異常なことだ。兵士への政治教育もなってない。反革命的ならず者の群れとなった部隊さえあった。これは特に補充兵で顕著だった。
ザポロジェツ第一三軍評議員　前線で軍務忌避のために自傷した者が多数おり、さらに脱走者も多数いた。
スターリン　脱走兵がいたと？　自分の村に戻ったのか、それとも後方のどこかに居すわったのか？
ザポロジェツ　二種類あり。村に戻った者はそこから手紙まで出している。これは地区当局の怠慢。もう一つは輸送隊や炊爨車《すいさんしゃ》にくっつくか壕内にいる。三～四人で壕内にかたまり、炊爨車がくると食べ物を受け取って壕に戻る。こういう兵の何人かはその場で射殺した。ＮＫＶＤ（内務人民委員部）部隊の助けを借りてやっと後方での規律を回復した。この狙撃第一四三連隊は昼間の戦闘のあと、夜になってから一〇五人が自傷した。自分の左手もしくは指、または足を撃つ。こうすれば誰も障害は残らない。――炊爨車が敵前五〇〇～七〇〇メートルに置かれ、兵が一列にならんで食事を受け取る始末。

報告と質疑③　第九軍の作戦について

チュイコフ第九軍司令官　第四四師団の被服はひどく、フェルト長靴もなかった。レニングラード軍管区司令部の敵兵力算定に誤りがあった。――わが方は敵情にまったく無知で、諜報部からは何の報告もない。戦場諜報の怠慢だ。師団同士の連絡もなく、第四四師団は軍司令部との連絡も途絶した。わが軍の作戦地域は森林と湖沼地帯なのに一〇万分の一の地図すらなかった。第五四師団は敵の一四個大隊に包囲された。

スターリン　君はフィンランド軍の三倍もっていた。

チュイコフ　その通り。だがフィンランド側は要塞を造り、その破壊は六インチ砲では無理だった。

スターリン　信じられん。第七軍は六インチ砲でコンクリート要塞を破壊した。君の前にあったのは永久堡塁だったのか？　三個師団が一個師団に囲まれて君はレーニンとスターリンの党（ロシア共産党のこと）にこう打電した、ここにいる英雄たちは囲まれてパンを求めている、と。

チュイコフ　グーセフスキー（注：第五四狙撃師団長）の連隊は戦死三九名、負傷七一名にすぎないのにパニック的電報でわれわれをあざむいた。

スターリン　包囲されれば誰もが英雄になったと思う。

チュイコフ　突破を試みなかった。

スターリン　君は突破を望まなかった。フィンランド側は包囲網を絞ってきた。何人だろうと、君が座り込んだら的を絞って射程におさめる。それでも君はグーセフスキーを英雄にするのか？

チュイコフ　いいえ。わが第五四狙撃師団はフィンランド第九師団に囲まれ、大損害をうけて四十歳以上の老兵と女性だけが生き延びた。グーセフスキーの八個中隊が囲まれ、連絡が途絶した。包囲切断を試みたが失敗。援軍もタタール人大隊なので役にたたなかった。

会場　彼らはよく戦ったぞ。

チュイコフ　その通り。だが彼らはロシア語がわからず、われわれの中にタタール語のできる者はいなかった。

ルィチャゴフ第九軍航空司令官　包囲下の第五四狙撃師団は師団長グーセフスキーが毎日何度もパニック的電報、たとえば「君と会えるのもこれが最後だ」とか「さようなら」などと送ってきた。飛行隊は四五日間空輸と支援攻撃にかりだされたが、それもグーセフスキーのパニックのせい。

報告と質疑④　第七軍と第八軍の作戦について

メレツコフ第七軍司令官兼レニングラード軍管区司令官　マンネルヘイム線は大きな縦深《じゅうしん》をもつ連続した防衛線（縦深防御：攻撃側の前進を遅らせ、時間を稼いで攻撃側の被害を大きくする防御方法。味方同士の支援を徹底して、前進する敵にそのつど犠牲をより高く払わせる）だが、わが方はそれについての明確なイメージがなかった。——今次大戦が始まった時、フィンランドも西欧諸国もすでに防衛線を完成していた。これら外国の資料を集める必要があるのに、外国の軍事雑誌を収集しなかった。それが外国の軍事科学に追尾できなかった原因だ。
スターリン　許しがたい状況だ。
メレツコフ　諜報機関は隣国で何が進行中なのかの情報を得なければならない。利用できる資料はあるのにそれが手元に届かない。
スターリン　七年前にパンフレットにまとめられたフィンランドについての資料があるが、国防人民委員部に置かれたままで、開戦から二週間たってやっと印刷された。
メレツコフ　われわれにはフィンランドばかりかその他諸国についての情報もない。西欧のたとえばジークフリート線もマジノ線もマンネルヘイム線に類似のもので、戦争中でももっと情報を集める機会はあったはずだ。大切なことは、わが軍はこれまでこのような要塞線に遭遇したことがなかった点であり、これを今後の訓練の主眼とすべきだ。型にはまったやり方に従って訓練されたわが軍は過ちをすぐには是正できず、部隊だけを責めるのは不当だ。
シュテルン第八軍司令官　当初のレニングラード軍管区が認可した作戦案自体がまちがいで兵力不足だった。三〇〇キロにも及ぶ戦線の正面で五本の孤立した道路上を六個師団だけで進撃させた。
メレツコフ　スヴォロフ（注：帝政ロシアの将軍）は軍隊は数ではなく技で戦うと言っている。
シュテルン　ずばっと言ってほしい。貴官はマンネルヘイム線の突破に成功した。それは認める。だが戦争へのそなえは不十分だった。
メレツコフ　私は第八軍がいつ囲まれたのか知りたい。
シュテルン　メレツコフ同志、良いことは良い、悪いことは悪い。私の誤断と改めるべき点を話したい。――どの部隊も森林や豪雪のへのそなえがなく、しかも道路上を一列にバラバラに三〇～五〇キロも離れて進んだ。道路の両側の森林にはフィンランド軍がいたのに捜索もされぬまま。敵のスキー部隊はわが方の両翼と背後を樹間から襲撃したため、わが軍将兵のあいだで大混乱を引き起こした。これら不準備の責めはレニングラード軍管区と参謀本部にある。――提案として、戦場調査をもっと詳細かつ入念にすべきで、これは参謀本部から各軍事委員会にもあてはまる。しばしば作戦計画が型通りに過ぎ、それに兵力と装備がともなわなかった。メレツコフによる飛行場設営も不十分だった。

報告と質疑⑤　第一五軍の作戦について

ミハイル・コヴァリョフ第一五軍司令官兼白ロシア特別軍管区司令官　派遣命令が急すぎた。参謀本部からはせめて一〇～一五日前に指示がほしい。
スターリン　どの部隊も常時出動態勢にあるんじゃないのか？　軍管区では何をしていた？
コヴァリョフ　すべて準備済みだった。
スターリン　君はどれも不準備だと言った。
コヴァリョフ　部隊はそろっていたのでそれをリトアニアとラトビアに送った。軍管区では歩兵師団の中から兵力を抽出したが、登録人員より少ないことが判明した。
スターリン　君は斥候の誤った敵兵力数をうのみにして敵に翻弄されたのだ。
コヴァリョフ　われわれには一月二十日になるまで正確な敵兵力が知らされていなかった。
スターリン　だが君は敵が接近してくるのは知っていたんだろ？
コヴァリョフ　まったく連絡がなかった。
スターリン　君が連絡しなかった。モスクワへは第八軍経由で連絡できたはずだ。
コヴァリョフ　モスクワへはすべてを伝えた。
スターリン　モスクワでは君から一言も聞いていない。君は司令部要員を受け取っているはずだ。
コヴァリョフ　一月七日から第一六八師団が完全に囲まれ

ていたため、シュテルンにこの件を相談した。
スターリン　第一八師団は死者三〇〇〇人を出しているというのに、君はそれに気がつかずにそれを救出したと言い張るのか？
メレツコフ　どうやって弾丸の補給をしたのか？
コヴァリョフ　氷上から。
メレツコフ　だとすれば囲まれていなかったのではないか。
コヴァリョフ　いや、囲まれていた。道路は敵銃火の下にあった。第八軍司令官代理として暫定的にクルジューモフがなり、彼から指示をうけた。
スターリン　手続きのことばかり言うな。実際は君の失策だ。君は自分で穴にこもり、地上で何が起こっているか気がつかなかったし、モスクワと連絡をとろうともしなかった。第八軍への無線通信はパリやロンドンでも傍受された。同志コヴァリョフ、君は数少ない内戦のベテランだが、もっと現代戦に適応すべきだ。他のベテラン、チュイコフも同様だ。

報告と質疑⑥　各級の指揮官と参謀業務について

シャポシニーコフ参謀総長　わが国の戦略計画ではフィンランドは副戦場だった。そのため、敵の作戦計画についての諜報員からの通報もほんのわずかで、国境要塞線についてもまったく無知だった。――参謀本部以下すべての単位での参謀業務が拙劣だった。捕虜や戦利品についての細かい指示があったのに誰も従おうとはせず、司令部内の規律も弛緩していた。

たとえば参謀本部から第八軍司令部に対し、飛行隊の活動も含めた作戦報告を求めたのに、同司令部は飛行隊は別だとして報告しなかった、そのわけは報告文が長くなるだけだから、と。同じことは軍団から連隊のすべてのレベルで起こった。正規の統制がきかず、無闇に中隊での損害を報告するだけ。前大戦で私は連隊長だったが、もし一人でもいなくなったらその者の行方を中隊長に問い合わせた。これまで対フィンランド戦争の図上演習を二回やったが、どちらも夏季を想定していた。だから凍傷のこともフェルト長靴のことも考えなかった。それはただ極東軍だけのことだと思っていた。もっと参謀教育を。

ザポロジェツ第一三軍評議員　参謀は事態についてゆけず、報告書作成もなっていない。第一三六師団長スモルディーノフは「君の参謀がよこした報告は無内容だ」と言われて恥じていた。どうやら報告書をどう書いてよいかわからなかったようだ。無線機も使われず、道端に放置されたままで、前線部隊と交信もしなかった。攻撃準備で麾下部隊の様子を点検すべきところを、上級司令部に居すわったままの参謀もいた。

スターリン　それは参謀に本来の業務を与えてこなかったわれわれの過失だ。われわれは今の今まで、参謀抜きでは仕事ができないということを理解していなかった。

クーリク　すべての師団長の感想として参謀業務の拙劣さがある。それは軍レベルから連隊レベルまで。そのため連絡も悪く偵察も不良だった。――指揮官は指導者であり教育者でもあるべきで、あまりにも部隊訓練を軽視して会議ばかりだった。

ムラデンチョフ第三八七連隊長　ある指揮官はまだ奪っていない駅を奪ったと言い、次にこれから奪うつもりだ、と嘘を言った。士官学校教官は実戦経験者とすべきだ。現在は若い卒業したての士官が教育にあたっている。

スターリン　彼らは実戦を知らないのか?

ムラデンチョフ　まったく知らない。欲しいのは十分な訓練をうけた指揮官。私の連隊の将校は予備役ばかりだった。

ネドヴィーギン第七五狙撃師団長　中級指揮官訓練の必要がある。軍学校出身者は小火器の操作を知らない。軍学校での指揮官教育改善の必要がある。特に体育訓練を。私は四十六歳だが簡単に高いバーに登れるのに、ある若い少尉ははしごが必要だった。

クルデューモフ第一五軍司令官　軍と軍団の参謀業務が拙劣だった。特に第一八狙撃師団と第二五自動車化騎兵師団の参謀は最悪で、連絡は有線電話のみ。第一一狙撃師団ではボリソフ師団長が戦死すると、幕僚全員が部隊に散って司令部は無人となった。作戦書類の保管も軍司令部をはじめとして劣悪だ。文書の言葉使いが悪い。わが方の通話のほとんどが敵に筒抜けで、それは暗号化されていなかったためだ。

キルポノス第七〇狙撃師団長　もっとも深刻な問題として、講和後にフィンランド側から「ここに貴軍の第一大隊、あそこに第二と第三の大隊がいて、連隊長は誰それ」と言われた。これはわが方の軍用地図が暗号化されず、電話も平常語使用のためだ。もし機密保持をしなければ将来痛い目にあう。

スターリン　ウォーキー・トーキー（注：トランシーバー）は使われず、か?

キルポノス　ウォーキー・トーキーは電波の範囲外だと途絶

してしまう。

会場　ウォーキー・トーキーは信用ならん。

セミョーノフ第五〇狙撃軍団政治委員　部隊の規律に問題あり、もっと指揮官の権威を高めるべき。しばしば兵に無視されることもあった。命令には有無を言わさず従わせるべき。戦闘中でも指揮官の更迭はやるべきで、連隊長や師団長クラスでも不適格者が多かった。たとえば第一二三狙撃連隊では連隊長のスチェーシンスキーが逃亡している。

スターリン　将官呼称を復活すべきか？

クーリク　軍規回復のため、下級の者は上級者に街頭でも敬礼するよう内務操典を改正すべきだ。

スターリンによる総括

以上、「戦訓検討会議」のほんの一部だけ紹介しても、対フィンランド戦争がスターリンと赤軍に与えた影響の深刻さがわかる。各級指揮官たちの悲鳴とも怒号ともつかない必死の訴えとともに、関係者同士での露骨な責任のなすり合いも起こった。しかしもっとも問題なのは、本来大所高所から発言すべき「最高司揮官」スターリン自身が議論に加わり、挙げ句は軍人たちと論争に及んだことである。これは「アバス特電」の時にも見られたように、スターリンが本当に癇癪《かんしゃく》を破裂させたからにほかなるまい。

会議最終日の四月十七日、おそらくかなり夜更けになって、スターリンによる会議の総括が発表された。

まず全体の戦争指導については、「第一に、われわれはレニングラードを守らねばならなかった。その保全はすなわち祖国の安全のためであり、わが国工業の中心地であり、第二の首都でもあるレニングラード防衛の強化は国の安全の強化と同義語である」として、戦争目的を正当化している。それとともに、あくまで戦争目的はレニングラード防衛のため国境を後退させ、フィンランド湾の島を租借することにあったとしている。

第二に、開戦の時期をあえて厳寒の十二月に選定したことについてはすでに紹介したように、「国際情勢。西方で三大国が死闘にはまりこんでいた、これぞレニングラード問題解決の絶好のチャンスである。――われわれは西欧列強が自分の戦争にかかずらっている間に、レニングラード保全の問題を取り上げて解決するのを急がねばならなかった」として、西欧でのドイツと英仏の睨み合いの隙に乗じた対フィンランド開戦を正当化している。特に「この問題を先送りしなかった党と政府の決定は絶対に正しい」と二度も繰り返していることで、自分の政治的判断に誤りはなかったと強調している。

次に対フィンランド軍事戦略全体については、全体を五個の方面に分けて、それぞれ別の目標を同時に攻撃したことに誤りはなかったとしている。ところがここで「最初からわが方はフィンランドに選択の余地があることを通知していた――大きな譲歩をするか、それとも粉砕されてクーシネンの下での政府を受け入れて自国政府は腹切りするかの」と言う。ここでぽろりとスターリンは本音を吐いたようだ。やはり本心ではフィンランド全体の併合を望んでいたように見える。

ここまでの対フィンランド戦争に関する政治的・戦略的配慮と決断は正しかったとすることで、政軍両面の最高指導者たる自分には過ちはなかったことにしている。では何を反省し、誰が責任を問われるべきなのか。

スターリンはここで戦争前の赤軍プロパガンダの過ちを指摘する。

以前から繰り返し行われた軍内部でのキャンペーンに問題がある。われわれは容易な勝利を期待していた。われわれはポーランド戦役によって恐ろしいほどスポイルされた。無敵赤軍に刃向かう者はいない、赤軍は何でもできる、これまで何の失敗もなかった、云々の長々しい記事や演説があった。わが軍は無敵である、とか、いつでも容易に勝利が得られる、などの多くの駄法螺《だぼら》があった。

これこそが、わが軍がフィンランドの戦場に即座に順応して自らの欠陥を認識できなかった原因である。わが軍は対ポーランド戦役が戦争ではなく、単なる軍事的散歩にすぎなかったことにすぐに気がつくべきであった。だからフィンランドでの戦争が、別の散歩にやってきたのではなく、本物の戦争であると理解できなかった。ここで、わが軍は無敵である、との心理には終止符をうたねばならない。

このスターリンの自己批判も奇妙である。これまで「無敵赤軍」のキャンペーンを推進したのはスターリン自身ではなかったか。無論スターリンはその点に気がついていた。そこで次に、対フィンランドに従軍した指揮官たちへの批判がくる。

散歩ではない本物の戦争へとわが軍がすばやく順応

変革できなかったのはなぜか？　ソビエト政権を通じて、われわれはいまだかつて真の現代戦を経験していないことに留意せねばならない。満州やハーサン湖（注：張鼓峰戦のこと）、モンゴルでの散発的事件は些事であって戦争ではない。わが軍にはかように、これまで真のまともな戦争の機会がなかった。内戦はとても本当の戦争とは言えない。

なにゆえわが指揮官たちは対フィンランド戦争で、内戦当時のやり方ではなく、真に新しい方法で戦えなかったか？　思うに、彼らは内戦の体験と伝統の呪縛にとりつかれていたのだ。――内戦に従軍した時最良であった者が高い尊敬をうけているが、そのような人物は新しい現代的条件に適応できない。――内戦経験と伝統はまったく不適切なものであり、それにしがみつく者は宜《よろ》しく罰をうけるだろう。

そして、名指しで具体例を挙げる。シュテルンとフロロフは順応したが、コヴァリョフは最悪だった、と。つづいてスターリンは赤軍の装備の欠陥、ことに会議でもっとも指摘された迫撃砲と短機関銃についても力説している。しかし具体的な兵器についてとともに、指揮官、参謀、政治委員の育成の必要性も強調している。

最後にスターリンは赤軍そのものについて締めくくっている。

わが軍隊はまだ未熟で若い軍隊である。多くの装備をもち自信があり、みずからの無敵を誇ろうとするが、まだ若い軍隊なのだ。わが軍はフィンランドの戦場ではじめて戦争を経験した。これぞ赤軍にとっての砲火の洗礼なのだ。

この「総括」全体の締めくくりにスターリンは、「フィンランドを破るとともに、フィンランドの教師であった英仏とドイツをも破った」として、結局は勝利だったとした。

この総括はスターリンなりの対フィンランド戦争への反省とともに、今後もっとも力を入れて改善すべき課題の列挙、さらにはそのための時間的猶予の不足への内心の不安を表明したものになっている。だが赤軍の拙戦の原因をつくってしまったのは、つい二年前にスターリンがやった赤軍大粛清ではなかったか。おそらく会議中に示したスターリンの怒りの発作の理由は、自分が正しいと思って強行した赤軍大粛清が実は取り返しのつかない失策だったことに自分で気付かされて、その憤懣《ふんまん》をどこにぶつけてよいかわからなくなった結果だったと言えよう。

「戦訓検討会議」と同時に進行していたこと

ところでスターリンも出席した「戦訓検討会議」がモスクワで開かれた一九四〇年四月十四日、そこから西南に数百キロはなれたスモレンスク郊外で、前年のポーランド戦役でソ連側の捕虜となった約二万人のポーランド軍将校たちが、NKVD（内務人民委員部）部隊の手によって銃殺され、森の中に埋められていった。

そして、これからちょうど三年後の一九四三年四月十四日、この地を占領していたドイツ軍が大量のポーランド軍将校の射殺死体を発見したとして、宣伝相ゲッベルスはソ連による捕虜虐殺事件「カチンの森事件」として全世界に向かって公表する。ソ連側は無論これを否定し、ドイツ側の仕業であるとして封印を図った。第二次世界大戦後もこの件はソ連と東側陣営では厳重にタブーとされた。だが冷戦の終結とともに一九九〇年、ソ連の最初にして最後の大統領ミハイル・ゴルバチョフは当時のポーランド大統領ヴォイチェフ・ヤナゼルスキーに、「カチンの森事件」がNKVDの仕業だったことを正式に伝えた。それがやはり同年の四月十四日である（別に四月十三日説もある）。

スターリンは一体何を考えていたのだろうか。NKVD部隊と長官のベリヤが独断で外国軍将校の大量処刑をすることはありえない。ベリヤもまたモロトフやヴォロシーロフ同様、スターリンの忠実な番頭なのだ。すると一九四〇年四月の時点では、スターリンはポーランド国家と国軍の復活をまったく考えておらず、ヒトラーのポーランド統治と同様、将来のポーランドを指導する可能性のあるエリートたちの抹殺を図ったということになろう。

のちに独ソ戦が始まると、スターリンは今度はソ連国内にいたポーランド人をかき集めて、「在ソ・ポーランド軍」の編成にやっきとなる。そしてソ連国内で編成されたポーランド人部隊はイラン経由で中東に渡り、英軍の麾下で北アフリカやイタリア、さらにはオランダなどに転戦する。ソ連に残った「第一軍」と「第二軍」は赤軍の麾下に入って一九四四年に祖国解放戦、そして一九四五年にはドイツ本土攻撃戦に参加し、戦後はポーランド人民共和国軍の中核となる。ヤルゼルスキーもその一員だった。

因縁話めくが、スターリンの御都合主義が、偶然とはいえぞっとするような日付の一致をもたらしたのかもしれない。

第三章　赤軍再建への険しい道のり

赤軍幹部の入れ替え

対フィンランド戦争とその後の「戦訓検討会議」で明らかとなった赤軍の欠陥と、その根本的な建て直しの第一弾として、一九四〇年五月四日付けで赤軍幹部の大幅な人事異動が発令された。かっこ内が前職である。

国防人民委員　セミョン・ティモシェンコ（キエフ特別軍管区司令官）

参謀総長　キリル・メレツコフ（レニングラード軍管区司令官——正式な就任は八月一日付け）

キエフ特別軍管区司令官　ゲオルギー・ジューコフ（第五七特別軍団長）

レニングラード軍管区司令官　ミハイル・キルポノス（第七〇狙撃師団長）

白ロシア特別軍管区司令官　ドミトリー・パブロフ（赤軍戦車・装甲車総監）

これに対して、降格もしくは左遷の人事もあった。かっこ内が前職である。

人民委員会議議長代理兼国防委員長　クリメンチ・ヴォロシーロフ（国防人民委員）

国防人民委員代理　セルゲイ・シャポシニーコフ（参謀総長）

重慶駐在中華民国大使館付き武官　ヴァシーリー・チュイコフ（第九軍司令官）

ザバイカル軍管区司令官　ミハイル・コヴァリョフ（白ロシア特別軍管区司令官）

さらに五月七日付けのソ連邦最高会議幹部会令によって、「赤軍および海軍高級指揮官のための将軍・提督称号」が制定され、赤軍（陸軍）将官には「将軍（general）」、海軍将官には「提督（admiral)」の呼称が復活した。ちなみに革命以来それまで使用されてきた呼称を上段に記した。

一等軍司令官（komandarm　1　ranga）↓上級大将(general armiia)

二等軍司令官（komandarm 2 ranga）↓大将（general palkovnik)

軍団長(komandirom korpsa)↓中将(general leitenant)

師団長(komandirom dividivizii)↓少将(general maior)

旅団長（komandirom brigada）↓特に相当するものはない。

これにともない、「戦訓検討会」で出席者たちから強く求められた軍服のデザインが改正され、それまでの木綿製ルパーシュカから外国の軍隊と同じウール地の前ボタン折り襟型に変わり、階級章もそれまでの菱形章から星章に変わった。

これら外見上の改正とならんでもっとも重要な変化は、八月十二日付けの最高会議幹部会令による「赤軍および海軍における単独責任制の強化」である。これは大粛清中の一九三七年に導入された「軍政治委員（コミッサール）」の作戦指揮への発言権を取り上げ、それによって二元統帥の弊害を排除して、指揮官の単独責任体制を復活させたものである。

また「戦訓検討会」でも強い要望のあった兵器、ことに歩兵用小火器については、迫撃砲と短機関銃の大規模な導入が実施され、その成果はやがて独ソ戦で赤軍歩兵によって発揮される。また「総括」でスターリン自身が強調した現代軍の三大要素としての砲兵、飛行機、戦車についても、その改良と増産に拍車がかけられた。年内に発せられた国防強化に関する主な決議や政令を列挙すると次のようになる。

六月七日　人民委員会議令「一九四〇年でのT34型戦車生産について」

七月二十四日　党中央委員会決議「最高軍事評議会の構成について」

七月二十五日　人民委員会議令「一九四〇年・一九四一年の動員計画指示」「赤色空軍組織化について」

最高会議幹部会令改正「八時間労働・週六日制への移行と無断退職禁止について」

七月二十七日　党中央委員会決議「一九四〇年八〜十二月期における航空機・エンジン生産増強について」

七月三十一日　党中央委員会決議「最高会議幹部会令の実

行監督について」
十月七日　党政治局決定「ソ連邦防空について」
十月十九日　人民委員会議決定「軍需造船計画について」
十一月五日　人民委員会議決定「空軍飛行学校統合について」「赤色空軍について」
十二月七日　人民委員会議決定「一九四一年の航空機・エンジン生産計画」

これら矢継ぎ早に発せられた指令は逆に言えば、大至急で改善を要する課題が山積していたことを示している。しかも大粛清の嵐は赤軍だけでなく、当時のソ連邦のほとんどすべての分野を襲ったから、粛清によって国全体が混乱し弱体化した状況下での指令の実行そのものが疑問であった。すぐにスターリンは、改善指令実施の実情を思い知らされる。

解決されなかった問題点

赤軍大粛清から生じた本当の問題点についてはあまり改善は見られなかった。たとえば、「戦訓検討会議」の「総括」でスターリンが強調した「内戦体験の呪縛からの脱却と現代戦への順応」にしてみても、戦争後の赤軍人事でスターリンの寵臣たち、いわゆる「ツァリツィン派」は決して軍から一掃されたわけでも、ましてや粛清されたわけでもなかった。この「ツァリツィン派」というのは、ロシア革命の内戦中の一九一八年、当時ツァリツィンと呼ばれたヴォルガ河畔の都市をめぐる反革命派との攻防戦に従軍した老兵たちのことで、スターリンはその時の党政治委員であった。そしてソ連邦成立後、ツァリツィンはスターリングラードと改称される（スターリン批判後にヴォルゴグラードと改称）。

「内戦時代の遺物」の代表であるヴォロシーロフとブジョンヌイが元帥として赤軍に君臨したままであったし、独ソ戦がはじまるとこの二人は最上級の指揮官として従軍することになる。また寵臣の一人クーリクも内戦体験しかないのだが、対フィンランド戦争のすぐあとで国防人民委員となったティモシェンコとともに元帥に昇進し、兵器担当国防相代理に留任する。

さらに『プラウダ』編集で実績をあげただけでスターリンに重用されて赤軍最高政治委員になったメフリスは、対フィンランド戦争ではスターリンからも「無茶をやりすぎ」と叱責されたのに、戦後もその地位にとどまった。したがってスターリンは、前年に日本軍とのノモンハン戦でその力量を示したジューコフのような本当に才能のある人材をあわててかき集めるとともに、赤軍のトップには軍事的に無能な自分の寵臣を配置して、監視をゆるめようとしなかった。これらスターリンの寵臣たちはやがて独ソ戦でその無能ぶりを遺憾なく発揮して、赤軍に大損害を被らせることになる。

指揮官と参謀育成の問題

それでも、対フィンランド戦争での失敗でスターリンの不興を買った関係者たちへの処分が左遷や降格にとどまったことは、赤軍惨敗の原因がかつての大粛清にあった、とスターリン自身が認識したからと言えよう。そのため、投獄中や流刑中だった軍人たちを大急ぎで釈放して軍務に復帰させている。ただしこの時に復権した軍人の正確な数字は研究者によって数百人から数千人と開きがある。そのうちイギリスの軍事史家ジョン・エリクソンが挙げる四〇〇〇人という最大の数を採用したにせよ、残りの二万人以上の将校は消されたままであったことになる。復権したこれら軍人中でもっとも有名なのは、コンスタンチン・ロコソフスキーで、のちに独ソ戦で活躍して「ソ連邦英雄」となり、戦後の一九四九年にはポーランド人民共和国の第二代国防相となる。

だが指揮官と参謀という軍隊の頭脳となる人材の育成は、最低二〇年以上の時間が必要とされる。これについて、「戦訓検討会議」でスターリンは意味深長な告白をしている。

参謀に本来の業務を与えてこなかったわれわれの過失だ。われわれは今の今まで、参謀抜きでは仕事ができない、ということを理解していなかった。

スターリンの参謀業務認識がどの程度だったかを如実に示す言葉である。簡単に言ってしまうと、それまでスターリンは各級部隊の参謀業務はもちろん、赤軍の事実上の最高指揮官たる自分の参謀に相当する参謀本部の意義すら理解していなかったことになる。だからこそ三年前の大粛清では、捏造された証拠によって当時の参謀総長トゥハチェフスキーを「ドイツのスパイ」として銃殺してもまったく意に介さなかったのだ。

独ソ開戦時に参謀総長であったジューコフの次のような証言がある。

遺憾なことに戦争前夜、そして緒戦期、スターリンが参謀本部の意義と役割を軽視していたことは特筆されねばならない。――スターリンは参謀本部の活動についてほとんど関心がなかった。私も、そして私の前任者も、国防の状態について、わが軍の能力について、またわが国の仮想敵国の能力について、詳細かつ十分にスターリンに報告するような機会はなかった。スターリンはたまに、それも手短に国防相か参謀総長にたずねるだけだった。

このジューコフの証言はやや大袈裟かもしれない。だがジューコフにしてみれば、赤軍の戦略の最高責任者にして頭脳である参謀本部が外国のそれ、特にドイツ参謀本部に比べてはなはだ軽視されている、と感じたのではないだろうか。しかし、対フィンランド戦争で、前線部隊での参謀業務の怠慢が赤軍の苦戦につながったことはスターリンも理解した。前述のように、対フィンランド戦後の異動で参謀総長を更迭していることからすると、スターリンなりにこの職の重要性を認識したと言える。そしてスターリンが期待したのは、大粛清当時に陸軍大学に入学して研修中の学生たち、および卒業したての「新人」たちであった。そして六月には一気に四七九人の大佐が少将に昇進している。この「新人」たちへのスターリンの期待が自分の対独姿勢や軍事政策に大きく影響していることは、のちにスターリンみずから告白することになる。

ドイツの西方戦での勝利とスターリン

スターリンが赤軍の建て直しに大童《おおわらわ》になって取り組んでいた時、西欧ではヒトラーのめざましい軍事的成功が起こっていた。一九四〇年のヒトラーの勝利、いわゆる「西方電撃戦」については汗牛《かんぎゅう》充棟《じゅうとう》と言えるほどの文献が流布しているので、ここでは主要な項目を年表形式で紹介するにとどめる。

四月九日　ドイツによるデンマーク・ノルウェー攻略作戦「ヴェーザー河演習の件」開始。

　十一日　デンマーク全土制圧。

五月五日　ロンドンにノルウェー亡命政府樹立（英軍の完全撤退は六月九日）。

　十日　独軍の西方大攻勢「黄色の件」開始。独軍がオランダ、ベルギー、ルクセンブルク、フランスに総攻撃。イギリスでチャーチル内閣成立。

十三日　独軍がセダンを突破し、ベルギーのリエージュ攻略。オランダ女王と政府がロンドンに亡命。
十五日　オランダ軍完全降伏。
十七日　独軍がベルギーの首都ブリュッセルに入城。
十九日　独機甲部隊の先鋒が大西洋岸のアベヴィユに到達し、英仏連合軍が南北に遮断される。
二十八日　ベルギー国王が降伏文書に署名。
六月四日　ダンケルクからの英軍撤退完了。
十日　イタリアが対英仏宣戦。
十一日　フランス政府がパリから撤収。
十四日　独軍部隊がパリ入城。
十八日　イギリス・カナダ軍が大陸から完全撤退。
二十日　フランス政府がイタリアを介して休戦を要請。
二十二日　パリ北方コンピエンヌで独仏休戦協定調印。
二十五日　フランス全土で休戦。
七月十九日　ベルリンでヒトラーの戦勝報告演説、イギリスに和平提案。

誰もが予想しなかった大勝利によって、世界中の眼がヒトラーの一挙手一投足にそそがれることになった。当然スターリンとソ連の関心も、ヒトラーとドイツの次の動きにそそがれているはずであった。それは既述したように、もし西欧での英仏とドイツとの戦争が長引けばそれだけソ連にとって好都合、とのスターリンの期待がはずれたことになり、スターリンとしてはヒトラーの次の目標がソ連になる可能性についても深刻に憂慮せねばならないはずであった。しかし、ドイツの西方攻勢中にとったスターリンの行動はきわめて近視眼的なものだった。

六月十五日にリトアニア、十七日にはラトビアとエストニアに赤軍が進駐し、つづいて行われた選挙でそれぞれの共産党中心の議会が成立する。そして八月三日から六日のあいだに「自発的に」ソビエト連邦への編入を決議して、バルト三国はすべてソビエト連邦内の社会主義共和国になった。

バルト三国への進駐直後の六月二十二日、モロトフからフォン・デア・シューレンブルク独大使に「ベッサラビア問題の解決にはもうこれ以上の猶予はならない」との申し入れがあった。そして六月二十八日から七月一日にかけて赤軍は無抵抗でルーマニア領ベッサラビアと北ブコヴィナを占領し、八月三日、ベッサラビアの大半はソ連邦内のモルダヴィ・ソビエト社会主義共和国に、ベッサラビアの南端部と北ブコヴィナはウクライナ・ソビエト社会主義共和国にそれぞれ編入された。

スターリンの真意

このソ連の行動は、北ブコヴィナをのぞいて、すべて独ソ不可侵条約付属秘密議定書で取り決められたソ連の勢力範囲の自国への編入である。だからスターリンにしてみればまったく「合法的な」行動ということになる。そして前年のポーランド侵入と対フィンランド戦争につづく予定の行動だったことになる。事実、既述の「戦訓検討会議」では報告者の一人で戦車・装甲車総監のパブロフが、〝来るべきルーマニア侵攻にそなえて兵用地誌の研究が必要〟と発言している。

この時までルーマニア領だったベッサラビアほど、何度も支配者が変わった地域も珍しい。一九世紀からだけでも次のような変遷を体験している。オスマン・トルコ→ロシア（一八一二年から）→一部モルダヴィア公国（のちルーマニア王国の一部を形成）（一八五八年から）→ロシア完全支配（一八七八年から）→ルーマニア（一九一九年から）。

ロシア・ルーマニア間の係争地であるのは一目瞭然だが、ソ連側にとっては黒海最大の港湾都市オデッサから四〇キロしかないところにルーマニアとの国境があるというのが国防上の大きな不安要因となっていたようである。また、独ソ不可侵条約の秘密議定書に規定していなかった北ブコヴィナも、ソ連側からすると、ウクライナ―ベッサラビア間の幹線鉄道が走っているため、戦略上不可欠ということになった。

次に記すようなモロトフの晩年の証言がある。ただし、一九七五年と一九八一年の二回にわたるもので、内容は一貫しているが、細かい点で補足が必要である。

まずベッサラビアの件についてのルーマニア側との交渉について。

われわれはベッサラビアをルーマニア領だと認めたことは決してない。われわれがそこを必要としたからルーマニア公使（注：グリゴーリ・ガフェンク）を召喚した。私は彼に、わが方がそこに入っていくためのルーマニア軍撤退の期限を示した。私は彼にこう言った。「さあ、合意に達しよう。わが国はベッサラビアを貴国のものとは認めたことはない、この問題は今解決するのがよい」。

すると彼は即座に、「政府と相談せねば」と答えた。私は、「相談して答えをもって戻ってきなさい」と言った。

この件についてのヒトラーおよびリッベントロップとのやりとりについて。

われわれはリッベントロップが訪問してきた時、合意に達した。同時にわれわれはルーマニアと直接話し合った。ヒトラーは彼らに、「くれてやれ、すぐに私がそれを取り戻す」と言った。彼ら（注：ドイツ側）はいつもヒトラーに倣《なら》おうとした。――リッベントロップが訪ソした時には、私は地理をよく知らなかった。私はロシア、ドイツ、オーストリア＝ハンガリーの国境についてよく知らなかった。私はチェルノヴィッチ（注：ブコヴィナ南部の都市）がわが国のものになるよう国境線を引くことを要求した。

ここでのモロトフの証言はやや混乱している。具体的なやりとりは駐ソ大使シューレンブルクと会見した時のことと思われる。その内容はモロトフによると次のようである

シューレンブルク　しかし貴国はチェルノヴィッチを一度も保有したことはない、そこは常にオーストリアに属していた。どうやって貴国はそこを要求できるのだ？

モロトフ　ウクライナ人がそれを求めている。そこにウクライナ人が住んでいて、彼らがわれわれにそうするよう注文してきた。

シューレンブルク　だけどそこはロシア領だったことはなく、いつもオーストリア領の一部で、そのあとはルーマニア領だ。

モロトフ　然り、だがウクライナ人も一緒にいるはずだ。

シューレンブルク　ウクライナ人は多くはない。この件はもう止めましょう。

モロトフ　われわれは決断せねばならない。そしてウクライナ人は今やカルパート＝ウクライナとそれより東の地域の両方に住んでいる。このすべてがウクライナに帰属する、それであなたは問題を放置しておくのか。無理だ。これをどうする？

シューレンブルク　そこはなんと言ったか――ブコヴィナ。（咳払いして口ごもって、言った）わが政府に連絡する。

そしてモロトフはこう自慢している。

チェルノヴィッチはロシアに属したことは一度もなかったが、われわれのものとなり今もそうである。とりあえずドイツ側はわれわれとの関係を損ねたり断絶したくはなかったのだ。われわれはチェルノヴィッチではおどろきと歓呼で迎えられた。

また、南部方面軍司令官としてベッサラビア占領を担当したジューコフは、楽しげに次のような回想をしている。

ベッサラビア占領後二日して、私は高周波電話でスターリンに呼び出された。スターリンはこう尋ねた、「君のところで何があったのだ？　ルーマニア公使が苦情を申し立ててきたぞ。ソ連側の指揮官が条約侵犯をした、プルート河に空挺部隊を派遣してすべての道路を遮断してしまった、と。多分、君は飛行機で戦車隊を降下させ、ルーマニア軍を追い散らしたのだろう」。

私は答えて、

「斥候がルーマニア側のひどい条約違反を確認しました。打ち合わせにもかかわらず、ベッサラビアと北ブコヴィナから鉄道施設と工場設備を搬出しました。それで私はプルート河にかかるすべての鉄道線路を押さえるため空挺旅団二個の派遣を命じ、その支援のため戦車旅団二個の派遣も命じました」

スターリンは問うた。

「一体いつ飛行機で戦車をプルート河に降下させたのだ？」

私は答えた。

「一輌の戦車も空から懸け渡しなどしていません。それに空輸などできません。まだ空輸機をもっていませんから。明らかに、歩き疲れた兵隊がびっくりして、空から戦車がふってきた、と言ったのでしょう」

スターリンは笑ってこう言った。

「降伏した者を集めて整列させよ。大事に保存せよ。工場設備と鉄道施設はどうなった？　私はただちに外務人民委員部にルーマニア政府からの抗議についての指示を与える」

このエピソードはこうして平穏に終了した。

これらの証言を見るかぎり、バルト三国とベッサラビア併合はスターリンにとってはまったく「合法的」で「何らやましいところのない」、予定の行動であったようだ。旧領土の回復はすなわち、ソ連の国防上の安全強化を意味するわけで、決して攻撃的意図があってのことではない、だからドイツにとって何らの不安材料にはならない、と判断したようだ。

ヒトラーの反応

だがヒトラーとドイツ側にしてみると、ドイツが西方攻勢で背中を見せている隙を狙って実行された、とんでもないスターリンの膨張策と映った。特にリトアニア併合によってドイツ本国の東プロイセンがソ連と国境を接することになり、またドイツの軍需経済が石油供給をもっとも依存しているルーマニアに危機が迫った、あるいは危機が迫っているとドイツ側は感じた。

ドイツ側の記録で、がら空き同然になっていた東部へのそなえについての言及が現れるのはちょうどこの頃からである。たとえば当時のドイツ陸軍参謀総長フランツ・ハルダーが丹念に記述した「ハルダー日誌」からソ連についての箇所を引用する（注：原文ではすべて〝ロシア〟となっている）。

ロシアはベッサラビアを望んでいる。われわれはベッサラビアに無関心だった。ロシア側によって新しく討議されるべき件となったブコヴィナは、ロシアとわが国との間での協議となろう。だがわれわれにとって大きな関心は、バルカン諸国が戦争に巻き込まれないことだ（六月二十五日）。

ロシアと完全に了解するには限度がある（六月三十日）。

総統がもっとも強くこだわっている問題は、なぜイギリスが和平への道になおも踏み出そうとしないのか、である。彼もわれわれも同じように、この問題の解答がイギリスがロシアにかけた希望にある、と見ている。彼の計算によると、イギリスには力ずくで和平を強要させねばならない（七月十三日）。

ロシア問題に着手。準備を構想。総統に以下報告。(a)開進(攻勢にあたって軍を横一列に整列させておくこと）に四ないし六週間、(b)ロシア軍を撃破するか、または最低限ロシア軍の空襲に対してベルリンとシュレージェン工業地帯を守れるだけの領土確保が必要——(e)作戦、いかなる作戦目標を設定できるか？　どのくらいの兵力で？　準備の時間と場所は？（七月二十二日）。

この時までハルダーはまだパリ近郊のフォンテーヌブロー宮殿に設置された独軍司令部にいた。だが三十一日、突然の召喚をうけて空路ヒトラーの南ドイツの山荘「ベルクホーフ」に出頭し、そこで他の軍首脳とともにヒトラーから重大な決断を申し渡された。次にあげるハルダーが記したヒトラーの言葉は、「ハルダー日誌」でもっとも有名な部分である。

総統　イギリスの希望はロシアとアメリカだ。もしロシアにかけた希望がなくなれば、アメリカへの希望もなくなる。というのも、ロシアの脱落は東アジアでの日本の価値をとてつもなく増大させるからだ。

　ロシアは英米にとって東アジアでの日本に対する剣である。ここではイギリスにとって不愉快な風がふいている。日本側はロシアと同様、戦争終結前にその計画を解決しようとするにちがいない。ロシアの戦争についてのロシア映画を見よ。

　ロシア・ファクター（ママ）はその大半をイギリスに置いている。何かがロンドンで起こったのだ！　イギリス側はすでに完全にダウン（ママ）していた、だが今はまた起き上がっている。会話の盗聴。ロシアは西欧情勢の急激な進展に面白からず思っている。

　ロシアがイギリスを必要としていることは言うまでもない。それはドイツが大きくなるのを望まない、ということだ。それでイギリスはまるで溺れる者のように、事態がここ六ないし八週間でまったく変わるよう望んでいるのだ。

　だが、もしロシアが打倒されれば、その時イギリスは最後の望みも奪われる。その時はドイツがヨーロッパとバルカンの主人だ。

　決断。この流れから、ロシアを片付けねばならない。一九四一年春。ロシアを打倒するのは早いほどよい。（わが方の）作戦の意義はただ、一国家を一撃で倒せるかどうかという点にのみある。

ヒトラーの本当の対ソ戦決意がいつなのか、そして最大の動機は何か、については当時から今日まで多くの研究者によって論議されてきた。このヒトラーの対ソ戦決意についての論議では、大きくわけて二種類の説がある。

　第一は、ヒトラーは一九二〇年代に政治活動を始めて以来一貫して、ソ連打倒と東方大ゲルマン国家建設を最終目標としてきた、とする説で、ドイツ出身でのちアメリカに帰化したジェラード・ワインバーグ（ニュルンベルク裁判での証拠集めの過程で「ヒトラー・第二の書」の原稿を発見）やドイツのケルン大学教授アンドレーアス・ヒルグルーバー（大著『ヒトラーの戦略一九四〇〜一九四一年』を書く）が代表的である。彼ら（「プログラム学派」と呼ばれる）によれば、ヒトラーはフランスを降《くだ》した今、ヨーロッパ大陸での完全な覇権を確立してその理想を実現するため、次の目標であるソ連攻撃を決意した、ということになる。そしてその決断の時期はフランス降伏後の一九四〇年七月末ということになる。

第二は、ヒトラーの政治的・軍事的決断は、その時々の状況に合わせたきわめて機会主義的、御都合主義的なものであって、遠大な理想や政策にほとんど無頓着だったとする説——この説の方が古くからあり、特にイギリスの研究者、たとえば最初にヒトラー伝を書いたアラン・ブロックや英国史学界の大御所サー・ルイス・ネイミアなど——で、根本的にはヒトラー＝ニヒリスト観に立っている。したがって、西方攻勢中に東方でスターリンの行った膨張主義的行動とその後の独ソ両国の対立、さらにイギリスの徹底抗戦の態度に脅威を感じ、ドイツにとっての戦略的危険の除去のために対ソ戦を決断した、ということになる。これによるとヒトラーの決断の時期は、この七月末日の時点ではなく、もっとあとの一九四〇年十一月のモロトフとの会談後ということになる。

しかしいずれにせよ、フランスを降した後にヒトラーがソ連に眼を転じたのはまちがいない。すでにこの時ヒトラーは、目前の敵イギリスとほとんど同じ重みでソ連を考慮していたとさえ言える。たとえ不可侵条約があっても、スターリンはヒトラーに気を許してはならない状況を迎えていた。

スターリンの判断は？

ヒトラーと独軍首脳の関心がソ連に向きつつあった時、はたしてスターリンはどれほどそのことを認識していたのだろうか。この頃のスターリンの考えをうかがわせる材料として、七月一日付けでイギリスのソ連駐在大使となったサー・スタッフォード・クリップスとの会談でのスターリンの発言がある。

フランスの降伏によってまったくの孤立無援となったチャーチルにとって、中立のままでいるアメリカとソ連を対独戦に味方として引き込む以外に打開策はなかった。その一環としてチャーチルは労働党左派のクリップスをモスクワ駐在大使に任じたのである。だがスターリンはもともと西欧諸国の社会主義者をひどく嫌っていたから、左翼なら少しはスターリンの厚意を得られるだろう、とのチャーチルの目論見ははずれた。

この日の会談でまずクリップスが言う。

　ドイツはヨーロッパの覇権をにぎろうとしているが、これはイギリスにとってと同様、ソ連にとっても危険である。だから両国は対独防衛についての共通の政策と、ヨーロッパでの勢力均衡の再建について一致した立場を採るべきである。

これに対してスターリンは答える。

　自分の考えでは、ある一国がヨーロッパで覇権を確立しようとしている、との危険はまったくないし、ましてヨーロッパがドイツに呑み込まれるかもしれない、というのはまったくの論外である。――自分は何人もの指導的なドイツ政治家を熟知しているが、彼らの中で、ヨーロッパを併合しようなどという野望をもつ者を見たことはない。――ドイツの軍事的成功はソビエト連邦にとって脅威にはならない。むしろかつてのヨーロッパの勢力均衡こそドイツだけでなく、ソ連をも圧迫するものだった。だからソ連としては、これまでのようなヨーロッパの勢力均衡の復活を阻止するためにあらゆる方策を採るつもりである。

そしてクリップスが問題視した独ソ経済協定の件でも、スターリンは、いかなる国も独ソの通商関係に介入することはできぬ、とし、ソ連はドイツの必要とする戦略物資の供給をつづける、と断言した。またバルカン問題についても、ソ連はバルカン問題に関心はあるが、同時にいかなる国もバルカン安定について排他的な権利をもつものではない、と答えた。それ以外では、トルコのボスポラス・ダーダネルス両海峡の件が問題になったが、スターリンの答えは、海峡問題解決にトルコが独占的な発言権を有することに反対する、というものだった。

これらのスターリンの言葉からは、できるだけドイツを刺激しないようにとの配慮がうかがわれる。しかもスターリンは七月十三日にモロトフを通じてドイツ大使に、この会談の内容を通知しているのだ。ということはスターリンは依然として、ドイツとの好意的中立関係が維持できると考えていた、と見ることができよう。これまで見てきたように、ソ連の軍事的な実情は決してドイツの総攻撃に耐え得るようなものではなかった。当然スターリンもその点は重々心得ていただろうし、だからこそ自分では対独友好策を採っているつもりだったのだろう。

にもかかわらず、前述の発言を見るとヒトラーは逆に、スターリンが英独対決から漁夫の利を得ようと狙っている、と解釈してしまった。なぜそんなことになったのか。やはり、ドイツによる対西方戦の最中にスターリンが行った無神経で乱暴な膨張策がヒトラーの神経を逆撫でしたから、ということになるのではないか。それで対仏戦勝後ただちに、ドイツ側は東部、特に占領したポーランドに兵力を移動し、道路と要塞設備の建設を始めた。

このことはスターリンも知っていた。次に挙げるのは、一九四〇年七月付けの、日時の特定がないため、おそらく三十一日にNKVD長官ベリヤがスターリンとモロトフに提出した、ドイツ側の動きについての報告のまとめである。

ドイツ占領下の旧ポーランドから戻った二人のNKVD課報員からの、ソ連邦に隣接する地区でのドイツ側の戦争準備について得た報告。

この準備で明らかなのは、ソ連邦に隣接した地域での戦略用高速道路建設の促進とドイツの東部国境への部隊移動である。

一、七月始め、ワルシャワとその近郊に独軍七個師団が到着。——ルブリン地区から歩兵、砲兵、戦車がソ連との国境地区に向けて出発。

二、六月十七〜二十日のあいだにボヘミアから旧ポーランドに向けて、ドイツの歩兵が二七梯団に別れて通過。六月十日、リンツからダンツィヒにドイツのパイロット六七人が向かった。ケーニヒスベルクへの部隊輸送のため、二隻の輸送船が徴発された。その一隻は外洋客船「ブレーメン」（注：当時ドイツ最大の大型客船で四万トン）である。

三、ハンブルク、リューベック、シュテッチン、さらにモラビアから建設資材がケーニヒスベルクとルブリンに運ばれた。そこから東部国境地域、特にウクライナ・ソビエト社会主義共和国のヴォルィンスク地区に接する地域の建設促進のため。未確認の情報として、この要塞線建設はジークフリート線型の建設であるとも。ワルシャワの周囲は要塞地帯になっており、ワルシャワに通じる高速道路には対戦車施設と障害物が構築されている。

四、ドイツ占領下のポーランドでは戦略用高速道路の建設が急ピッチで行われている。
五、ルブリンからソ連のヴォルィンスク地区に接する東部国境地域にセメントその他の建設資材と作業チームが貨物列車ではこぼれ、要塞化工事にはヨーロッパ人青年が広く利用されている。
六、ホルマからブグ河までの地域で、ドイツ側は地雷原用の土木工事を行い、それにはポーランド人が動員されている。

まだ正式の発令はないが、すでにこの時、ドイツ側のソ連へのそなえはここまで進んでいた。そしてこののちも、独軍の東部移動と軍事施設建設を伝える報告は続々とスターリンのもとによせられることになる。そこから一体スターリンは何をどのように判断したのだろうか。

第四章　並立する諜報機関

対フィンランド戦争での赤軍諜報の不備

既述した対フィンランド戦争後の赤軍「戦訓検討会議」で、報告者たちからほとんど例外なく指摘された不満として、フィンランドの軍隊とその国境要塞についての情報の欠如、そして戦闘中の戦場諜報の不備があった。そのうちの代表的なものを紹介すると、

赤軍諜報活動のお粗末さのため、マンネルヘイム線について何も知らなかった。第一五軍情報参謀デヤギロフ大佐は誇大妄想にかかり、自分を自立した作戦家だと思いこみ、自分はGRU（赤軍諜報部）第五課に属しているのだ、といって勝手に斥候部隊を組織してフィンランド軍後方に派遣したが、それを軍評議会には報告しなかった（ザポロジェツ第一三軍評議員）。

諜報部は敵情をほとんど掌握していると言ったが、実際には敵についてほとんど何も知らなかった。たとえば敵の要塞は一五二ミリ砲にまでしか耐えない設計とのことだったが、実際には三〇五ミリにも耐えられた（パルセゴフ第七軍砲兵監）。

諜報部は隣国で何が進行中なのかの情報を得なければならない。利用できる資料はあるのにそれが手元に届かない（メレツコフ第七軍司令官）。

これら非難の矢面に立たされたのが、当時の参謀本部諜報本部長イヴァン・プロスクーロフであった。プロスクーロフは当時まだ三十三歳で、これまでずっと飛行士として航空畑を歩んできた。一九三六～三七年にかけてスペイン内戦で、共和国空軍に爆撃機手として従軍し、特に反乱軍側支援のため派遣されていたドイツのポケット戦艦「ドイッチュラント」を空爆して損害を与え、「ソ連邦英雄」になって帰国した。これがスターリンの目にとまり、一九三九年四月から現職に任じられていた。

赤軍諜報本部（GRU）とは

ここで問題となる赤軍軍事諜報の中心組織である「赤軍諜報本部」（GRU：以下この略称で表示）とは何か。GRU――Glavnoe Razveduivatelinoe Upravlenie は今日のロシア軍にも存続する組織だが、一般の誤解も大きい。ロシア語の razveduivatelinoe とは〝偵察の〟とか〝諜報の〟という意味の形容詞で、「諜報本部」は直訳である。多くの国では通常参謀本部の第二部がこれにあたり、たとえば米軍ではG2と略称している。

意味は「諜報」であっても、決してスパイ情報のことだけではなく、平時は在外公館に駐在する武官その他の正規の駐在員、あるいはソ連の場合はタス通信の特派員などが定期的に本国に送る軍事情報の収集と整理、そして分析にあたる。戦時は、敵の捕虜の尋問、捕獲した敵の文書や地図の分析、そして敵の通信の傍受、さらには航空偵察などによって、敵情判断にあたる。

ところがGRUはその由来からして、通常の参謀本部第二部として発足したわけではなかった。もともとGRUは参謀本部第四部（軍諜報担当）のことで、起源は一九二〇年のソビエト＝ポーランド戦争にさかのぼる。この時、ソ連（この時点ではまだロシア）側の対ポーランド諜報の決定的な不備が露呈したため、当時のロシア秘密警察であるチェーカー（Cherezvu ichanaia komissiiapo boribie s Kontrrevolyutsiei, sabotajem i spekulyatsiei：反革命・サボタージュ・投機取締全ロシア非常委員会）長官のフェリックス・ジェルジンスキーが自分の副官でラトビア出身の革命家ヤン・カルロビッチ・ベルジンを対外諜報の責任者に任命したのが最初と言われている。

ベルジンの指揮下でGRUは情報収集・分析、スパイ活動をする諜報活動に従事し、ソ連の中心的な対外諜報機関として発展した。今日まで有名な、たとえば上海と東京に駐在したリヒャルト・ゾルゲ、オランダ駐在でのちにパリで亡命してアメリカに移住し、スターリンの粛清について貴重な証言をのこしつつ謎の拳銃死をとげたヴァルター・クリヴィツキー、ベルギーとフランスに駐在し大戦中は対独スパイ網「赤いオーケストラ」を指揮したレオポルド・トレッペルなどをベルジンはその配下として働かせた。一九三五年にベルジンが極東方面軍副司令官に異動になり、つづいて発生したスペイン内戦に共和国軍指導のため顧問として派遣されると、後任にセミョーン・ウリツキーが任じられた。

だが一九三七年に赤軍大粛清を始めようとしていたスターリンは「第四部とその要員はドイツ側の手中に収まった」として、ベルジンとウリツキーは相次いで粛清されてしまう。その後任のセミョーン・ゲンディンも粛清されたようだが詳細は不明。さらに後任のアレクサンドル・オルロフはぎりぎりのところでアメリカへの亡命に成功し、第二次世界大戦後の冷戦期にはアメリカ側のためにスターリンについての暴露本を公にした。したがって、GRUは五年間に四人の部長が交代し、しかもオルロフ以外は全員が粛清による最期をとげる、という異常な経過をたどっている。

スターリンのGRU不信

これほどまでのスターリンのGRU不信の原因はスパイ恐怖症のためだったと言われているが、対フィンランド戦争後の「戦訓検討会議」でのスターリンの態度からすると、真相はちがったものに見える。この「戦訓検討会議」ではスターリンもプロスクーロフに対して辛辣な質問を浴びせており、どれほどの苛立ちを感じていたかがわかる。それとともに、スターリン自身の諜報というものへの認識の程度を暴露することにもなっている。ここで、プロスクーロフとスターリンのやりとりの一部を紹介する。

スターリンとプロスクーロフのあいだでのやりとりのそもそものきっかけは、フィンランド軍についての情報と知識が、すでに戦前に外国の刊行物の中でかなり正確に扱われていたのに、それが赤軍ではほとんど活用されなかったことへの反省と不満から発している。

プロスクーロフ　敵の戦術についての情報は十二月に配付した。

スターリン　だが印刷されたのは開戦から二週間後だ。なぜ戦前に出されなかった?

プロスクーロフ　それは文書館にあった。

スターリン　諜報機関の長として、そのような言い訳は立たない。

プロスクーロフ　文書館には手つかずの資料が多く、その仕分け作業だけでも大変で、一五班でやっても二～三年はかかりそうだ。

スターリン　フィンランド軍の戦い方についてのパンフレットがあるはずなのに、われわれはそれを一年以上も店晒《たなざら》しにしたままで、開戦後やっと出された。われわれには諜報がない。

さらに奇妙なのは、外国の軍事文献の資料の活用法についての、プロスクーロフとスターリンや他の軍人たちとのやりとりである。

会場の声　外国の軍事雑誌すら赤軍では秘密扱いだ。

プロスクーロフ　外国の雑誌は赤軍への中傷を含んでいるからだ。

スターリン　君はスパイの素質がない。良い意味で正直な人間だ。諜報は外国文献の収集提出に始まる。諜報とは、イギリスなりフランスなりどこかの国に変装した秘密工作員を配置するだけでなく、切り取りと復元の作業でもある。しかも今は戦争中で、各国は互いに暴きあっているから収集の好機であり、これこそ諜報の任務である。

だが、プロスクーロフが赤軍での諜報機関の位置づけについて重要な問題提起をすると、スターリンはやや見当外れな憤懣を示した。

プロスクーロフ　諜報機関は平時から軽視されていたが、戦時にもそれはあてはまる。戦争第一日目から軍事諜報要員の準備はきわめて悪かった。これは誰の責任でもなく、六月に同志スターリンも出席した最高軍事評議会で参謀本部の組織が見直され、軍事諜報組織を七月いっぱいで赤軍最高司令部の作戦部門に移したことに原因がある。現在諜報部には指揮官もいなければ責任者もいない。われわれに寄せられる手紙も多くは個人的なもの。ＳＲＢは諜報部隊としては訓練されていない。

スターリン　ＳＲＢとは何だ？

プロスクーロフ　特別偵察大隊のことで、一応各師団にあることになっている。だが戦争中は普通の大隊だった。脇に置かれて穴埋め要因とされ、偵察中隊すらなかった。最悪なのは諜報の幹部要員のいないこと。諜報機関の人員の訓練を要望する。それから、諜報を一元化すること。そして外国のように、参謀本部の第二部とすべきだ。わが国ではそれを第五課に担当させているが、第五課の任務は秘密諜報に限定すべきだ。それとともに、参謀本部が平時戦時をとわず諜報に責任をもつべきだ。わが方には敵部隊の後方七〇キロの地点から無線通報してきた優秀な諜報員がいた。彼らは戦場斥候ではなく空中から降下した通報者である。だがその大半がスキー跡を現地人に発見されて捕まってしまった。

スターリン　平時から潜入させておけばよい。
プロスクーロフ　平時にもやったが、諜報部をまるで普通の部隊移動のように考え、諜報員に敵領内の家をあてがったが、わが軍がそこまで到達しなかった。
スターリン　馬鹿な。

これらのやりとりを見ると、スターリンの軍事諜報についての認識が正確でなかったことがわかる。すなわち、軍事諜報には次のような性格の異なる作業がある点についてである。

第一、平時からの外国の軍事文献資料の収集、整理、分析、配付と啓蒙。
第二、戦争で対峙する敵軍の状況判断のための戦場諜報。
第三、平時から外国に潜入、派遣している諜報員（いわゆるスパイ）による諜報活動。

プロスクーロフとの質疑でスターリンは明らかに、平時からの資料収集と戦場諜報とを混同している。ここで取り上げられたのは、フィンランド軍に対する軍事諜報であって、これは偵察斥候や無電傍受、捕虜の尋問などによって得られた敵情報を集積して分析する作業のことであり、各部隊の情報参謀が担当し、モスクワの諜報本部で現地部隊からの報告をもとに、次の敵軍の行動を把握して、自軍の作戦の基礎とする作業である。

プロスクーロフは赤軍での軍事諜報の機構上の不備を指摘したのだが、明らかにスターリンはそれまで、普通に言われる「スパイ活動」と混同していた。

ゴリコフ起用

スターリンは、既述した「戦訓検討会議」での議論によってようやく、本当の軍事諜報の意味を理解したらしい。同時にプロスクーロフへの不満も高まった。そして七月十五日付けでプロスクーロフを解任して元の航空畑に戻し、レニングラード軍管区航空司令官とした。後任の部長にスターリンが選んだのは、第六軍司令官フィリップ・ゴリコフだった。独ソ開戦前後の重要な時期にGRU部長であったゴリコフは、スターリンの状況判断に決定的な影響をもったと言われる存在なのだが、その経歴にはやや不可解な部分が含まれている。

この時四十歳で中将のゴリコフにはそれまで諜報畑の経

験はなく、主に部隊指揮官を歴任している。しかし一九三七年に赤軍に対する大粛清が始まろうとする時、白ロシア特別軍管区軍事評議員に任じられ、同管区での粛清に直接関与した。当時ポーランドと接する白ロシア特別軍管区は常時臨戦態勢に置かれ、いつでも「方面軍（front）」に転換可能であったため、「特別（osobenno）」の名称がつけられている。一九三七年に、この軍管区司令官パーヴェル・ウボレヴィッチもトゥハチェフスキーとともに「反ソ陰謀」のかどによって粛清され、後任のイヴァン・ベロフもすぐに粛清された。そして一九三八年からは、第二章の「対フィンランド戦争」のところで登場したミハイル・コヴァリョフが任命されていた。

二代の軍管区司令官の相次ぐ粛清の波はその下にいた司令部要員や部隊長と兵団長にもおよび、犠牲となった高級将校の数は最低一〇〇人を下らないと言われる。ちょうどこの時、ゲオルギー・ジューコフは同軍管区の第四騎兵師団長として勤務していた。やがて独ソ開戦前夜、赤軍戦略をめぐって参謀総長対諜報部長として対決することになるジューコフとゴリコフは、すでに一九三七年の赤軍粛清のさなかに白ロシア特別軍管区で対決していたのである。その時の様子をジューコフは次のように証言している。この部分は、「ジューコフ回顧録」の初版では検閲によって削除されていた。

ゴリコフは私に、これまでの経歴の問題点を整理して、親類か友人の中に逮捕者を出しているかどうか尋ねた。私は、多くの親類縁者とは連絡をとっていないので、それについては知らない、と答えた。近親者については、母と姉は今も健在でストレルコフカ村のコルホーズで働いている、ただし知人、友人の中からは多数の逮捕者が出た、と答えた。

するとゴリコフは「それは誰ですか？」と尋ねたので、私は次のように答えた。

「よく知っている逮捕者はウボレヴィッチ一等軍司令官、セルディッチ軍団長、カフチューハ軍団長、クチャーコフ軍団長、グリボフ軍団長、カザコフ軍団長、ロコソフスキー軍団長、ベルホフスキー師団長だ」

「彼らのうち、特に仲がよかったのは誰ですか？」とゴリコフが聞いたので、私はこう答えた。

「仲がよかったのはロコソフスキーとセルディッチ、カサコフ、ベルホフスキーだ。私が思うに、この人たちの多くは愛国者であり、真っ当な共産党員だった」。

「彼らについては今もそういう意見ですか？」とゴリコフは私をじっと見つめて尋ねた。

「ああ、今もだ」。

するとゴリコフは激しく椅子から立ちあがり、両耳を真っ赤にして、ぞんざいに言った。

「たとえ軍団長になろうという人が、人民の敵を褒めるとは何と危険なことか」

私は、彼らがなぜ逮捕されたのかよく知らないが、何かのまちがいが起こったのだと思う、と答えた。私はすぐに、ゴリコフが悪意ある調子の言い方をしたのはどうやら私の答えに不満があるからだ、と感じた。彼はやにわに自分の分厚いファイルをつかんで書類を取り出し、五分ほど読んでからこう言った。

「ほら、第三騎兵軍団政治委員ユングの報告によると、貴官は麾下の指揮官と政治教育担当者への通達で、しばしばひどく乱暴な言葉づかいで、政治活動従事者の意義と役割を貶《おとし》めた、とあります。これは本当ですか？」

私はこう答えた。「ユングの書いたことは正しくもあり、まちがってもいる。私は断じて、自分にまかされた任務をいい加減に実行したり、無責任に職務を引き受けたりしたことはない。政治教育担当の意義と役割にかかわる業務を犠牲にしたことはないし、自己の党員としての公式の義務も果たしてきた。自分は教育訓練上の課題の設定において、独断で行動したこともなければ、指揮官たちに手伝わせたこともない。ただし、たとえ批判されることと注文されることの多い指揮官でも確固たるボルシェビキであることを証明せねばならない場合だけは、独断的に判断した」

ゴリコフは続けて、「貴官の奥さんが無断で娘のエルラを教会で受洗させていた、という情報がありますが、本当ですか？」。

それに対して私はこう答えた。「これは随分と利口でない作り話だ。ユングのように決して馬鹿でない人物が、どうしてそのような下らないことを報告できたか、まったくの驚きだ。彼はそんなことを強調する前に、まず調査に行くべきだ」。

ジューコフの証言する一九三七年のゴリコフとの対話はこのようなものである。無論、ここで紹介したのはジューコフからの一方的な証言であり、ゴリコフは戦後もこの件については発言していない。だが大粛清が進行中の赤軍内部の雰囲気をそれなりに伝える証言である。それとともに、ジューコフのゴリコフに対する深い私怨も感じられる。

このあとジューコフは、短期間だけ軍管区司令官だったヴァシーリー・ムーリンの推挙によって第三騎兵軍団長となり、さらに翌年にはコヴァリョフの下で同軍管区騎兵担当司令官代理となる。そして、この時の不当な嫌疑について上申したことでスターリンの記憶にとまったようで、一九三九年に日本軍との対決のためモンゴル人民共和国にソ蒙軍最高指揮官として派遣される。ノモンハン戦で日本軍の撃破に成功してスターリンの注目するところとなり、モスクワに呼び戻されて、対フィンランド戦争後の異動で一躍キエフ特別軍管区司令官に抜擢され、上級大将に昇進した。

GRU部長としてのゴリコフ

このジューコフの証言からすると、ゴリコフはその経歴からして諜報とは無関係であっても、粛清の担当者という点でスターリンの信任を得ていたことになる。そして一九三九年九月のポーランド侵攻で第六軍を指揮してリュボフ占領を無事にやりおおせたことがスターリンの目にとまった、というべきではないか。この人事から察せられるのは、対フィンランド戦争によってスターリンが軍事諜報の重要性をはじめて認識したために、トップに信頼できるかつての粛清担当者をすえた、ということであろう。

そして一九四〇年七月二十六日付けの国防人民委員指令によって、GRUは赤軍参謀本部の一部局として総長に従属することになった。だからGRU部長は当然、プロスクーロフが要望したように参謀総長、ひいては国防人委に下属するはずである。ところが後述するジューコフの証言によると、対フィンランド戦争後、スターリンは軍事諜報を完全に自分専用に直結させ、参謀本部の他の部局の頭越しに報告させて、情報を独占する体制を構築したようだ。また、第三章で紹介した参謀本部業務へのスターリンの無理解さを示すジューコフの証言から判断すると、スターリンは参謀本部には単に戦略上の作戦計画の立案と検討だけをゆだね、外国からもたらされる軍事情報は自分だけが閲覧して内容の当否を判断していたことになる。

NKVDの諜報機関

だかどれほどゴリコフを信任しようと、もともと赤軍自体に疑念を抱いていたスターリンは、軍部側の諜報機関だけを信用することはなかった。ここでGRUとともにスターリンの諜報業務を担ったのは、NKVD〔Narodnuii Kommisariat Vnutrennikh Del〕すなわち内務人民委員部の中の「国家保安本部―GUGB〔Glavnoe Upravlenie Gosudarstvennoi Bezopastnosti〕で、一九四一年二月からは独立して国家保安人民委員部NKGB〔Narodnuii Kommisariat Gosudarstvennoi Bezopastnosti〕となる。ただし、同年七月には再びベリヤのNKVDに下属させられた。

有名なソ連の秘密警察で、特にスターリンの爪牙《そうが》として粛清に辣腕をふるったNKVD――一九四六年から内務省――の本来の任務は対内的なものであって、対外諜報活動はむしろGRUの領分だったが、両者のあいだの区別はさほど明確ではなかったと言われる。実際、NKVD所属のGUGBの組織は第一課（要人警護）、第二課（国内秘密警察）、第三課（防諜）、第四課（軍内動向）、第五課（対外諜報）となっていた。対フィンランド戦争後の「戦訓検討会議」で、報告話題に出た「第五課」というのはこのGUGBの機関のことである。

既述したヤン・カルロビッチ・ベルジンの時代には、この両方の機関での要員の交代が頻繁で、在外諜報員の中に軍人の肩書をもつ者も少なくなかった。だが粛清の嵐はその執行者であるNKVDにもっとも徹底して及び、一九三八年には長官のニコライ・エジョフ以下の幹部のほとんどが粛清されてしまった。その余波はさらに在外NKVD要員にも波及し、ほとんどの外国駐在のNKVD員が粛清されたという。そのために、一九三〇年代の初めから諸外国に築いてきた通報者のネットワークも機能せず、ベリヤの登場によって、ようやくGUGBはその本来の機能を回復する。

混乱を避けるために、もう一度NKVDの一九四〇年当時の諜報機関と管理系統を整理してみると、内務人民委員部（NKVD。長官ラブレンティ・ベリヤ）→国家保安本部（GUGB―本部長フセヴォロド・メルクーロフ）→第五課（対外諜報担当。課長ウラディーミル・デカノゾフ、一九四〇年十二月始めからパーヴェル・フィーチン）。

さらに一九四一年二月のNKGBの独立によって第五課は第一部に改称、昇格する。ちなみにフィーチン以外は全員がスターリンと同じグルジア出身である。ただしモロトフの証言によると、デカノゾフは本当はアルメニア人であって、グルジア人のふりをしていたのだ、という。

ＮＫＶＤの在外諜報網

ＮＫＶＤの在外駐在員もソ連の在外公館付きの身分であって、決して非合法のスパイではない。ＮＫＶＤが諜報網構築に成功したのはドイツとイギリスで、ソ連がイデオロギー上もしくは政治上の理由からソ連のために働くことを決意した自発的な通報者を獲得したことによって成り立っていた。ドイツでその中心となったのは経済省の高官アルフィート・ハルナック（隠語名コルシカネツ――コルシカ人の意味）と空軍少佐で航空省の情報担当のハロ・シュルツェ＝ボイゼン（隠語名スタルシナ――曹長の意味）だった。これ以外にドイツ人の通報者として重要なのは、ゲシュタポの要員ヴィリー・レーマン（隠語名ブライテンバッハ）である。のちに一九四二年夏から秋にかけて、ドイツでのソ連諜報グループ「赤いオーケストラ」が一網打尽になった時、逮捕者は約一三〇人、うち四九人が死刑、その他尋問中の死亡が八人、流刑先での死亡が一〇人、戦後に生き残ったのは約四〇人と言われる。

イギリスの通報者は、今日でもスパイ問題の代名詞となっている。〝マグニフィセント・ファイブ〟もしくはその多くがケンブリッジ大学在学中にスカウトされたため〝ケンブリッジ・ファイブ〟と呼ばれる五人組である。

ジョン・ケアンクロス（隠語名：リスト）――外務省入りののち、保守党の有力者サー・モーリス・ハンキーの私設秘書。

ドナルド・マクリーン（隠語名：ホメル――ホメロスの意味）――外務省に入り、駐米大使館付き。

キム・フィルビー（隠語名：ゼーンヒェン――息子の意味）――諜報機関ＭＩ６入り。

ガイ・バージェス（隠語名：メドヒェン――少女の意味）――特殊工作機関ＳＩＳ入り。

アンソニー・ブラント（隠語名：トニー）――対外防諜機関ＭＩ５入り。のち王室付き美術顧問。

これ以外にもヨーロッパの主要都市にＮＫＶＤの諜報連絡網があり、モスクワと連絡し、得られた情報はベリヤからスターリンに渡された。かくて一九四〇年夏からスターリンは、ＧＲＵとＮＫＶＤという二本立ての諜報機関からの膨大な情報をほとんど自分一人で整理・分析することになったのである。

第五章　対独関係悪化

ルーマニア問題の紛糾

第三章で述べたように、一九四〇年六月から八月までのソ連によるバルト三国とルーマニア領ベッサラビアおよび北ブコヴィナ併合が、ドイツ側では大きな脅威と感じられた。これ以後の独ソ関係、あるいはもっと単純化してヒトラー＝スターリン関係は、一種の「悪意のキャッチボール」の様相を呈して、ついに独ソ全面戦争へと発展してしまう。

ヒトラーの意向についてはかなりはっきりしている。すなわち八月から九月にかけての対英航空戦、いわゆる「バトル・オブ・ブリテン」が失敗に終わり、英本土上陸作戦「ゼーレーヴェ（あしか）作戦」は当分延期せざるをえなくなった。他方、ヒトラーの和平提案は英国側からの拒否にあって、これも実現の見込みはなくなっていた。その最中でのソ連によるベッサラビア併合である。「バルカン問題」という言葉が、複雑かつ解決不能の問題という意味であるのはほとんどいつの時代も変わりない。ドイツ側はソ連がこの厄介な「バルカン問題」に介入してきた、と解釈したのである。かくて、スターリンの打った一手は連鎖反応的にバルカン全体の情勢をゆるがせることになった。

なぜルーマニア問題がバルカン全体、ひいては独ソ関係悪化にまでつながったかと言えば、第一次世界大戦後のルーマニアの領土拡大に大きな原因がある。ルーマニアは第一次世界大戦では一九一六年に連合国側に立って参戦し、翌年には国土の大半を占領されたが、戦後の講和条約では逆に領土をほぼ倍増させるという成功をおさめた。だがそれは周囲の敗戦国から領土をもぎ取ってのことであり、当然これら敗戦国からのはげしい敵意にさらされた。ルーマニアが併合した領土とは次のようである。

ベッサラビア：ロシア（ソ連）から
トランシルバニア：ハンガリーから
南ドブルジャ：ブルガリアから（正確には第一次世界大戦

勃発の前年の第二次バルカン戦争の結果）

さきに紹介したジューコフによるベッサラビア占領のまさに同じ日、ハンガリーとブルガリアの両国はルーマニアに対して旧領土返還を要求してきた。ソ連がベッサラビアを併合し、それをドイツ側も容認したことがこの両国による領土返還要求の根拠となったのである。しかも、ハンガリーとブルガリアはともに第一次世界大戦の敗戦国でドイツの友好国であり、ヒトラーとしてはこの両国の主張を黙殺するわけにはいかなかった。同時にヨーロッパ最大の産油国として、ルーマニアはドイツの軍需経済にとって死活的重要性をもっていた。

このこじれた状況を解決するため、ヒトラーの命をうけた独外相リッベントロップは八月三十日、ハンガリーとルーマニアの代表をウィーンに呼びつけ、イタリアのチアノ外相立ち会いのうえで、強制的に北トランシルバニアの大部分をハンガリーに割譲することをルーマニア側に認めさせた。その代わりに独伊両国は残りのルーマニア領土の安全を保障すると確約した。これが「第二次ウィーン裁定」と呼ばれる案件である。ちなみに「第一次ウィーン裁定」とは、第二次世界大戦勃発の前年、一九三八年十一月二日にやはりウィーンで、スロバキア南部地域をハンガリーに割譲するよう、やはりリッベントロップとチアノがスロバキアに認めさせた件のことである。

だが独伊両国による強圧的な裁定はルーマニア人のあいだに激しい反ハンガリー感情をうえつけ、それがのちにヒトラーとドイツの戦略にとっての足かせとなる。やがてドイツの同盟国として対ソ戦に参加しても、この両国軍間の反目がひどく、いつも中間に独軍が割って入らなければならないほどになる。そして一九四四年にソ連軍がルーマニアに侵攻すると、今度はルーマニアはソ連側に寝返って赤軍とともにハンガリーに侵攻することになる。その時ソ連側に立って戦わせるためルーマニア側にスターリンが与えた恩賞こそ、戦後の北トランシルバニア返還だった。無論一九四〇年の段階では、まだスターリンはそこまで考えてはいない。

ヒトラーの裁定によりブルガリアも南ドブルジャを返還してもらい、第七章で触れるようにドイツに忠実な枢軸国となった。

ルーマニア＝ドイツ関係の深まり

一挙に領土と人口の三分の一を失うという外交的敗北に

よって、ルーマニア国内ではそれまで独裁的な統治をしてきた国王カロル二世への不満が爆発し、国王は退位してポルトガルに亡命した。九月六日に新国王ミハイのもとで成立した政権は、国民的人気のあった軍人イオン・アントネスクが首相、ファシスト団体「鉄衛団」のホリア・シマを副首相とする連立政権となった。だが政権内ですぐにこの両者の反目が表面化し、結局一九四一年一月、アントネスクは「鉄衛団」を弾圧して軍部独裁が成立する。

ところが「鉄衛団」は一九二〇年代から活動してきたイタリア、ドイツにつぐ第三の「下からの」ファシスト運動であって、ヒトラーとドイツ側からは強い関心と好意の目で見られていた。そのためアントネスクが親独策を採っても、ドイツ側はアントネスクの迫害をのがれたシマ以下の「鉄衛団」幹部を自国で保護している。このように一九四〇年夏にふってわいたルーマニア問題は、同国内の政治状況をも一変させるほどになった。

だが、さきに引用したベッサラビア占領をめぐるモロトフやジューコフの証言からすると、スターリンは自分の打った手がドイツとルーマニア、ひいてはバルカン全体に深刻な影響を及ぼす、とは考えていなかったようである。ところがヒトラーとドイツはルーマニア問題をきわめて深刻に受け取った。

前述の「第二次ウィーン裁定」の翌日、ヒトラーはハルダーにこう漏らしている。

ロシア側は次のことを知るべきだ。ドイツはルーマニアに決定的な価値を置いている。何者による脅しもドイツの利益の価値を止めさせられはできぬ。ルーマニアは不可侵である。

日誌のメモなので表現は簡潔だが、要するにヒトラーはルーマニアには誰も手を出させない、と決意したということである。

一方ルーマニアの方では、新たに政権の座についたアントネスクが九月七日にブカレスト駐在のドイツ武官に、ただちにドイツから「軍事使節団」を派遣してルーマニア軍の強化を援助してほしい、と要請した。ついで十五日にドイツから派遣された参謀本部第四部長クルト・フォン・ティペルスキルヒとの会談でも、アントネスクはこう述べている。

ルーマニアはその隣国、ことにロシアによって脅かされている、と強く感じている。ドイツによる国土保全をより具体的に実行することで、外部に向かって目に見える安全保障としたい。そのため至急、ドイツの航空機、高射砲、機甲部隊を軍事使節団の名目でルーマニアに派遣してもらいたい。またその際、ルーマニア軍に技術的な訓練を行う教官団も同行してほしい。

帰国したティペルスキルヒの報告をうけて、ヒトラーは九月二十日に国防軍に対してルーマニアへの「軍事使節団」の派遣を指令し、三十日には、独軍自動車化一個師団とそれに付随する部隊が軍事使節団の名の下にルーマニアに派遣された。

ソ連側の反応

ところが、ドイツ側がルーマニア領土の保障と部隊派遣という措置を講ずると、それがスターリンを刺激したようである。今度は逆にソ連側は、これまで独ソ両国間で協議の対象とはなっていなかった、ソ連によるブルガリアの領土保障とソ連軍の同国駐留という条件を持ち出してきた。ソ連側もしくはスターリンの反応は、九月から十月にかけての独ソ両国の外交上のやりとりによって判明する。

九月一日　ウィーン裁定と独伊によるルーマニア領土保障に対して、モロトフはドイツ側に、「独ソ不可侵条約第三条の、両国間の共通利害に関する案件での事前協議」の規定に抵触する、と抗議。

九月三日　リッベントロップからソ連側に反論の覚書。その中でドイツ側は、ソ連によるバルト諸国およびルーマニア領ベッサラビアと北ブコヴィナ併合は何らの事前協議もなく条約違反の行為である、と非難。

九月十六日　ドイツ側から、ノルウェー北部への増援部隊派遣をフィンランド領経由で実施すると通告。

九月二十一日　ソ連側はこれに回答して、ウィーン裁定をドイツ側の協定違反として非難し、ソ連側にはルーマニアへの関心がまだ残っている、とした。

九月二十六日　ドイツ側からの、「あと数日以内に日独伊三国同盟が締結される予定」との通告に対して、モロトフは「事前に同盟の内容を読む権利があり、もし何らかの秘密議定書があればそれも見る権利がある」と要望。また、ドイツ軍部隊通過についてのフィンランドとの協定内容の提示を要求。

十月二日　ドイツ側から、三国同盟はソ連を対象としたものではない、との回答があり、同時にドイツ＝フィンランド間の協定内容もソ連側に通知。
十月七日　ドイツ側から、ルーマニアに軍事使節団を派遣する旨の通知があり、これに対してモロトフは、「どれくらいの兵力をルーマニアに派遣するのか」知りたい、と要求。

この時の独ソ両国間のやりとりについては、「略奪品をめぐる強盗同士の喧嘩」（ウィリアム・シャイラー）とか「シカゴのギャングが小学生に見える」（ジョージ・ケナン）といった形容がされている。第三者から見ればたしかにその通りかもしれないが、当事者である独ソ双方と、俎上にのせられた関係各国にとっては生死をかけた大問題だった。しかしながら、まだ全面衝突の覚悟はどちらにもできていない。

こうして、独ソ友好をいつも心掛けていたドイツの駐ソビエト大使フリードリヒ・ヴェルナー・フォン・デア・シューレンブルク伯のイニシアティブによって、独ソの首脳級会談が実現した。この構想をシューレンブルクは九月二十五日から休暇で帰国した時、外務省側に提案し、リッベントロップもそれに賛同し、ヒトラーの裁可も得た。そして十月十三日、リッベントロップからスターリン宛てにベルリンでの首脳会談を呼びかける親書が送られた。これに対して十月二十二日、スターリンからベルリンにモロトフを派遣する、との返書があった。

一体、ヒトラーもスターリンも何を考えていたのだろうか。単に相手の腹を探るための行動だったのか。では、もしも双方が互いの心中を探り当て、それがきわめて悪意に満ちたものであるのに気付いたとして、それから互いにどういう政策、もしくは戦略を採ろうとしたのであろうか。

モロトフ＝ヒトラー会談

現在では、モロトフが訪独するにあたって、スターリンが交渉の要点として指示した内容が判明している。その概要は全部で一四項目あり、特にスターリンがもっとも重視した点はさらにいくつもの細目にわたっている。その内容とは以下のようである。

一、訪問目的
(a)照会　「欧州新秩序」と「大東亜共栄圏」創設計画実現におけるドイツと三国同盟の全加盟国（独伊日）の本

当の狙い、「新欧州」と「大東亜」の境界、個々のヨーロッパ諸国と大東亜諸国との関係、当該計画実現の段階と時機、最低限他の諸国の三国同盟加入の見通し、当面および将来の該計画でのソ連の役割。

(b)準備　欧州それに近東と中央アジアでのソ連が求める勢力範囲の概要と、それについてのドイツとイタリアとの協定の可能性の打診、しかし現交渉時点での何らかの協定の可能性も排除せず、交渉をモスクワでも継続するから、そのためリッベントロップが近いうちに訪ソすることを約す。

二、一以外。発生した諸事件は棚上げにして、個別的な勢力範囲について（フィンランドを例外として）の独ソ協定を交渉の重点とする。ソ連の勢力範囲は以下を想定する。

(a)フィンランドについては、一九三九年の独ソ協定の履行においてドイツ側はすべての障害と怪し気な行為を排除すべき（独軍部隊の撤収の有無、フィンランドがソ連の勢力範囲に入るのを恥とみなすようなフィンランドやドイツでのいかなるデモンストレーションも中止させること）。

(b)ドナウ河口については、アルカディ・ソボリョフ同志への指示に従うこと。ドイツがルーマニアへの部隊進駐と領土の安全保障の件でソ連と協議しなかったことについてわが方の不満を表明すべきこと。

(v)ブルガリアは交渉の主要議題。ソ連の利益範囲に含めることについて独伊と協議すべき。ソ連軍のブルガリアへの進駐も含めて、ソ連の側からのブルガリアへの保障は独伊がルーマニアに与えたのと同じ基礎によるべき。

(g)わが国はトルコに重大な利害を有するため、トルコについての諸問題はわが国の関与抜きには決定されてはならない。

(d)ルーマニアとハンガリーの今後の運命についての問題はソ連に隣接する国のことであるから、きわめて関心があり、それについてわが国の主張と一致することを望んでいる。

(e)イランについての問題には、ソ連は無視できぬ重大な利害を有するから、わが国の関与抜きで解決されてはならない。

(j)ギリシャとユーゴスラビアについては、それが枢軸側の問題であることは十分心得ている。

(z)スウェーデン問題でソ連の採るべき立場は、同国の中立の維持がソ連とドイツの利益になるという。ドイツも同じか？

(i)バルト諸国について、ソ連は大小ベルト海峡、エレスンド・カテガット・スカゲラック各海峡の平時と戦時のバルト海からの船舶自由通航に関心がある。ドナウ協定を手本として、そのために利害を有する諸国の代表との会談を組織するのがよい、としてきた。

(ii)（注：原文ではjが抜けている）スピッツベルゲンでのわが国の石炭採掘事業は保障されるべき。

三、ドイツ―日本間の通交については、わが国の強い立場から目を離させぬこと。

四、もしわが国のトルコとの関係を問われたら、トルコはソ連の援助を追求するより、ソ連との援助条約がないためトルコは何の利益も得られないと、わが国がトルコに返答したと伝えよ。

五、もしイギリスとの関係を聞かれたらこう答えよ。スターリンのダーチャ（家庭菜園付きの小別荘）でのわれわれの意見交換の精神による、と。

六、ルーズヴェルトの頭越しになされたドイツのイギリスへの和平提案について、われわれが思ったことを言え、これが現実と一致したかどうか、どう答えたか？

七、わが国のアメリカとの関係について聞かれるようなことがあったらこう答えよ。アメリカもまたわが国にこう尋ねてきた、わが国がイランとトルコを危険から救うつもりがあるかどうか。わが国はこれまでこの件には返答していない。

八、「大東亜共栄圏」の境界はどこで三国同盟のそれと一致するのか質問せよ。

九、中国について――秘密議定書にある点の一つ――問うべきことは、日本を中国（蒋介石）との名誉の講和が是非達成されるべきであり、その際ソ連は、おそらく独伊も参加するだろうが、仲介を引き受ける用意がある。その場合、わが国はインドネシアを日本の勢力範囲と認めることに（満州は日本のまま）ついて何の異議もない。

一〇、四大国（独伊日ソ）の公式宣言の形での和平実現策（もしもっとも好都合な交渉の成り行きでならトルコやブルガリアその他の動向も加わる）で提議予定なのは大英帝国（委任統治領をのぞく）の存続条件として、今日イギリスが有するヨーロッパでのすべての財産の放棄と、ヨーロッパ問題への不関与を前提条件とすること、ジブラルタルとエジプトからの即時撤退、旧ドイツ植民地の即時返還の義務に関することだ。

一一、日ソ関係については、私の建川《たてかわ》（美次《よしつぐ》、当時の駐ソビエト大使）への返答の枠内で。

一二、ポーランドの運命についての質問については、一九三九年の協定を基礎とすると答えよ。

一三、バルト諸国での資産賠償については、一年以内に二五パーセント、三年以内に五〇パーセントとする。

一四、経済問題については交渉の好都合な進み具合による。穀物についても同様だ。

モロトフの几帳面さとともに、主人スターリンの意には絶対服従の態度を堅持する姿勢がよくわかるメモである。そして十一月十二日から始まったモロトフ＝リッベントロップ会談でも、モロトフ＝ヒトラー会談と否、忠実すぎるほどスターリンの指示に沿って交渉にのぞんだ。

このモロトフへのスターリンの指示の中で注意すべきなのは、ブルガリアの件を最重要議題としている点である。要するに、前年の独ソ不可侵条約付属秘密議定書とその後の独ソ国境友好条約を改訂して、新たに東欧とバルカンでの独ソそれにイタリアを加えた三国の勢力範囲の確定を狙っているのである。

ベルリンでのモロトフとヒトラーおよびリッベントロップとの会談の詳細については、ドイツ側で記録した議事録によってたどることができ、これまで多くの研究で紹介されてきた。現在ではソ連側の通訳官パブロフの作成したスターリンへの報告によって、ソ連側の資料からも会談の内容をたどることができる。ここでは当時のソ連側の、すなわちスターリンの意向を知るため、引退後のモロトフの証言を引用してみよう。無論何十年もたってからのインタビューであり、またモロトフの自己弁護と当時のソ連当局への配慮もあって完全なものではない。それにインタビュー自体が何年もの中断期間を挟んでのもので、一度にまとめて行われたものではない。しかし、スターリンとソ連の側にとってベルリン会談がどういう意味があったかを知る材料になろう。

ヒトラーは言った、「何ということだ。イギリスはちっぽけな島国だ。それが全世界の半分を所有し、さらに全部を奪おうとしている――これは我慢ならぬ。不公正だ」

私は、それはたしかに我慢ならぬし不公正でもある、と答え、彼に同意した。

私は彼に、「これは正常とは思えぬ」と言うと、彼は元気になった。

ヒトラーは言う、「あなた方はイラン、インド――将来において不凍港を手に入れることになる」。「それは興味ある考えだ。ではどう見るのか?」と言って、私は彼を対話に引き込むよう、彼に話すチャンスを与えた。私にとってこれはさほど重要な話題ではなかったのだが、ヒトラーはどうやってイギリスを清算すべきか、そしてソ連はそのイランとインドへの道をどのように突進することになるかを大袈裟に敷衍《ふえん》しつづけた。彼はソ連の政策にほとんど関心がなかった――近視眼的人物の彼が望んでいたのはわが国を危険な政策に巻き込むことだった。われわれが南方で面倒に巻き込まれた方が彼にとってはよかったのだ。もしわが国がイギリスと戦争になれば、わが国は彼に頼らざるを得なくなる。貴国はきっとそれが認識できないほど単純であるはずはないのだから。しかし次の会談では、私は議題をわが方の関心事に切り換えた。ここで私はこう言った。「あなたは素晴らしい国々をわれわれに提示している。だがリッベントロップが一九三九年に訪ソした時、われわれは共通の国境では静謐《せいひつ》をたもち、ルーマニアとフィンランドにはいかなる外国軍も置かない、ということで合意した、だが貴国はそこに軍を駐留させているではないか!」

ヒトラーは、「それは些事にすぎぬ」と応えた。

概説する必要もないが、私はこう応えた。「でも、もし資本主義国と社会主義国が合意に達したいと思うなら、分割しかありえない――ここは貴国の勢力範囲、そしてこちらはわれわれのものだ。そうやってリッベントロップと私はポーランドでの境界をどうするか合意したのであり、ルーマニアとフィンランドには外国軍は存在してはならないはず。なのに何故貴国はそこに軍を置いているのか？」

それに対しヒトラーはこう言った。「些事だ。二次的な件でわれわれの共同行動の調整に合意できなかった場合、それ以上にどんな大問題を協議できるというのか？」

彼は自分の話題に固執し、私は自分の話にこだわった。彼は興奮してきたが、私はさらにこだわった。結局私は彼をへとへとにさせた。

会談後、晩餐になったときヒトラーはこう言った。「戦争はつづいている、だから私はコーヒーを飲まない、わが国民もやはりコーヒーを飲まないからだ。私は肉類は食べない、菜食だけだ。喫煙もしないし、酒も飲まない」

彼を見て私は、まるで草を食《は》むウサギが横に座っているかのように思えた――理想主義者だ。私は何も言わなかった、というのも私は何の禁欲もしていないから――。

われわれはコーヒーの時に外交官同士のちょっとしたおしゃべりをした。元ワイン商人のリッベントロップはワインラベルについて語り、マッサンドラ（クリミア半島南海岸にあるワイナリー）について聞いてきた。ヒトラーも話に加わり、私を感心させようとした。

ニュース映画を撮る時、ヒトラーは私と片手で握手した――。ヒトラーは私が「些事」にこだわったことに驚いた、それは簡単に合意できると思っていたからだ。私は彼に「さあ、それらについて合意しましょう」と応えた。彼は何とも曖昧な返事をした。

われわれが退出する時、ヒトラーはコート掛けのところまで歩み寄った。そして私がコートを着るあいだ、こう言った、「歴史はスターリンの名を永遠に忘れないだろう」と。私は「それは疑いない」と応えた。ヒトラーは、「だが私の名も残ることを願っている」と言い、私は「それも疑わない」と応えた。スターリンの個性にも畏敬の念を恐れているだけでなく、スターリンの個性にも畏敬の念を抱いている、とも感じた（一九七一年）。

毎日私はヒトラーとの会談ののち、スターリンに長文の電報を送った――私が述べたこととヒトラーが述べたことを。帰国してからスターリンは私にこう尋ねた、「このすべてを君が伝えた時、彼はどう我慢したのだ？」

そう。ヒトラーはこらえざるを得なかった。彼は静かな口調であって、決して罵声を発しなかった。彼はただ説得を試みた、「貴国はわが国との包括的な合意を望んではいないのか？」と。

われわれは一九三九年にリッベントロップが訪ソした時、一つの合意に達していた。しかし九月から十月にわれわれはすでにわが方のものを手に入れていた。そして他に道はなかった。そしてわれわれはわが国の国境について、特にフィンランドとの国境についてはレニングラードから五〇キロのところとし、そこに独軍は置かない、との合意を得た。そしてルーマニア――わが国と国境を接する――にも外国軍は置かない、と。「だが貴国はこの両国に多くの部隊を置いている」。政治的な質問。私には言うことがたくさんあった。

ヒトラーは言った。「われわれはイギリスについて話し合う必要がある」

私は「それについてもいずれ話し合いましょう」と応じた。

ヒトラーは、「貴国は何がお望みか？」、「何を提示するのか」、「さあ世界を分け合おう」、「貴国は南に不凍港を手に入れることが必要だ」と続けた。

私はこう言った。「ここに五つの国がある（独ソとバルト三国をさす）。一九三九年にできたリッベントロップとの協定により、貴国はフィンランドには部隊を置かないと言明したが、現に駐留している。いつこれは終わるのか？　貴国はやはりルーマニアについても部隊を置かない、と言った。ルーマニアには同国軍以外はいてはならぬはずなのに、貴国はわが国との境界に部隊を置いている。これは一体どういうことなのか？　これでは協定違反ではないか」

ヒトラーは、「多少の些事はある。もっと大きな問題を話し合おう」と応じた。

何も決着がつかなかったので、私はヒトラーに食い下がった。

「それは答えになっていない。私が質問しても、そちらは何の明確な返答もしていない。はっきりした答えがほしい」

わが方としては、ドイツ側が本当にわが国との関係改善を望んでいるのか、それとも単なる無駄話をつづけるだけなのか、見極める必要があった。ドイツ側はわが方には何も譲るつもりのないことがはっきりしてきた。ドイツ側はせきたて、強弁したが、突飛な言い回しはしなかった――ヒトラーはそれをわきまえていた。こちらとしては、ドイツ側と真摯に話し合えるだけ話して、深いところまで見極めねばならなかった。わが方は一つの条約の検討に賛成した――だがドイツ側はそうしなかった。われわれはドイツ側が条約の検討を望んでいないと見た。われわれは自らの結論を引き出した、そしてドイツ側も彼らの側での結論を引き出した（一九七三年）。

ドイツはわれわれをたぶらかして、ドイツ側に立たせてわが国を対英戦争に引きずり込もうとした。ヒトラーはわが国を冒険に巻き込めるかどうか知りたかった。ドイツ側は所詮、ヒトラー主義者であり、ファシストであり、わが国が助けてくれるだろう、と思っていた。私はヒトラーに言った、「われわれの緊急の懸案は何か。貴国は履行すると誓約した義務を果たすことに同意するのか？」。

ヒトラーが、われわれを冒険へと引きずり込むことだけを望んでいるのがはっきりしてきた。だがわが方としては、フィンランドとルーマニアについてのヒトラーの約束を確保することはできなかった（一九七四年）。

一回目の会談では、ヒトラーがほとんどしゃべった。それで私は食い下がり、いくつかの点を明確にすべく質問した。ヒトラーは必要だと思ったことは詳しく述べ、私はそれを聞いていた。そして第二回の会談では私が話をせざるを得なかった（一九七六年）。

スターリンはどう判断したか

これらのモロトフの証言によると、ソ連側あるいはスターリンがもっともこだわったのは、フィンランドとルーマニアでの独軍の駐留であると思われる。モロトフの証言にもあるように、会談ののち、彼は逐一スターリンに特電で報告し、次の指示を待っていた。だが、今日判明しているベルリンのモロトフとスターリンとのやりとりからすると、スターリンはブルガリアとトルコの件に固執していることがわかる。

十一月十二日午後六時二〇分　モロトフからスターリンへ　私はこうも言った、昨年の独ソ協定を、フィンランド問題を例外として、事態の流れの中で議論しつくされたものとみなす、と。

同午後一〇時五〇分　スターリンからモロトフへ特電第一四号　リッベントロップとの会談についての貴官の暗

号電から、フィンランドについての問題をのぞいて、ドイツとの協定が議論済みであるという不正確な印象を受ける。こう言うべきである、すなわち、条約そのものではなく不可侵条約付属の秘密議定書の件はまだ論議が尽くされていない、と。「条約は議論済み」という印象を与えると、ドイツに不可侵条約が秘密議定書の件も含めて議論済みと読まれかねない。たとえそれが正しくなくても、ヒトラーとの会談についての貴官の意見を待つ。

十一月十三日午前五時三〇分　モロトフからスターリンへ　スターリン同志へ。貴信第一四号に関して。フィンランドについて訂正してより正確にする。ヒトラーとの会談についての私見はすでに送電。

同午前一一時　スターリンからモロトフへ　モロトフに訓令。黒海についてヒトラーに答えてよいのは、黒海がイギリスおよびその他の諸国によりソ連の沿岸地域の攻撃のために利用されていること。前世紀のクリミア戦争および一九一八～一九年のクリミアとオデッサへの外国軍の上陸が物語るように、ソ連の黒海沿岸地域の安全は海峡問題の解決抜きには考えられない。

それゆえ黒海でのソ連の関心は、沿岸防衛問題とその安全保障にある。それゆえソ連領土の安全保障と黒海の出入口防衛に必要な海峡地帯（注：ボスポラス・ダーダネルス両海峡のこと）の安全保障にはブルガリア領へのソ連軍の進駐が不可欠で、それはブルガリア側の合意なしにはありえない。今はこの問題を特に強調すること、これは今後に後回しできず一刻の猶予もならぬ問題である。もしイギリスがトルコと結んだならイギリス艦隊はいつでもグレツ島（注：ドナウ河口の島）を占領してそこからソ連領土を脅かすことができる。

同午後二時五〇分　スターリンからモロトフへ　助言。ペルシアへのわが国の大きな関心を表に出さず、ドイツ側の提案には反対しない、と言うのがよい。トルコについてはリッベントロップの言う平和的解決の枠内にとどめるが、こうも言うべき。すなわち、平和的解決はわが国のブルガリアへの保障とわが軍のブルガリアへの進駐によってはじめて実現される、それはトルコへの圧力の手段としてである。もしドイツ側がトルコへの保障を提案してきたら、訓令にあったわが方のカード（前出のスターリンからモルトケへの訓令の四のこと）を打ち明けてもよい――

―。

十一月十四日午前零時二〇分　モロトフからスターリンへ　昨日ヒトラーとは半時間の会談。午餐ののち予定を超過して三時間にわたってリッベントロップと会談。どちらの会談も望ましい結果を生まなかった。ヒトラーとの会談の大半はフィンランド問題に費やされた。ヒトラーは昨年の取り決めを確認する、と言明したが、同時にバルト海の平和維持に関心がある、とも言明した。私は反論せずに、去年の取り決めではこの問題は規定されていなかった、と指摘するにとどめた。ヒトラーの警戒心を引き起こしたのはソ連側によるブルガリアの安全保障の件で、ソ連側がドイツとイタリアによるルーマニアへの保障をその根拠としている点である。ヒトラーはこれに対しては返答を避け、ただこの件についてはは事前にイタリア側に意見を問い合わせねば、とだけ言った。

リッベントロップは、黒海と海峡の問題について、ドイツの主張したモントルー条約（注：一九三六年七月二十日にスイスのモントルーで調印された、トルコのボスポラス・ダーダネルス両海峡通過に関する国際的取り決め。特にトルコが戦時に中立を宣言した場合はどの国の軍艦も通行が禁止される）の調査委員会をトルコ、ソ連、ドイツの代表からなる新調査委員会に改組し、そこでトルコ領土の安全保障供与と非黒海国の軍艦の海峡不通過の約束とのソ連側の要望を法的に満足させるべきである、と根気よく主張した。

私（モロトフ）の答えは、この件でソ連がトルコの合意を必要としているのは――ドイツとイタリアは非黒海国であって自国の安全保障上両海峡の問題はさほど本質的なことではないが――ソ連にとっては安全を現実に保障するには新たなトルコとの合意の締結しかありえないからである、というものだった。だがこの（注：ドイツ側の）保障案ではトルコについて触れられておらず、しかも私が指定したブルガリア全土の安全保障供与についても触れられていない。私はこう答えた、ソ連、ドイツ、イタリア、日本のあいだで、可能かつ必要と思われる基本的な勢力範囲策定についての「共同作業」に合意すべきである、と。――そしてリッベントロップはすでに用意した四大国共同宣言と秘密議定書第二号のそれぞれの草案を提示してきた。だが（A）四大国の勢力範囲の境界設定では、ソ連のインド洋方面への範囲が触れられておらず、また（B）両海峡についてはトルコ、ソ連、イタリア、ドイツのあいだでの協定という形で合意をつくることになっていた。リッベントロップはこの案を通常の外交的規定として逐語的に検討する、とした。

私は、この案の検討に反対しない、と述べた。ドイツ側はこの問題についてリッベントロップのモスクワ再訪の要ありとはみなしていないようだ。

主な結論としては、自慢ではないが、すくなくともヒトラーの今の本心を引き出せた。

以上のようなモロトフのスターリンの代弁者としての正確無比な活動によって、スターリンは一応の結論を導きだしたようだ。それが十一月二十六日にモロトフからドイツ側に提示された、ソ連の三国同盟加入のための必要条件である。内容をかいつまんで示す。

一、フィンランドからの独軍部隊の即時撤退、フィンランドをソ連の勢力圏とすることの再確認。

二、来る数ヵ月以内に、ソ連とブルガリア間の相互援助条約締結と両海峡地帯でのソ連の陸海軍基地建設によって、両海峡地帯と黒海でのソ連の安全保障を確保すること。

三、バトゥームとバクーの南方、大体の方向としてペルシャ湾までの地域をソ連の要望として承認すること。

四、日本の北樺太での石油、石炭の採掘権は放棄すること。

これまで、スターリンの意図についてはさまざまな解釈がなされてきた。だが以上の経過からすると、スターリンは前年の独ソ不可侵条約付属秘密議定書の改訂による勢力範囲の拡大をめざしているようであり、ドイツとの戦争にそなえる様子はうかがえない。むしろ帝政ロシア以来の伝統的な不凍港確保のための南下政策を追求しており、それはペルシャ方面への南下を求めていることとも関係する。

もともと独ソ不可侵条約を結んだ時点では、スターリンもヒトラーもバルカンについてはベッサラビアの件以外に特別な関心をもってはいなかったようだ。ところが一九四〇年夏のヨーロッパ情勢の変化によって、両独裁者は否応なしにバルカン問題に介入することになった。前述の十一月十二日のモロトフ宛て特電第一四号で、スターリンが〝秘密議定書の件はまだ論議が尽くされていない〟と言っているのは、スターリンなりのバルカン介入についての「法的根拠」として、前年の秘密議定書の第三項で、ベッサラビアがソ連の利益範囲に入るのをドイツが承認するとともに、当該地域にドイツは何の関心もないことを確認する、という文言を拠り所にしているとしか考えられない。

それでも奇妙なのは、イギリス艦隊の侵入の可能性あり、との理由でブルガリアとトルコをソ連の勢力範囲とせよ、とのスターリンの主張である。スターリンはブルガリアでの駐兵権要求の根拠を、モロトフへの訓令で主張しているように、独軍のルーマニア進駐との相殺であるとしている。ドイツ、イタリアによるバルカン支配に反対して、ソ連もまたバルカンでそれなりの勢力範囲をもつ権利がある、ということであろうか。

スターリンの心中について想像をたくましくすれば、ドイツ側から提示された四国同盟案に乗って、対英戦争に巻き込まれることなく、黒海とバルカンでの南下の実現を図ろうとした、ということか。あるいは既述した英大使クリップスへの言明からして、さらに十月二十九日に始まったギリシャへの英軍の上陸を見て、スターリンの考えたバルカン情勢とは、ルーマニア＝ドイツ、イタリア、ギリシャ＝イギリス、という勢力範囲が形成されつつある、というものではなかったのか。すると、独伊対英という構図にソ連が割って入ろうとした、とも考えられる。すくなくとも、将来の対独戦略の観点からすると、ブルガリアとトルコへのソ連軍の進駐はあまり意味がない。また、スターリンが三国同盟参加に決して反対でなかったらしいことは、これ以後のドイツ側との交渉で、何回かソ連の提案に対するドイツ側の返答を催促していることからも判明する。

ヒトラーの対ソ戦決意

とにかく、スターリンの思惑がどうあれ、ベルリン会談後に提示されたソ連側の条件を見たヒトラーは対ソ戦を最終的に決断した。ここであえて「最終的に」と述べたのは、すでに触れたようにヒトラーの対ソ開戦決意の時期について、一九四〇年七月とする説と十一月とする説があるように、決してヒトラーはベルリン会談後はじめて対ソ戦を決意したわけではなかったからである。十一月二十六日のモロトフからのソ連側の条件提示に対してヒトラーが受けた印象は、スターリンが自分を恐喝している、というものだった。それは海軍総司令官エーリッヒ・レーダーへの一九四一年一月八日のヒトラーの説明からもわかる。

ブルガリアでドイツが突出した措置を講じた場合のロシアの態度はまだ不明である。ロシアはボスポラスへの前進のためブルガリアを必要としている。アメリカの参戦に期待して、ロシアはイギリスを支持している。ロシアでのイギリスの外交的準備ははっきりしている。イギリスの狙いは、ロシアの力をわが国に向けさせようという点にある。スターリンは冷血な恐喝者(eiskalter Erpresser)と見ねばならぬ。アメリカとロシアの参戦によって、わが方の戦争指導上、きわめて大きな負担がかかる。それゆえ、かかる脅威の可能性はすべて即座に排除せねばならない。ロシアによる脅威の排除が可能になれば、わが方は対英戦をまったく楽な条件で遂行できる。ロシアの崩壊は日本にとって大きな負担軽減とアメリカにとっての大きな危険を意味するからだ。

また、第二次世界大戦末期、すでにドイツの敗北と自身の滅亡も避けられなくなった一九四五年二月に、ヒトラーは党官房長マルチン・ボルマン相手に「遺言」としてこう語っている。

私はモロトフのベルリン訪問の直後、ただちに決意を固めた。なぜなら、この瞬間から私は以下のことを悟ったからだ。すなわち、早晩スターリンはわが方とは袂を分かって連合国陣営に加わる、と。――われわれはボルシェヴィキたちの恐喝に屈して、フィンランド、ルーマニア、ブルガリア、トルコを放棄せねばならなくなったろう。これらの友好諸国をボルシェヴィズムの祭壇に生贄として捧げることは、西欧の防護者にして保護者たる第三帝国の使命とは相容れない。

かくて一九四〇年十二月五日、ヒトラーは陸軍総司令官ヴァルター・フォン・ブラウヒッチュならびに同参謀総長フランツ・ハルダーに対して最終決断を申し渡した。「ハルダー日誌」からうかがえるヒトラーの判断は次のようである。

わが方にとり、事態の進展に障害となっているのはロシアである。ロシアは海峡地帯への部隊駐留保障協定という迂回路を経て、ブルガリアへの影響力を獲得することを目的としている。ブルガリアが当座は三国同盟への加入を拒否していることで、ロシアの要求によるブルガリアをめぐる厄介事は回避されてきたが、解決はより一層困難となっている。ブルガリアは沿岸防備と防空その他の専門家の派遣をわが国に求めてきた。それはかなえられている。

枢軸側の立場の弱体化はどんなものであってもロシアの前進につながる。ロシアは交渉の原則をわが方に強要してはいないが、枢軸側の立場を弱めるためにはあらゆる機会を利用するだろう。もしイギリスが休戦を願うことを余儀なくされるような状況に追い込まれれば、ロシアを大陸での剣として獲得することを模索するはずである。

ここでヒトラーが、ソ連側のブルガリア進出要求をもっとも懸念していることがわかる。だが陸軍の首脳相手であるから、当然ヒトラーの言明の力点は対ソ作戦の見通しについてである。ヒトラーは、ソ連側の軍備がまったく整っておらず、独ソ両軍の戦力を比較した場合、来春がもっともドイツ側にとって有利、との判断を下している。そして意味深長な結論が導きだされた。（傍線引用者）

ロシア軍に対する攻撃に際しては、ロシア側に先制される危険を避けるべきである。わが軍の先制によってロシア軍をばらばらにし、包囲環の中で絞め殺すべし。そうして大包囲作戦へと導くための出発点を創造すべし。もしロシア側が強力な打撃を一部でも被れば、ポーランドの場合のごとく、交通、通信その他の破壊により完全な混乱の時となろう。

細かい点はともかく、大筋でこのヒトラーのソ連軍判断はまちがっていない。特に注目すべきなのは、ドイツ側がソ連に先制せねば、としている点である。自分から機先を制して奇襲攻撃をかけようと意図する側にとって最大の悪夢は、相手側にこちらの意図を見破られて対抗措置を講じられることである。こうして一九四一年春もしくは初夏のソ連攻撃は決定され、一九四〇年十二月十八日付けで総統指令第二一号「バルバロッサ」の件として全軍に文書で発令された。ちなみにこの「バルバロッサ」指令の末尾に、「もっとも重要なことは、わが方の意図を秘匿するにあり」としている。三〇〇万にのぼる大軍を動員し、フィンランドからルーマニア、ハンガリーまでも巻き込む大作戦の意図を本当に秘匿できる、とヒトラーも独軍首脳も本気で考えていたのだろうか。それを可能にするために一体どのような方策が採られたのだろうか。

ヒトラーの対ソ戦決意を知らせる報告

こののちの流れで注目すべきなのは、十二月初めにソ連の駐独大使の更迭があり、それまでのシュクヴァルチョフに代わって、前章で取り上げたNKVD内のGUGB（国家保安本部）第五課（諜報）長代理に就いていたウラディーミル・デカノゾフが任命されたことである。モロトフによると、デカノゾフ起用はスターリンの意向だったというから、スターリンがどれほどドイツ側の真意をさぐろうと熱心になっていたかがわかる。

第三章でも見たように、スターリン時代には役職への就任と正式発令とはかなりずれがあり、デカノゾフの場合も正式なヒトラーへの信任状提出は十二月十九日だが、すでに十二月七日にはベルリンに着任していた。否、デカノゾフはモロトフの随員として訪独していたから、すでに十一月半ばから、実質的にベルリンのソ連大使館で活動していたとも考えられる。

とにかくデカノゾフは、既述したベルリンの諜報員から早速通報をうける。次にあげるのは、十二月七日付けのデカノゾフのモロトフ宛て報告である。

五日に郵便で受け取った匿名のドイツ語の手紙を翻訳して発送。大使館付き武官スコルニャーコフ同志のこの手紙についての意見も添えて発送。

一頁について——最近の二〜三週間にわたって実におびただしい数の貨物列車が東部にむかって出発した。

二頁について——ノルウェーでは独軍のための兵舎建設が確認された。

四頁について——すでに知られているように、ドイツ側はスウェーデンと部隊通過についての協定を結んだ。ベルリン駐在のスウェーデン武官の言によると、ドイツ側は乗員のみを一昼夜で第一陣を移送する権利を有する、という。

五頁について——一九〇一〜〇三年生まれの召集兵から特に新軍を編成。だが最近の召集は一八九六〜一九二〇年生まれまで拡大されたのが実情。同志スコルニャーコフの意見によると、来春には独軍の規模は一〇〇〇万人に達するだろうと。現有兵力のうち二〇〇万人はSS（親衛隊）とSA（突撃隊）および警察軍と労働予備（注：帝国勤労奉仕団：Reichsarbeitsdienst のことか?)であるのはまったく現実的である。彼の意見によれば、全体としてまったく事実に近いということに注目すべきだという。

V．デカノゾフ

このドイツ語で書かれた手紙の作者が誰だったかはわからない。だが、かなり内部の事情に通じている人物からのものであるのは察せられる。第四章で挙げた「スタルシナ」だったかもしれない。とにかく、デカノゾフの着任によって、ソ連側は継続的かつ大量にドイツの内部情報を入手することになり、それらは逐一本国に送信され、ベリヤなりゴリコフなりの線から直接スターリンに報告された。

そしてヒトラーの対ソ攻撃決意を知らせる重要情報がスターリンのもとに届くのは、十二月二十九日の「アリエッツ」通報と思われる。「アリエッツ」とはドイツ外務省広報部職員のルドルフ・フォン・シェリーハの隠語名で、戦前にワルシャワのドイツ大使館の勤務していた時に、GRUの諜報員となっていた。この通報を、ベルリン駐在ソ連大使館付き武官ヴァシーリー・トゥピコフ少将(隠語名アルノルド)が直接ゴリコフ宛てに送ったものである。

赤軍参謀本部諜報本部長宛て

ベルリン、一九四〇年十二月二十九日

(名前削除)は、もっとも事情に通じた独軍高官筋から(名前削除)が知りえた情報として、ヒトラーが対ソ戦の準備を下命したことを報告する。戦争は一九四一年三月に宣告されよう。この情報の確認のため指令が発せられている。

情報源は噂ではなく、ヒトラーにより特別に文書化された指令による。それは極秘とされ、わずかの関係者しか知らない。

これをさらに裏付ける詳報が一九四一年一月四日付けでゴリコフのもとに届けられた。

一九四一年一月四日付け、駐独武官「メテオラ」(注：駐独大使館付き空軍武官スコルニャーコフの隠語名)報告

「アリト」(注：本当は「アルタ」で、ドイツ外務省広報部職員イルゼ・シュテーベの隠語名)が通報し、「アリエッツ」がその正確さを確認した一九四一年春の攻撃準

備についての報告。「アリエッ」が確認したところでは、この報告を「アリエッ」は知り合いの軍人から受け取ったのであって、決して噂に基づいたものではなく、ヒトラーの特別指令による。それは二重の機密扱いできわめて少数の関係者にしか知らされていない、とのこと。「アリエッ」はその確認として以下の情報源を引用している。

一、「アルト」は独外務省東方課長シュリッペとの対談で、シュリッペがモロトフのベルリン訪問はかつてのベック（注：一九三九年開戦当時のポーランド外相）の訪問と比べることができる、なぜならブルガリア問題もフィンランド問題でも、もっとも重要な問題では意見の一致を見なかったからと述べたと報告している。

二、ソビエト連邦に対する攻撃準備はずっと前から始まっており、一時も中断されることはなかった。ドイツ側はイギリスの抵抗を誤算していた。ドイツ側の計算では、来春にはイギリスを屈伏させ、東方での自由を得るはずであった、と。

三、ドイツはソ連に軍事資材を輸出しているにもかかわらず、ブルガリアへのソ連の宣伝は「何も知らない」のであり、ブコヴィナ占領のことは忘れてしまった。ヒトラーはソ連との敵対関係へと変更するつもりはない。

四、ヒトラーの考えでは、(a)赤軍の目下の状態はかつてなく劣悪で、来春には必ず自分は成功を収めるだろう、(b)独軍の強化と成長はつづいている。

以上、当面判明した「アリト」の報告の詳細。

こうして、一九四〇年から一九四一年に替わるころ、スターリンの手元にはヒトラーの対ソ戦決意を知らせる報告が届きだしていた。そのためスターリンとしては、①なおも外交交渉によってヒトラーとの関係を修復するか、②さもなければ軍事的な対決を覚悟するかの岐路に立たされていた。もし前者の策を採るなら、バルカン問題とフィンランド問題についてスターリンの方から何らかの譲歩ないし歩み寄りが必要とされよう。また、たとえスターリンの側からヒトラーに対してどんな妥協案が提示されようと、それでヒトラーがソ連攻撃の意思を撤回するかどうかはわからない。ソビエト連邦の全面的な打破以外にヒトラーを満足させる条件はありえないのかもしれなかった。

あるいは、もし②の軍事的対決を覚悟するというのであれば、ソ連側にとってもっとも有利な時点と場所、そして方法で戦争に突入せねばならない。軍事的に見れば、対英戦続行中のドイツに比べ、戦略的な優位はソ連側にあった。ただし、それを可能にするだけの軍事力あるいは戦争準備がソ連に備わっていたのだろうか。

第六章　混乱する戦略計画

一、ソ連の対独戦略

赤軍戦略の沿革

革命ロシアに対する外国の干渉戦争と、反革命軍との内戦が終結するのは一九二二年であり、この年にソビエト社会主義共和国連邦が正式に発足する。この時点でソ連の西方国境は、北からフィンランド、エストニア、ラトヴィア、リトアニア、ポーランド、ルーマニアの諸国と接し、このうち特にポーランドとルーマニアはチェコスロバキアとともにフランスの東欧戦略の一翼をになっていた。これら「防疫線」と露骨に呼ばれた東欧諸国の役割は、敗戦国ドイツの監視とソ連の西方進出阻止であった。

だが見落としてはならない単純かつ重要な事実は、両大戦間期には独ソ両国はまったく国境を接していなかった点である。そのため、たとえドイツで反ソ・反共を旗印としたヒトラー政権が誕生しようと、それがただちにソ連の対独戦略に大きな変更を生じさせることはなかった。

ソ連の戦略でドイツが意識されるようになるのは、一九三五年五月に結ばれたフランスおよびチェコスロバキアとの相互援助条約締結以降である。これによって、もしチェコスロバキアが第三国の攻撃をうけて救援を求めた場合、フランスとソ連は軍事的手段を含めた援助を与えることになっていた。だが、そもそもドイツともチェコとも国境を接していないソ連に一体どのようなチェコ救援手段があったのだろうか。

この問題は、一九三八年のチェコ領ズデーデンランドの帰属をめぐるヒトラーの恫喝攻勢の時にはっきりした。冷戦時代のソ連側の主張によると、ソ連はこの時三〇個師団を国境に移動させ、いつでもチェコ救援に出撃する準備があったという。だがチェコ側が救援を求めなかったのと、ルーマニアとポーランドがソ連軍の自領通過を拒否したため、ヒトラーの要求を一方的に認めるミュンヘン協定がソ連抜きで成立したのだ、という。

しかし今日判明しているところでは、ソ連からチェコに地上部隊を空輸するという「空中回廊」なるいささか幻想的な救援策以外には、具体的にソ連側に軍事的準備はなかった。おまけに、この「空中回廊」なる構想の発案者はミハイル・トゥハチェフスキーであり、彼は一九三七年に無実の罪でスターリンによって粛清されている。ということは、この時点で赤軍はドイツにそなえていたとは言えないことになる。

また、翌一九三九年七月から八月にかけてモスクワで行われた英仏とソ連との軍事協議でも、ポーランド救援のための条件としてソ連側が示した赤軍のルーマニアおよびポーランド通過問題によって交渉は頓挫し、その隙に独ソ不可侵条約が成立してしまう。すると、一九三九年八月の段階でも、まだソ連側には具体的かつ明確な対独戦略はなかったというべきだろう。

対独戦略の変遷

一九四〇年の赤軍再建の混乱と、それと対照的なドイツの西欧での軍事的成功が、必然的に赤軍戦略に重大な変更をせまることになった。まず第一に、たとえ不可侵条約があっても独ソ両国は国境を接する状態となり、赤軍の最大の仮想敵を日本やイギリスではなく、ヨーロッパ大陸の征服者ドイツとみなさざるを得なくなったこと。そして第二に、ソ連の採った膨張策のため、北のフィンランドから南のルーマニアまでの国境線が変化して最大で数百キロも西側に移動し、この変化に応じた新たな開進計画と作戦計画を策定せざるを得なくなったことである。

かくて一九四〇年八月にシャポシニーコフの名で、最初の対独戦略案が提出された。第二章の対フィンランド戦争のところでも触れたように、シャポシニーコフは慎重な防御戦略（もしくは守勢戦略）論者であり、それがかえってドイツ側がもっとも採用しそうな戦略を読み取らせることになったと言える。

一九四〇年七月付け　ソ連邦国軍東西戦略的開進案
（特別重要・厳秘・手渡しのみ）
全連邦共産党中央委員会宛て、同志スターリン宛て、同志モロトフ宛て

一、想定敵国

欧州の現実政治の状況から、わが国の西部国境での武力衝突の可能性ありとみなす。かかる武力衝突は西部国境のみに限定しうるが、極東国境で日本による攻撃がつづけられる可能性もある。

西部国境で想定される敵はドイツである。イタリアについては戦争介入の可能性はあるが、バルカンで行動する可能性の方が大であり、それは間接的にわが国に脅威を及ぼすかもしれない。

ソ連邦のドイツとの武力衝突は、フィンランドとルーマニア（報復目的での）、ことによるとハンガリーまでもわが国との武力紛争に引き込みかねない。

イランとアフガニスタンの中立は期待できるが、ドイツにそそのかされたトルコの公然たる反ソ行動はありうる。

かくて、ソ連邦が準備せねばならないことは、二正面での戦争遂行である。西方ではドイツおよびイタリア、フィンランド、ルーマニアに対して、そしてことによるとトルコに対しても。東方では日本に対して。日本は公然たる敵国としてか、あるいは武装中立の立場からいつでも直接戦闘へと移行しうる潜在敵国であるかはともかくとして。

二、想定敵国の戦力

——西方でソ連邦に対して以下の兵力を投入可能と見るべき。

ドイツ：歩兵一七三個師団、戦車一万輌、飛行機一万二〇〇〇機。

フィンランド：歩兵一五個師団、飛行機四〇〇機。

ルーマニア：歩兵三〇個師団、戦車二五〇輌、飛行機九〇〇機。

ハンガリー：歩兵一五個師団、戦車三〇〇輌、飛行機六〇〇機。

以上総計歩兵二三三個師団、戦車一万五五〇輌、飛行機一万三九〇〇機。

（補足：イタリアとトルコは直接かつ公然たる敵国とはみなさず、よってこの兵力量には算定せず）。

東方の日本は対中戦争にその全兵力に近い歩兵四九個師団、騎兵四個旅団、機械化二個旅団、戦車一五七〇輌、飛行機三四七〇機を投入しているため、もしソ連邦を攻撃の場合は、日本はその兵力の大半を満州北部に送り、中国には領土占領目的のため歩兵一〇個師団、騎兵一～二個師団、混成一個旅団を配置するであろう。

よって、北満と朝鮮、樺太とカムチャツカへの配置は歩兵三九個師団、戦車一二〇〇輛、飛行機二五〇〇機、砲四〇〇〇門と算定される。その場合、満州国軍は二線級のため編入されない。

かくて二正面戦争の場合、歩兵二七二個師団、戦車一万一七五〇輛、飛行機一万六四〇〇機の敵がソビエト連邦の国境に集結するものと考えるべき。

三、想定敵国の作戦計画

仮想敵国の作戦計画についての資料は西方についても東方についても持ち合わせがない。だが、仮想敵国の戦略開進については以下のように想定される。

西方のドイツはおそらくその主力をサン河（注：ポーランド中央のヴィスワ河の支流で、ポーランド南東部を水源とする）河の北側に展開するであろう。

――独軍の行動として算定できるのは、サン河北側ではメーメル―ジェドルツェの正面に歩兵一二三個師団、戦車一〇個師団、投入可能な飛行機の大半を配置。サン河南側には歩兵五〇個師団・戦車五個師団をヘウム―トマシュフ―ルブリンの正面に集結。

――政治的にもっとも好都合で、それゆえもっともありそうな作戦はサン河北方での独軍主力の開進であろう。

四、わが戦略的開進の基礎

現在、ソビエト国軍の戦略的配置が二正面にわたることは絶対に避けられない以上、西方を主正面とみなさざるをえず、ここにわが主力を配置すべきである。東方での日本の重大な開進も考慮せざるをえず、ここに相当の兵力を配置する必要あり。これ以外の国境には最低限の兵力で十分とす。北方沿岸、黒海沿岸、ザカフカース、中央アジア。

よって、西方での作戦に予定される兵力は、狙撃兵一四三個師団（うち二三個は一五～三〇日間の準備期間を要す）、バルト国民三個師団、自動車化八個師団、戦車一八個師団、騎兵一〇個師団・狙撃戦車一四個旅団・飛行一七二個連隊（計一万三二〇〇機）。

五、西方正面でのわが戦略的開進の基礎

独軍の主攻勢がサン河口北側にあると予想すると、赤軍主力もまたプリピャチ沼沢地帯北方に配置すべきである。

南方では西ウクライナおよびベッサラビアを機動的防御によって保全し、できるだけ多数の独軍を拘束すべき。

わが国軍の最大の任務は、東プロイセンとワルシャワ地区に集結した独軍を壊滅することにある。そしてイヴァンゴロド、ルブリン、グルベツォフ、トマツォフ、サンドミエシュに集結した敵を掩護攻勢によって、主力から遮断すべき。

北西部方面軍の主要任務は、西部方面軍との共同攻撃により、東プロイセンに集結中の敵を撃滅して最終的にこの地を占領するにあり。

署名　ティモシェンコ元帥、シャポシニーコフ元帥
文書作製　参謀本部作戦部長代理ヴァシレフスキー少将

この参謀本部による対独戦略計画によると、独軍の主攻勢はポーランド中部のワルシャワ地区とドイツ本国の東プロイセンから出撃して、白ロシアのミンスクを衝くものと想定されている。そのため、赤軍の配置もプリピャチ沼沢地帯北側に重点を置くべし、としている。

ここで問題となるプリピャチ沼沢地帯とは、ドニェプル河の支流のプリピャチ河（全長七一〇キロ）の流域にひろがる広大な湿地帯で、しばしば「通過不可能」と見られてきた。プリピャチ河自体はキエフ付近でドニェプル河に合流するが、ほぼ東西方向に流れ、ちょうど白ロシアとウクライナの境界をなしている。攻撃するドイツ側にとっても、守るソ連側にとってもこのプリピャチ沼沢地帯をはさんで、南北どちらに重心を置くかが戦略上の要点となる。すなわち、白ロシア重視かそれともウクライナかという選択である。このシャポシニーコフ案はあとで触れるように、現実のドイツ側の「バルバロッサ」計画の構想とほとんど同じであった。ところがこの覚書に対して、ティモシェンコは異論をとなえて許可しなかったという。その理由として、これではスターリンの裁可を得られないだろう、との読み、もしくはティモシェンコの出身であるキエフ特別軍管区の役割の軽視に反対だったからだ、とソビエト末期のスターリン研究家ドミトリー・ヴォルコゴーノフは伝えている。

とにかく、八月一日付けで参謀総長に就任したメレツコフに対して、ティモシェンコは見直しを求めた。そして九月十四日付けで改訂版の「赤軍戦略的開進案」が作成されたが、スターリンに提出されるのは十月五日のことである。その

内容は次のようになっている。

一九四〇年九月十八日付け　赤軍戦略的開進案
（特別重要・厳秘・手渡しのみ）
党中央委員会宛て、同志スターリン宛て、同志モロトフ宛て

一、想定敵国（注：前回と同じ）
二、想定敵国の戦力（注：前回とほぼ同じ）
三、想定敵国の作戦計画（注：前回とほぼ同じ）
四、わが戦略的開進の基礎（注：前回とほぼ同じ）
五、西部正面でのわが戦略的開進の基礎

西方での赤軍主力は――その都度の状況により――次のように展開できる。

第一として、ブレスト・リトウスク南方。ここからルブリンとクラクフに向けた強力な攻勢により、戦争第一段階ですでにドイツとバルカン諸国を遮断できるので、これでドイツの最重要な経済基盤を奪取し、バルカン諸国には参戦の問題を再考せしむるのに決定的な影響を与えられよう。

あるいは、ブレスト・リトウスク北方。この場合の目的は独軍主力を東プロイセン領内で撃破し、最終的にはそこを占領するため。

開進の最終的決断は、戦争開始へと発展するその時の政治状況の如何による。本官が不可欠とみなすのは、平時にあってもすでに次の変形案についての実行作業を行っておくべきことである。

変形：ブレスト・リトウスク南方へ展開。この場合の開進の基礎は以下にあり。

1　部隊集結中も積極的防衛によってわが国境を有効に保全する。

2　南西部方面軍の兵力を西部方面軍の左翼と協同させて、敵のルブリンとサンドミェシュへの集結を阻止して、これをヴィスワ河まで押し戻す。さらにキェルチェ、クラクフへの総攻撃でオーデル河上流にまで突進する。

3　作戦中、北ブコヴィナとベッサラビア国境を断固として保全。

4　北西部方面軍と西部方面軍との積極的作戦により、独軍の大半をブレスト・リトウスク北方と東プロイセ

ンに拘束し、同時にミンスクとプスコフを保持する。クラクフ方面への突進は、これによってドイツとバルカン諸国の遮断を可能にするという大きな政治的意義を持つ。

この変形のためわが国軍の開進に予定される兵力は次のとおり。

三個方面軍――北西部、西部、南西部

北西部方面軍――第八、第一一の二個軍＝狙撃師団一七、戦車師団四、機械化狙撃師団二、戦車旅団二、飛行連隊二〇

西部方面軍――第三、第一〇、第一三、第一四の四個軍＝狙撃師団三五、戦車師団三、自動車化狙撃師団一、騎兵師団三、戦車旅団四、飛行連隊三九

以上、バルト海岸からブレストリトウスク北方までに開進予定の兵力は狙撃師団五二、戦車師団七、自動車化狙撃師団三、騎兵師団三、戦車旅団六、空挺旅団一、飛行連隊五九

南西部方面軍――第五、第一九、第六、第一二、第一八、第九の六個軍＝狙撃師団六九、戦車師団一一、自動車化狙撃師団四、騎兵師団七、戦車旅団九、飛行連隊一〇〇

ティモシェンコ、メレツコフ

文書作製　参謀本部作戦部長代理ヴァシレフスキー少将

このメレツコフの案では、ソ連側はプリピャチ沼沢地帯北方では独軍に対して防御の態勢を採り、プリピャチ南方のウクライナ正面に最大の兵力を集中して、ここから攻勢に出て、主にドイツとバルカン諸国の分断を図るものとされている。ヴォルコゴーノフはシャポシニーコフ案からメレツコフ案への変更の理由の一つとして、前キエフ特別軍管区司令官でウクライナ人のティモシェンコの介入の可能性を挙げている。

そしてヴォルコゴーノフは、十月五日にこのメレツコフ案を査定したスターリンの反応を次のように伝えている。

西部正面に主力を集結させるという参謀本部の方針を私はまったく理解できぬ。ここでは、ヒトラーは最短

路を通ってモスクワを直撃しようとしている、と述べられている。

——だが、ドイツにとって特に重要なのはウクライナの穀物とドンバスの炭田だと思う。バルカンで地歩を固めたいま、ヒトラーはおそらくわが南西部正面に主攻撃をかけてくるにちがいない。参謀本部はもう一度計画を練り直して、一〇日後に報告せよ。

そして十月十四日、スターリンは参謀本部から提出された訂正案を了承したという。ヴォルコゴーノフの伝えている事情からすると、南西部すなわちウクライナ正面重視はスターリンの意見だったことになる。しかし前掲のメレツコフ案でも、すでに「変形（waria nt）」として、ウクライナ正面重視の可能性が取り上げられている。だからメレツコフ案はいわば、先行するシャポシニーコフ案とスターリンの案との折衷のような性格だったと言える。そしてメレツコフが可能性として挙げておいた「変形」が正式な赤軍の戦略計画となった。

二、一九四〇年末の赤軍の状況は？

「赤軍最高指揮官会議」

とにかく、赤軍の対ドイツ戦略が白ロシア正面重視からウクライナ正面重視へと変更されたことで、次に実際の戦争を想定しての戦略兵棋、すなわち図上演習の実施が必要となり、当初は十一月十七〜十九日の三日間に開催が予定されていた。ちょうどモロトフが訪独して、ヒトラー以下ドイツ側とがっぷり四つの勝負をしている時である。

ところが、もし対独戦争を想定するなら、対フィンランド戦争以後の赤軍再建の進捗具合と、ドイツの対西方戦での成功の意義についての共通理解が必要となる。そこで年もおしつまった一九四〇年十二月二十三日から三十一日にかけて、モスクワの「赤軍中央会館」で「赤軍最高指揮官会議（Soveshaniia Vuischevo Rukovodyashebo Sost ava RKKA）」が開かれた。そして、予定されていた兵棋演習は新年に先延ばしされることになった。

この会議の参加者は総勢二七四名におよび、国防人民委員ティモシェンコを筆頭に、国防人民委員部と参謀本部、そして赤軍政治部のトップ全員と、赤色空軍、全国一六ヵ所の陸軍大学の校長、そしてすべての軍管区の司令官と参謀長と主な幕僚がふくまれ、いわば赤軍の全体会というべき集まりだった。スターリン自身は参加しなかったが、代わりに政治局員のマレンコフとジュダーノフが毎日出席し、会議の内容を逐一スターリンに報告していた。

のべ九日間にわたった会議では、次の六人の報告者から発表があり、それに対する会場からの出席者による質疑応答がなされた。なお、当初の発表は二八人を予定していたが、時間の関係で六人に減らされたのだと言われる。発表内容は次のとおり。

①キリル・メレツコフ（参謀総長）「空軍と地上部隊の戦闘指揮上の課題と上級幹部の作戦指揮」
②ゲオルギー・ジューコフ（キエフ特別軍管区司令官）「現代攻勢作戦の特質」
③パーヴェル・ルィチャゴフ（赤軍航空総監）「攻勢作戦と制空戦闘における空軍力」
④ドミトリー・パブロフ（西部特別軍管区司令官）「現代攻勢作戦における機械化部隊使用と突破における機械化軍団投入」
⑤イヴァン・チューレネフ（モスクワ軍管区司令官）「防御作戦の諸問題」
⑥アンドレイ・スミルノフ（赤軍歩兵総監）「攻守両面における狙撃師団の戦闘」

報告者による発表と会場からの質疑応答ののち、最終日に国防相ティモシェンコが総括報告を行った。この総括の中でティモシェンコは会議での報告を要約して、戦車と航空機の大量投入と歩兵との直協（直接協力）の必要性などを強調している。そして「防御が敵を撃破する最善の道ではない。それは攻勢によってのみ達成される。防御を採用せざるをえないのは、攻撃に必要な兵力に不足している場合、あるいは状況が流動的で攻勢のための準備に好都合である場合である」、として防御戦略はあくまで一時的な措置であるべしと結論づけた。したがって、ティモシェンコの年末の総括でも、赤軍の戦略の基本は攻勢にありということになる。しかしこれは従来からの「攻撃的な赤軍」という建前を再度強調しただけである。むしろ重要なのは、総括の後半でティモシェンコが具体例を挙げて言及した赤軍の訓練状況についての部分である。

赤軍部隊の戦闘訓練の現状

一、白色フィンランド軍との戦争で明らかとなったのは、わが軍の戦争準備における構造的欠陥である——形式的・官僚的な方法で任務を遂行しようとした。わが軍の指揮官も参謀も実地の体験がなく、現代戦を組織する能力にも欠け、技術上の協同という最新の指揮もできず。下級指揮官団や士官学校で与えられるべきなのは慣例とか戦争物語ではなく、現代の真剣な戦闘法の応用である。

二、今年の夏、軍の教育と訓練の課題について、戦争の接近とその条件で転機がおとずれた。人民委員部指令第一二〇号では、部隊で教えられるべきことを明確に指示していた。だが秋の演習査閲で明らかとなったのは、部隊の再建が完成されていないことであった。すべての軍管区でしつこく古い欠陥のある方法がもちいられていた。

三、現在の戦闘訓練はとんでもないへまをやっている。一連の管区での新兵訓練の乱脈ぶりが警告しているのは、いくつかの兵団と部隊ではこの件にまじめに取り組んでいないことであり、私の指示も正しく実行されていないことである。その理由は兵団と部隊での新兵訓練へのあいまいな態度にある。

西部特別軍管区：第二四狙撃師団では何ヵ月もの間、訓練用機材がなく小銃なしに訓練に取り組んでいる（倉庫にあって配付されないまま）。

第二七狙撃師団の各連隊での新兵訓練の組織状況が遅れている（第三四五連隊では一個小隊分しか組織せず、第一三二連隊は一個大隊分のみ、第二三九連隊は新兵全員を一個大隊として区分）。これら連隊では兵器の管理がずさん。

キエフ特別軍管区：第八一機械化、第四一狙撃、第一三九狙撃の各師団では司令官と幕僚が新兵の戦闘訓練の方法を理解せず、訓練もしていない（ただ指示を繰り返すだけ）。

これらの事実が立証しているのは、時代後れの無秩序の遺産がいまだに一掃されず、多くの上級指揮官とその幕僚の中にいまだに生きているということである。かかる指揮官は戦時に自分の部隊の出血でその報いをうけるだろう。それゆえわれわれはただちにすべての放任を根本から一掃して、正しい指示の実行が求められる。今や全員が認識すべきことは、良好な訓練としっかりした規律ある軍隊だけが成功を期待できるということである。今や単なるおしゃべりを厳格な軍隊生活と取り替える時であるが、その成功は予測がつかず、どんな突発事故でも部隊の崩壊を引き起こしかねず、あらゆるクラスの指揮官が犯罪行為すれすれのところにいる。

――

以上のように、一九四〇年中の赤軍の建て直しの実情について厳しく指摘したのち、最後にティモシェンコは、新年度の赤軍の訓練について、

一、全部隊の一般的課題
二、各兵科の課題
三、参謀部の課題
四、軍での政治宣伝

という具合に分けて訓練の方向性を示した。ということは、ここで挙げられた課題というのが、一九四一年を迎えようとしていた時点で赤軍がまだ達成していなかった諸問題をさしているのはまちがいない。

そのなかでも特に「全部隊の一般的課題」として挙げられている指摘が重要である。

軍のすべての単位に理論的教育と専門的実践が格別に正しく結合して普及することこそソビエト軍隊に堅い有効な規律を保障する。規律は軍隊の最高の力である。遺憾なことに、わが軍では無意識的に懲罰の恐怖から規律に従っている。軍の上官とそれに下属する者は、規律が軍隊に不可欠なものであることを確信すべきである。規律の基本は、指揮官みずから模範を示し、一連の軍事教育を修めていることである。

あらゆる手段を尽くして司令部と指揮官の権威の向上に努める。指揮官は自分の将兵の手本であり模範であり、将兵のかしらでなければならない。

戦闘での成功は兵員の質と量、そして技術的手段の威力にもよるが、何よりも将兵の士気による。士気の衰退した方面から敗北が出現して大きな損害をもたらす。すべての指揮官と兵士がそれぞれに士気の力を育て発達させるべきである（軍規の確立、主体性と積極性、献身への心構え）。

「軍規」と「士気」が軍隊の最重要な要素であることをわざわざ強調せねばならなかったところに、大粛清の大きな爪痕を見ることができる。「指揮官の権威の向上」というのも、粛清の時代、次々に指揮官が逮捕、処刑されていく状況のなかで、下級将校や下士官、兵のあいだでは、自然に上級指揮官への敬意も失われていった。その悪しき状況がいまだに治癒されていないことを赤軍のトップが告白せざるを得なかった。そして、そのような赤軍の混乱した状況をつくり出してしまった張本人はほかならぬスターリンだった。

次にティモシェンコは「各兵科の課題」を、歩兵、騎兵、砲兵、自動車化部隊、空軍、降下部隊、工兵、後方部隊のそれぞれについて逐一指摘した。

最後に特に「参謀部の課題」についてふれている。これは既述の対フィンランド戦争後の戦訓検討会でも明らかとなった、赤軍での必要な参謀業務の立ち遅れと有能な参謀将校の不足についての危機感の表れだったと見るべきだろう。

最近の戦争体験で完全に論理的に判明したのは、よい軍事上の知識のみならず、組織の意志と高い学識をもつ指揮官の必要性である。現代戦が求めるのは熟練した指揮官と参謀である。

――わが国軍の全員にとって必要なことは、有害な高慢さと一人よがりの過信をあらゆる果断さによって排除することにある。何人かの同志は、自分の将官の肩書と高い役職にふさわしい軍事関係の理論と戦争体験と部隊統率を習得するため、みずから入念な学習をする必要がある。

一九四一年度の上級司令部と参謀にとって必要となることは次のとおりである。

一、軍、軍団、師団の各兵科の定員の組織化
二、各部隊の協同作戦の習熟
三、組織的かつ創造的な作戦戦闘指揮
四、軍と方面軍の作戦を基礎とした大部隊戦闘の入念な研究

このティモシェンコの総括から判断すると、赤軍での参謀将校育成はまだ道半ばの状態であって、一九四一年度もひきつづきこの課題に取り組まざるをえなかったということになる。最後にティモシェンコは「軍での政治宣伝」のありかたについて報告しているが、実はその内容のほとんどが、新たに導入された指揮官単独責任制についてなのである。

いかなる指揮官の権威の縮小も必然的に規律の弛緩をまねき、つまりは赤軍の戦闘力の衰弱をまねく。完全な単独責任制なしには各部隊を現代戦の条件のもとでしつけるのは不可能である。赤軍に正しい規律を導入するためには、あらゆる部隊活動で指揮官で責任をそなえさせ、完全な権威を与えることが必要である——。

組織の政治宣伝にかかわる党組織に必要とされるのは、単独責任制の強化のために組織の全員で指揮官を補佐することであり、指揮官の権威の向上である。

政治将校と党組織がこの最重要の任務を理解せず、みずからの活動を改善しなければ訓練活動の成果はほとんど取るに足らぬものとなる。党の政治活動では多くの形式主義と官僚主義が見られる。多くの政治将校たちが積極的かつ具体的な活動をしないで、形式的な活動をしており、役所的指導に法外に熱中している——。

結局、ティモシェンコの総括からは、一九四〇年度の赤軍の再建は不十分であり、数多くの課題が新年度に持ち越されざるをえなかったということがわかる。

また、ジューコフの後年の証言によると、この会議での報告にもかかわらず、当時の赤軍での現代戦認識ははなはだ遅れたものにとどまったという。（傍線引用者）

ソビエト軍事科学における大きな問題点は、西欧での世界大戦緒戦の戦闘経験から実際的な結論をつくり出さなかったことにある。この経験は、すでに一九四〇年十二月の上級指揮官会議で検討さえされていた。

ではこの経験について何が話されたのか。まずヒトラー軍がヨーロッパ諸国に侵入した戦略的・作戦的奇襲について。機甲部隊が強力な打撃を与えて、敵軍の背後に突破口をつくるために敵の防御線に突進したこと。ドイツ機甲部隊は空軍によって支援され、その際、急降下爆撃機が格別の効果を引き起こしたこと。

だが、手持ちの戦力をすべて奇襲攻撃にふりむける、しかも戦略上のすべての方向へというのは全然予想もされていなかった。国防人民委員も、私も、前任者のシャポンニーコフもメレツコフも、参謀本部の指導的な幕僚たちも、次のことは計算していなかった、敵がこれほど大量の機甲・自動車化部隊を集中させて、戦争第一日目からその密集した集団をすべての戦略上の戦区に投入するなどとは。

当時の国防人民委員部と参謀本部の指導的な立場にあった人々の多くが、過度に第一次世界大戦での経験を神格化していた。参謀本部のトップから各司令部の作戦班の幕僚の大半にいたるまでが、第二次世界大戦では指揮の性質と方法が変化していることを理論的には理解していた。しかしながら、実際には彼らは古い図式でもって戦争を指導すべく準備していた。すなわち、大きな戦争は次のようにして始まる、と誤って解釈していた、まず第一に国境付近での会戦、それからは敵の主力との戦闘に入っていくにすぎない、と。

不可解なスターリンの態度

ティモシェンコ以下の軍首脳は会議終了後すぐにクレムリンに呼び出された。そして報告の内容についてスターリンから感想を聞かされる。ここで興味深いのは、会議終了後のスターリンの反応である。これについてジューコフは次のように証言している。太字が検閲削除部分。

　われわれは突然スターリンのもとに呼び出された。スターリンはわれわれをひどく無愛想に迎え、形だけの会釈をして席に着くようすすめた。すでにこれは私がハルハ河から帰還した時に見たスターリンではなかった。彼の執務室にはこれ以外には政治局のメンバーだけが立ち会った。

　スターリンはまず、この会議の最後に発言した最上級軍人S・K・ティモシェンコが自ら訂正した計画を一睡もせずに徹夜で読んだ、と述べた。だがティモシェンコは、それについての検討を打ち切るようせきたてた。「同志スターリン」、とティモシェンコは反論しようとした。「私は貴下に開進計画書を提出しました。そこで私が言おうとしていることは貴下にもおわかりだと存じます」。

　スターリンはかんしゃくを起こして、「私は送られてきたものをすべて読まねばならぬ義務はない」。ティモシェンコは口をつぐんだ。「では一体、われわれはどう改善すればよいのだ、ティモシェンコ?」とスターリンは政治局員の方を向きながら尋ねた。モロトフが言った、「二～三日中に部隊への指令案をまず政治局に提出すべきだ」。これに列席した政治局員全員が同調した。

　われわれの全員が陰鬱な気分でクレムリンをあとにした。われわれには、スターリンが一体何に不満なのかわからなかった。マレンコフとジュダーノフがずっと会議に出席して、内容のすべてをスターリンに報告していたはずだからである。

このジューコフの証言は、一九四〇年十二月三十一日のことについてである。これによると、スターリンが「一睡もせず徹夜で読んだ」のは、前述のメレツコフが中心となって作製した赤軍開進案だったことになる。だがこの案はすでに十月十五日にスターリンのもとに提出されて、裁可を得ていたのではなかったか。だから、当然スターリンはこの九月十四日付けの開進計画にはずっと前に目を通していたはずである。あるいは、メレツコフ改訂案の提出と裁可、その直後に予定されていた兵棋演習というスケジュールが、モロトフの訪独と重なったため、スターリンはそちらに気を取られて、戦略計画の精査をする時間がなかったのかもしれない。ではなぜスターリンはこの時になって再び開進計画を、「一睡もせず徹夜で」研究しなければならなかったのか。

考えられる理由は、この時点でスターリンは前章で挙げたベルリン大使館付き武官トゥピコフからの十二月二十九日付けの、ドイツ側が来春に対ソ戦争を開始することを決断した、との特電を知っていたから、ということである。

そして、その場にいた中でただ一人自分だけがドイツ側の意図についての情報を得ていたスターリンは、これに対処すべき赤軍の現状に関する忌憚ない諸報告に接して苛立ちを強めたのではないだろうか。それでおそらく、シャポシニーコフとメレツコフの開進計画をもう一度精読したと考えられる。

だが、ジューコフ以下この時クレムリンに呼び出された軍人たちにはその特報はまだ伝えられていなかったのであろう。トゥピコフ以下在ベルリン大使館付き武官からの特報を受理するのはＧＲＵ部長のゴリコフで、ゴリコフはそれを直接スターリンにだけ伝えていたことになる。だからジューコフ等の軍人たちには、「スターリンが一体何に不満なのかわからなかった」としてもそれは当然のことだったろう。

三、兵棋演習とその結果

兵棋演習とは

たとえスターリンの心中は穏やかでなかったとしても、戦略開進案の当否を検証するための兵棋演習をこれ以上先延ばしすることはできない。そこで年明けの一九四一年一月二日から六日までで第一回兵棋、そして一月八日から十一日までで第二回兵棋がどちらも参謀本部で開かれ、今度は二度ともスターリンは出席した。

この兵棋演習について最初に証言したのは、一九六九年に発表された「ジューコフ回顧録」だったが、その記述が簡単すぎて、兵棋がまるで一日か二日で終了したような印象を与えてきた。さらにジューコフ証言の問題点は、二度の兵棋がまったく同じ想定で実行され、単に双方の指揮官が入れ代わっただけ、というような印象を与えることである。

この兵棋演習はすでに十一月に実施が予定されていたものので、それが「赤軍大会議」のために新年にずれこんだのであって、最終的な予定表は十二月二十日にティモシェンコによって決定されている。二回に分けて行うというのは、第一回が最初のシャポシニーコフ案、そして第二回はメレツコフ案によって対独戦略の是非を判定するのが狙いだった。この兵棋は正式には「地図上双方向戦略作戦兵棋（Dvukhstoronnaiia Operativo-Strategicheskaia Igra na Kartakh）」という名称で、ソ連側を「赤軍《あか》」、仮想敵のドイツおよび枢軸諸国軍を「青軍」で地図上に表記し、実際の兵棋では赤軍は「東軍」、青軍は「西軍」と記録された。

しかも兵棋では、この時点での実際の指揮官と参謀長のほとんど全員が東西両軍の指揮官と参謀長の役割を担当した。だから、兵棋に先行する「赤軍大会議」の時から、あわせて二〇日以上、赤軍の主な指揮官と参謀長は任地を留守にしてモスクワに滞在していたことになる。

第一回兵棋（一九四一年一月二日～六日）

・目的

①現代式の攻勢作戦と守勢作戦の解明と習得

②方面軍と軍段階での最高司令部命令の実施法および陸軍と艦隊の組織的協同の実行法

③次の諸課題の総仕上げ——兵力的に優勢な敵の攻撃

に対する国境防衛、防御地帯への後退、国境会戦で敵に完璧な打撃を与えるための作戦法、敵防御地帯突破と占領、騎兵と機械化部隊による組織的追撃

④沿バルト・北西部戦域での行動の習得

・想定条件

ソ連西部国境でドイツとその同盟国軍の攻撃を迎え撃つ。同時にソ連側は新たに併合した白ロシア西部のビャウストク突出部からドイツ領東プロイセンへの攻撃を敢行する。

・想定兵力

西軍――指揮ジューコフ（キエフ特別軍管区司令官）、参謀長プルカーエフ（同参謀長）、作戦班長トロツェンコ（ザバイカル軍管区参謀長）。麾下に三個軍＝五〇個師団。

東軍――指揮パブロフ（西部特別軍管区司令官）、参謀長クレノフ（沿バルト特別軍管区参謀長）、作戦班長クリモフスキフ（西部特別軍管区参謀長）。麾下に五個軍＝六〇個師団。

・想定任務

西軍――一九四一年七月十五日に東プロイセンからリガとドヴィンスク、ついでスヴァウキとブレストからバラノヴィッチとテルノポリを結ぶ線から東軍に対して先制攻撃に出る。八月十五日までにバラノヴィッチ―ドヴィンスク―リガの線に達する。この攻撃には有力な空軍が支援にあたる。そしてバルト海でバルチック艦隊を撃滅し、九月五日までにオソベツ―スクデーリ―リガ―カウナス―リャウリャイの線(国境から七〇～一二〇キロ）にまで進出する。

東軍――一九四一年八月一日までに西軍をその出撃地点まで押し返し、八月五日から反撃に転じる。バルチック艦隊は敵陸戦隊の上陸を阻止し、航空隊と協力して敵の通路を遮断し、敵艦隊のフィンランド湾、ボーニア湾、リガ湾への侵入を阻止する。

・結果

東軍は東プロイセンで西軍を包囲殲滅するという定められた任務を果たすことができなかった。理由として、敵の強化された堡塁網を攻撃しても必ずしも成功は約束されないからである。もし東軍主力が東プロイセ

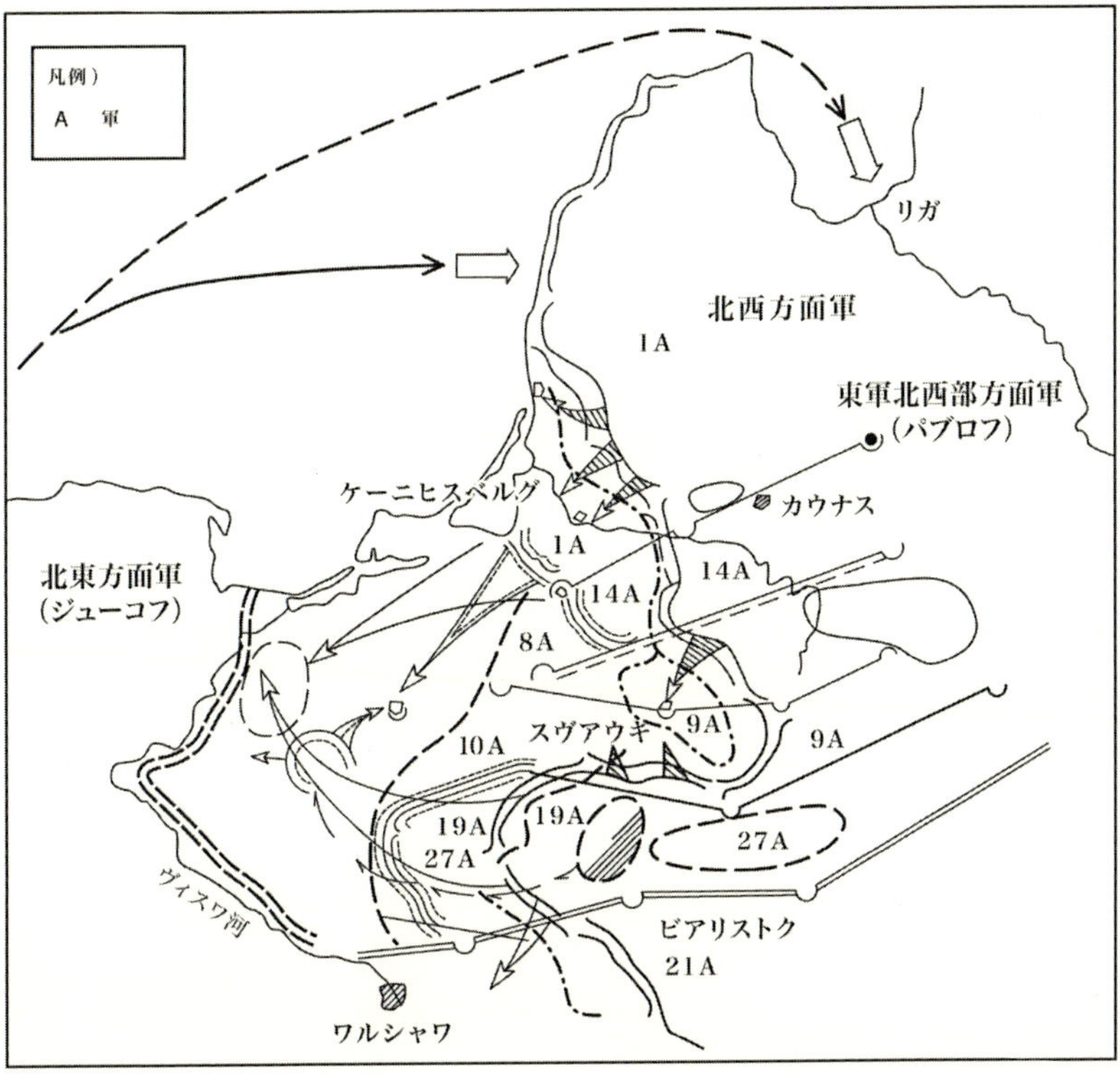

第一回兵棋（1941年1月2-6日）

ンの西軍よりもっと西側に展開した場合、ワルシャワ前面での戦闘が長期化するおそれが判明。もし西側から迂回して東プロイセンを包囲しようとしても、戦線が延びきって迂回する側面の保全のために兵力を消耗してしまう。

想定では、東軍は国境線で敵の攻撃を押し止め、すぐさま報復の反撃を加えることによって敵を国境要塞地帯で制圧することになっていた。しかし、新国境線（注：一九三九年九月末にドイツと分割した旧ポーランド領）にはまだそのような要塞線はなかった。そのため、兵棋で想定された状況そのものが現実に即しておらず、ソ連側の防御能力を過大評価したものであったことが判明。

結局、西軍は左翼を強化してリガ、ドヴィンスク方面への突破に成功し、西軍の勝ちと判定。その理由の一つに、ソ連軍師団の戦力を独軍の一・五倍と勝手に計算したことがある。

海軍については、「東軍艦隊」は敵艦隊主力撃滅のための艦船に不足し、そのため「西軍艦隊」は損害を被っても基地に隠れることが可能となる。結局、地上軍と海軍との明確な協同作業を組織できなかった。

最終的には、最高水準の指揮官の戦略・作戦上の能力が完成からはほど遠く、大兵団の用兵と指揮の技能の研鑽と現代作戦の特質の会得と組織化、立案、実施において、今後も入念かつ粘り強い努力が必要であるということが判明した。

第二回兵棋（一九四一年一月八日〜十一日）

・想定条件
西軍――ドイツ側の主目標をウクライナと想定。そのため西軍（ドイツおよび同盟国軍）は南方正面に主力を集結。シェドルツェ－ルブリン地区からキエフをめざす。この主攻撃支援のため、東プロイセンには歩兵五〇〜六〇個師団を集結。作戦開始は一九四一年七月十五日。

・想定兵力
西軍――総指揮パブロフ（西部特別軍管区司令官）、参謀長クリモフスキフ（同参謀長）、作戦班長セミョーノフ（同作戦班長）。

南東部方面軍（注：ドイツ側の「中央軍集団」のこと）——指揮パブロフ以下同じ。五個軍＝歩兵三七個師団、騎兵二個師団、機械化四個旅団、戦車七三九輌、航空機二一七〇機、砲八〇〇〇門。

南部方面軍（注：ドイツ側の「南方軍集団」のこと）—指揮クズネツォフ（沿バルト特別軍管区司令官）、参謀長クレノフ（同参謀長）。三個軍、歩兵四八個師団、その他騎兵、戦車、機械化各師団合計一〇個、戦車二四七五輌、航空機二二八六機。

東軍——総指揮ジューコフ（キエフ特別軍管区司令官）、参謀長プルカーエフ（同参謀長）、作戦班長クズネツォフ（極東方面軍参謀長）、空軍司令官ルィチャゴフ（航空総監）。八個軍＝狙撃八一個師団、その他騎兵、戦車、機械化各師団合計二〇個、対戦車砲一二個旅団。戦車八八四〇輌、航空機五七九〇機、砲九〇〇〇門。

・演習課題
防衛された地帯の制圧と占領・追撃、大河と山岳地帯での騎兵と機械化部隊の強化。平原での防衛線の突破、事前に準備された防衛帯に引き下がった優勢な敵による反撃の撃退法。想定戦域の特徴として森林と沼沢地が多く、第一回の兵棋に比べ面積も大きく、多くの河川の障害によって守られていること。

・想定任務
西軍の「南部方面軍」は東側の防衛線を突破して東軍を北方へと圧迫し、八月八日にはドニエストル河まで進出してモギリョフ・パドリスキー—ホーチンの線で態勢の建て直しをはかる。

西軍艦隊は八月八日までに出撃して十日には東軍艦隊を破り、ボスポラス海峡を突破して黒海に入る。そして黒海を制圧して沿岸から地上部隊を支援。

東軍の「南西部方面軍」（注：ほぼキエフ特別軍管区に相当）はブレストから黒海にかけて展開し、ドロゴブイチュスク—カメネツ・ポドリスキーの線で敵を阻止。

・判定結果
ジューコフ指揮の東軍「南西部方面軍」の直面する状況とは、敵がほぼ互角の戦力でもってプロスクーロフ（フメリニソキー）地区を南側から攻撃し、同軍の背後に重大な脅威を与えるというものだった。そのため東軍はリュブリンスクとリュボフ方面への敵の攻撃を挫

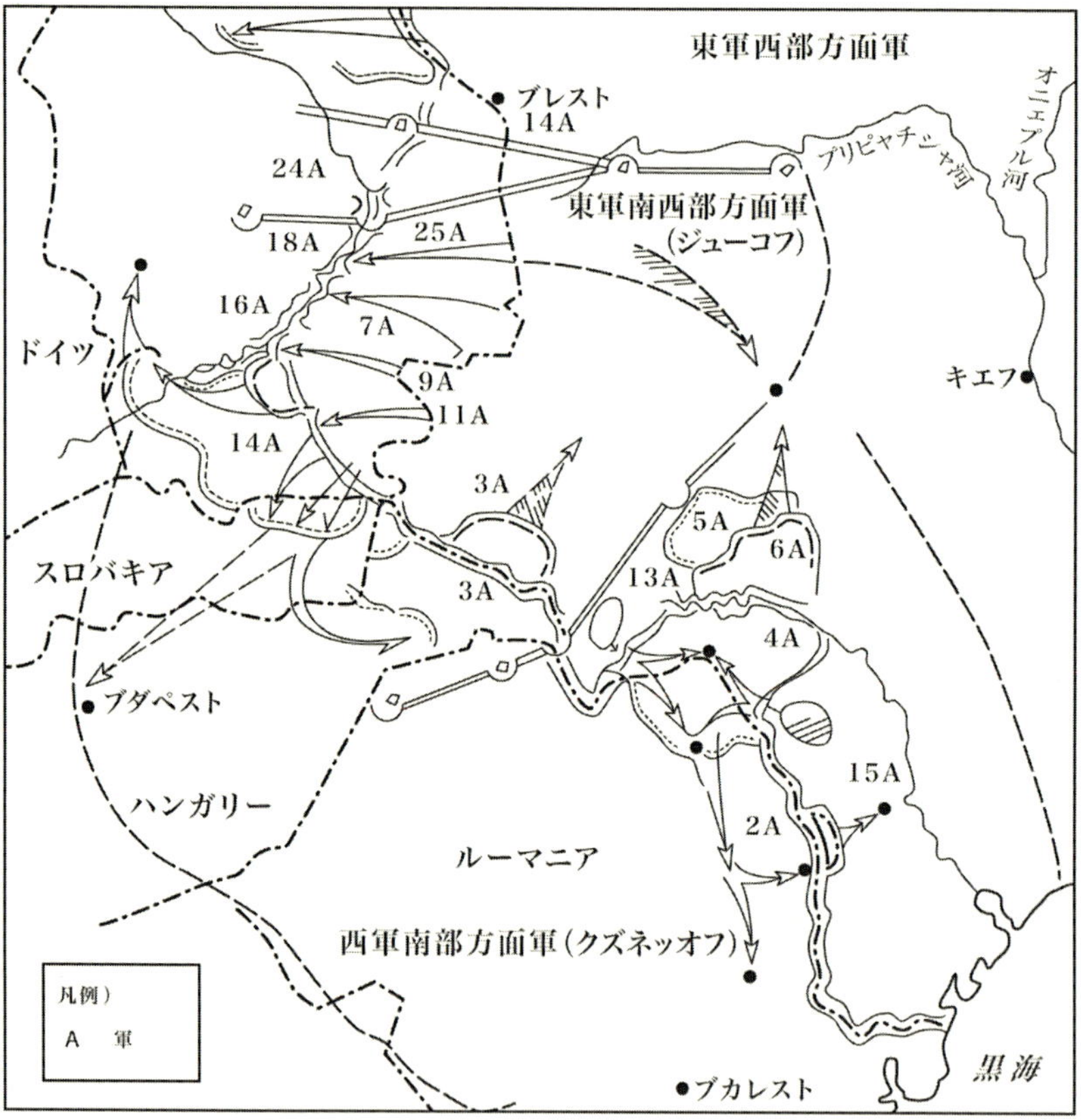

第二回兵棋（1941年1月8-11日）

折させてこの脅威を排除するため、別に新たに強力な集団を創設せざるをえず。その上ではじめて、ソ連軍による総攻撃は西軍主力を衛星国軍から遮断するのが可能になる。そのため方面軍予備として狙撃六個師団、騎兵二個軍団、機械化二個軍団を方面軍の両翼で個別の作戦に投入する必要あり。

各方面軍指揮官の間での協同がなく、ほとんど単独行動となった。東軍「南西部方面軍」の戦略指揮は良好だったが、その行動は他から分離したものになっている。

兵棋演習へのスターリンの講評

兵棋演習終了後、クレムリンでスターリン以下政治局員も列席して、演習参加者とともに講評会が開かれた。この時の様子はすでに「ジューコフ回顧録」の初版でも紹介されてはいる。だが肝心の部分は検閲削除されたままであったので、ここでその部分を復元することで、対独戦略をめぐるスターリンと軍部側との行き違いの実態を検証してみよう。太字部分が復元箇所である。

兵棋演習の経過は参謀総長メレツコフ上級大将が報告した。彼はスターリンと二～三回、激しい応酬をして、また報告してへとへとになった。明らかにメレツコフの報告は不満足なものであった。すでに最初からメレツコフの側に道理がない、との評価が下っていた。彼が両軍の力関係と「青軍」の緒戦での優勢、特に戦車と空軍についての資料を引用すると、スターリンは「赤軍」の不利を残念がり、メレツコフの話をさえぎりこう言った。「戦争では算術的な数の優勢ばかりでなく、指揮官や部隊の技能も大切であることを忘れてはならない」。

これに対してメレツコフは、ドイツがこれまでにすでに有意義な戦闘体験を蓄積し有している現代戦で、戦力と技能の量的、質的な相互関係の果たす役割については十分承知している、と答えた。だがスターリンは思い出したくもないような激しい叱責をして、また質問した。「だれか意見はないか？」。

スターリンは政治局員たちの方を向いて自分の判断を示した。「われわれにちゃんとした参謀総長がいないのには困ったものだ。メレツコフを更迭する必要がある」。そして右手をふりあげて、こう付け加えた、「戦争はいつでも起こりうる」。

われわれは控室に出た。メレツコフは無言だった。人民委員も無言だった。われわれ指揮官たちも無言だった。全員がキリル・メレツコフに不当な立腹をしたスターリンの粗野さに気落ちしていた。

このジューコフが伝える講評会でのスターリンの異常なまでの苛立ちは、単に二度ともソ連側の失敗という兵棋の結果だけでなく、既述のヒトラーによる対ソ戦決意の情報を自分が独占していたことからの発作だったのだろう。だが、参謀総長たるメレツコフもジューコフもこの秘密情報にはまだ接していなかった。だからこそ、スターリンの態度には困惑するしかなかった。逆にスターリンの方では、軍人たちを信用せず、自分一人で対外諜報の成果を独占してきたつけが回ってきたことを思い知らされた、というべきではないか。

かくてメレツコフもまたスターリンの眼鏡にかなわず、その地位を追われることになった。そして一月十四日、ジューコフはスターリンのもとに呼び出され、こう告げられる。「政治局はメレツコフを参謀総長から解任し、君を後任にあてることに決めた」。

こうして八ヵ月間で三人の参謀総長が交代するという異常事態となった。

ジューコフ戦略

ジューコフの正式就任は二月一日付けで、後任のキエフ特別軍管区司令官にはレニングラード軍管区司令官ミハイル・キルポノスが着任した。国防人民委員のティモシェンコも前職はキエフ特別軍管区司令官だったから、スターリンのウクライナ重視の戦略に沿う人事だったというべきだろう。ジューコフは回顧録で、スターリンからもゴリコフからもほとんど情報を教えられなかった、と証言しているが、参謀総長就任後にはドイツ側の対ソ攻撃決断の情報を知らされていたと思われる。そうでないと自分が望んだ対独戦略改訂は到底無理なことは、スターリンも兵棋演習によって思い知らされたはずである。

これに関して、アメリカの研究者ブライアン・フゲイトが一九九七年に発表した著書"Thunder on the Dnepr"（ドニエプル河畔の雷鳴）のなかで、一九四一年二月某日、ティモシェンコとジューコフが独自の兵棋演習を開き、むしろ守勢戦略を検討した、と論じている。この著者によると、メレツコフと西部特別軍管区司令官パブロフと国防人民委員代理クーリクの三人を除外した形で兵棋が行われたという。そして、予想される対独戦では、パブロフの西部特別軍管区、すなわち開戦後の西部方面軍を始めから犠牲にする予定の戦略がひそかに練られていた、としている。

この説は完全な裏付けとなる資料がまだ不足しているため、ここでは参考意見として紹介するにとどめる。

現在旧ソ連側の公文書で確認できるのは、次に挙げる一九四一年三月十一日付けの、ティモシェンコとジューコフの連名の開進案である。この案は、「昨年、参謀本部および国防人民委員部によって準備されたソビエト国軍の戦略的開進計画の変形」、とされている。基本的には前年九月のメレツコフ案でも提示されていた「変形」にもとづき、一月の兵棋演習の結果と、スターリンの主張をふまえ、ドイツ側の主攻勢方向をウクライナと想定している。さらにうがって考えれば、ともに〝キエフ閥〟出身のティモシェンコとジューコフがウクライナ正面重視の点でスターリンと見解の一致を見た、と言うべきかもしれない。

ソビエト国軍の戦略的開進計画意見書
（特別重要・完全機密・親展）
一部のみ共産党中央委員会宛て、同志スターリン宛て、同志モロトフ宛て

一、わが想定敵国（これまでの案と同じ）

二、想定敵軍兵力

西方：（表1参照）

東方：日本はソビエト連邦に対して歩兵六〇個師団、戦車一二〇〇輛、重砲八五〇門、飛行機三〇〇〇機を配置していると思われ、そのうち歩兵三〇個師団と戦車、砲兵の大半が二五～三〇日以内にソ連国境に集結できると思われる。日本軍以外では、満州国軍が混成二七個旅団と騎兵一師団、騎兵六個旅団をソビエトに対して配置していると思われる。

よって、二正面戦争の場合、ソビエト連邦の国境には歩兵二九三個師団、戦車一万二〇〇〇輛、各種砲二万一〇〇〇〇門、飛行機一万五〇〇〇機が集結する可能性もある。

表1：西方

	歩兵	戦車	自動車化	合計	砲（門）	戦車（輌）	飛行機（機）
ドイツ	165	20	15	200	15,500	10,000	10,000
フィンランド	18＋26	－	－	18＋26	1,000	60	500
ルーマニア	30	－	－	30	2,700	400	600
ハンガリー	20	－	2（動員中）	20	850	350	500
総計	233（259）	20	15	268（294）	20,050	10,810	11,600

三、仮想敵国の作戦案

西方と東方の仮想敵国の作戦計画に関する資料は参謀本部ではまだ把握せず。

ただし戦略的展開で最大の可能性があるとすれば、西方ではドイツはおそらく自軍主力を南東のプリピャチ沼沢地帯からハンガリーまでの間に展開する、それはベルディチョフとキエフへの突撃によってウクライナを奪取するためである。この突撃にはおそらく東プロイセンからのリガとドヴィンスク北方への支援突撃をともなうものと思われ、それとともに、スヴァーキとブレストからヴォルコブイスクとバラノヴィッチへの集中攻撃も考えられる。フィンランド軍が北西からレニングラード攻撃のため出撃する可能性も排除しえず、これを独軍八～一〇個師団が支援することも。

南方では、独軍と同時にルーマニア軍のジュメリンケへの攻撃もありうる。

以上の想定から、独軍の行動は以下のような展開と集中になると予想される。西ブグ河下流の北側からバルト海までには、歩兵三〇～五〇個師団、戦車三～五個師団、自動車化二～四個師団、砲三五七〇門・戦車二〇〇〇輛、西ブグ河南側からハンガリー国境にかけては、歩兵一一〇個師団、戦車一四個師団、自動車化一〇個師団、砲一万一五〇〇門、戦車七五〇〇輛および飛行機相当数。

排除できない可能性として、ドイツ側が東プロイセンとワルシャワ地区に主力を集結することがあり、その狙いはリトアニア・ソビエト社会主義共和国を攻撃してここからコブノ、ドヴィンスク、リガ地区への主攻勢を展開するため。ウォムザとブレスト方面からの支援攻撃を予想すると、それはミンスクとバラノヴィッチ地区での作戦を展開する必要から、と考えられる。

――もしドイツ側の行動がこの変形を採るとすれば、予想されるのは、ドイツ側が北方へ一三〇個師団と砲、戦車、飛行機の大半を配置し、残りの三〇～四〇個歩兵師団と砲、戦車、飛行機を南方に分割することである。

独軍のわが国境への開進までのおよその日数は、動員開始後一〇～一五日。

ルーマニア軍のわが国境への開進の終了は一五～二〇日。

フィンランド軍の予想展開（省略）。

ドイツ海軍作戦予想（省略）。

東方では、日本軍最高司令部の当面の目標はわが沿海州の占領で、その後一ヵ月で予想される展開は、沿海州正面に一四～一五個歩兵師団、松花江正面に三個歩兵師団、樺太およびアムール河口に二個歩兵師団、ザバイカルおよびモンゴル人民共和国正面に八～九個歩兵師団。このうち最大の集結はハイラル高原。残りの三〇個師団および小単位は北部満州に総動員開始後二ヵ月で送られる可能性大（以下省略）。

四、わが戦略的開進要綱

東西両正面でのソビエト連邦国軍の戦略的開進の必要性から、わが軍主力は西方に展開する必要あり。それ以外の国境は最小限の兵力で防御――すなわち黒海沿岸、北海沿岸、ザカフカース、中央アジア国境、東方（配置兵力省略）。

かくて西方およびフィンランド正面での作戦のために配置するのは、（表2参照）。

表2

	狙撃師団	自動車化師団	戦車師団	騎兵師団	休養旅団	航空連隊
西方	158	27	53	7		234
フィンランド	13	ー	1	ー	2	19
計	171	27	54	7	2	253

五、西方戦略的開進の基本

西方での赤軍主力の開進は、東プロイセンおよびワルシャワに集結した敵による敵対行動を誘発する懸念があり、この正面での戦闘は長引くおそれあり。

以上、東西両正面でのわが戦略的開進の基本を報告し、検討を予定されたい。

添付　西方開進の地図四〇頁。

国防人民委員ティモシェンコ元帥、参謀総長ジューコフ上級大将

文書作成　ヴァシレフスキー少将

一九四一年三月十一日

このジューコフ案によると、ドイツ側の主攻撃方向はウクライナとされ、キエフ特別軍管区に最大の兵力が配置されることになっている。ただし、白ロシア正面へのドイツ側の集中攻撃の可能性も排除していない。

ソ連側の攻勢については？

ではジューコフとティモシェンコ、そしてスターリンは赤軍側による対独攻勢についてはどう考えていたのだろうか。これについて、のちの一九六五～六六年ごろにジューコフが作家コンスタンチン・シーモノフに語った次のような証言がある（一九八七年の『軍事史雑誌』（Voenno Istoritseskii Zhurnal)。

一九四一年一月に最高軍事会議で、戦略兵棋の検討が行われた。基調報告は私にまかせられ、私はわが国防にとっての危険性を詳述する決心をした。

まず第一に、新国境沿いの新要塞地帯の配置の不利についてだった。配置の面での不利は新国境の形状から形成されたものだった。もしもっと有利に配置するとなれば、内陸にあと一〇〇キロずらすべきだった。だがもしそれを提案したら、反論を引き起こすだろう、と思った。というのは、もしそうすれば、これまでのソビエト国防の努力、すなわちスターリンの計算を断罪することになるからだ。それで私は何も言わないことに決めた。

このジューコフ証言でいう「国境形状の不利」とは、白ロシア正面のいわゆるビアリストク突出部のことと思われる。この突出部は実は第一回兵棋では、パブロフ指揮の東軍がドイツ領東プロイセンに攻撃をかける際の出撃地点とされた部分である。前述のように、防御側の西軍を指揮したジューコフは、逆にパブロフ軍の背後を急襲することに成功し、これによって、東プロイセンおよびワルシャワ正面へのソ連側からの攻勢という構想にはストップがかかったと見るべきだろう。

といって第二回兵棋での構想、すなわち南西部正面からポーランド南部とハンガリーに総攻撃をかける案も、すでに見たように、ジューコフの指揮は秀逸だが、他の部隊の指揮がそれについていけない、という結果になった。

すると、あくまで一九四一年三月の段階では、ソ連側から積極的に攻勢に出ることにはスターリンもジューコフも躊躇していたというべきなのだろうか。もしドイツ側の「バルバロッサ」作戦発動の前に、すでにソ連側で積極的な攻勢戦略が見直されていたとするなら、当然ソ連側はスターリンもジューコフも守勢戦略、もしくは防御戦略に転換していなければならない。だが、今日までに判明している資料と証言からすると、スターリンの政治的・軍事的判断は独ソ開戦までの三ヵ月間、きわめて大きな振幅をもって揺れ動いて、有効な対処に失敗したことを示すばかりである。

第七章　錯綜するドイツ情報

ブルガリア抱き込みの失敗

第五章で触れたように、ベルリンでのモロトフ＝ヒトラー会談でスターリンが最重要案件としたのが、ブルガリアでのソ連の政治的・軍事的存在の承認だった。ブルガリアはスラブ系言語でロシアと同じキリル文字を使用し、正教信徒が国民の大半を占める。そのため一八七七〜七八年に当時のロシア帝国は、オスマン・トルコ内のブルガリア人独立支援を口実に露土戦争を引き起こし、ブルガリアは完全ではないにしても、自治を認められた。だが一八七八年のベルリン会議で、ボスポラス・ダーダネルス両海峡の外国軍艦通過禁止が規定され、ロシアの真の狙いである地中海への南下は阻止された。それでもブルガリア人はロシアに恩義を感じて、首都ソフィアの広場には今でも当時のロシア皇帝アレクサンドル二世の騎馬像が建立されている。

だがブルガリアは第一次世界大戦ではドイツ側につき、敗戦国として戦後の一九一九年に連合国側との間でヌイイ条約を結ばされ、周囲のルーマニア、ユーゴスラビア、ギリシャに領土を割譲させられた。したがって第一次世界大戦後のブルガリアは同じく敗戦国として親独的であり、一九三八年当時のブルガリアの対外貿易の八〇パーセントが対ドイツ向けであって、とてもソ連が大きな影響力を及ぼせる余地はなかった。事実、モロトフがドイツ側との会談を終えてモスクワに帰った三日後の一九四〇年十一月十八日、ブルガリア国王ボリス三世とポポフ外相は訪独し、わざわざベルヒテスガーデンにヒトラー詣でをしている。

これに驚いたソ連側は早速モスクワ駐在ブルガリア公使のスタメノフを呼び、モロトフは厳格にソ連側の意向を申し渡した。

ブルガリアの運命はソビエト連邦の関心があるところであり、ソ連が強いブルガリアを見たいと望むのは歴史的義務である。ロシアは歴史を通じて常にブルガリアの独立と主権に味方してきた。これはソビエト連邦となっても、ロシアはブルガリアの周辺国との領土問題では完全にブルガリアを支持する。

そして十一月二十五日には、外務人民委員代理のアルカディ・ソボリョフを不意に空路ソフィアに派遣し、一九三九年九月にしたのと同じ内容の、ソ連＝ブルガリア相互援助条約の件を蒸し返した。だがブルガリア側は、「このような取り決めは事態の紛糾を引き起こしかねず、また、もし他の諸国がブルガリアに同様の取り決めを要求したら、それはわが国の死と同じことになる」とつっぱねた。

なぜ独伊両国との関係悪化も顧みず、またブルガリア側の拒絶にあってもなおスターリンはブルガリア抱き込みに執着したのか。

コミンテルン書記長にしてブルガリア共産党書記長でもあるディミトロフが、同二十八日の日記に記しているスターリンの言葉はこうである。

歴史的に危険はいつもここ（注：黒海のこと）から来た。クリミア戦争、セヴァストーポリ争奪。一九一九年のウランゲリ軍の介入等々。かくてスターリンの主たる努力はトルコに向けられる。両海峡を反ソのために使わせぬため、ソ連海軍の基地設置を認めさせる。トルコについては、二〇〇万人のグルジア人、一五〇万人のアルメニア人、一〇〇万人のクルド人がおり、トルコ人自体は六〇〇～七〇〇万人にすぎない。もし必要なら、トルコ人をヨーロッパから放逐してもよい。

さきのベルリン会談の際のモロトフへの訓令といい、ベルリン会談後の対ブルガリア交渉といい、本当にスターリンは黒海の安全のためブルガリアとトルコの抱き込みが不可欠と考えていたのだろうか。また、本当にヒトラーの了承が得られると思っていたのだろうか。もしブルガリアとトルコへの支配要求が、ロシア帝国以来の伝統的な地中海への南下政策の繰り返しにすぎないとスターリンが考えていたとすれば、それこそがフィンランドやベッサラビアの場合よりははるかに決定的な意味で、ヒトラーに「打倒ソ連」の決意を固めさせてしまったというべきだろう。

結局、自分に都合のよい歴史的・文化的理由からブルガリアの抱き込みが可能、とのスターリンの判断はまったく奏功しなかった。そしてブルガリア側はどんどんドイツへの接近を強める。一九四一年一月十三日付けで発表されたタス通信の次の声明が、ソ連側、スターリンの苛立ちをよく表現したものになっている。

外国紙上ではブルガリアの一部のグループで話されていることから引用した報道が流布している。その情報源によると、最近、ソビエト連邦の同意と許可のもとに、ブルガリア政府の要請による独軍部隊のブルガリア移動と通過がすでに行われている、という。タスは以下の反論を委任された。

一、たとえ独軍が自分の都合でブルガリアにいようと、あるいはこれからブルガリアに移動する準備の最中であろうと、それらすべてはソビエト連邦の同意も許可もなしに行われた、あるいは行われようとしていることであり、ドイツ側はソビエト連邦に対して、自国軍のブルガリアへの移動もしくは進駐の件を問い合わせてはいない。

二、特にブルガリアは独軍部隊のブルガリア進駐に関して、ソビエト連邦に何らかの返答を得られるような要請をまったく出してはいない。

そしてついに三月一日、ブルガリアは正式に三国同盟に参加して枢軸側の一員となり、ドイツによる対ギリシャ攻撃「マリタ作戦」に加わることになった。「マリタ作戦」でブルガリアは法外の獲物を得て、ギリシャ領トラキアとユーゴスラビア領マケドニアを含む新領土の併合に成功し、国土をほぼ倍増させる。だが、六月二十二日にドイツによる「バルバロッサ」作戦が始まっても、ブルガリアは対ソ参戦は避け、独ソ間では中立を守った。そのため、独ソ戦争中もブルガリアの首都ソフィアには独ソ双方が代表部を駐在させるという現象が見られた。そして戦争中もブルガリアを介して、独ソ間の接触が行われた。

ドイツ側の政戦略

すでに前年十二月に決定して発令されたドイツ側の対ソ攻撃案、すなわち「バルバロッサ」の件計画の具体的な実行について最終的な検討がされるのは、一九四一年二月三日のことである。ヒトラーも出席したこの会議で確認された点を列挙する。

一、ソ連軍の兵力はほぼ歩兵一〇〇個師団、騎兵二五個師団、機械化三〇個旅団。これに対して、「バルバロッサ」にふりむけるドイツ側の兵力は、歩兵八〇個師団・機甲一八個師団、自動車化歩兵一二個師団。彼我《ひが》の兵力量はほぼ互角だが、質的にはドイツ側がはるかに優勢。

二、プリピャチ沼沢地帯北方に二個軍集団を配置し、南方には一個軍集団を配置。すなわち白ロシア攻撃に最重点を置く。中央軍集団の一応の到達目標をスモレンスクとする。北方軍集団はレニングラード、南方軍集団はキエフを目標とする。

三、ソ連側の主力はドヴィナ河とドニェプル河を結ぶ線より西方に集結している模様で、この線まででソ連軍主力を撃滅すれば、対ソ作戦は大体六週間で完了の見込み。

対ソ作戦についてのドイツ側の見通しは、前年十二月五日の作戦会議と、その後の十八日付けで正式に発令された総統指令第二一号（「バルバロッサ」の件）、そして一九四一年一月三十一日付けで発令された陸軍総司令部の「バルバロッサ開進指令」でほとんど内容に変更はない。基本線は以下のようである。

一、バルト海から黒海までの全戦線で同時に奇襲攻撃を敢行すること。

二、フィンランド、ルーマニア、ハンガリーがドイツ側に立って参戦すること。

三、プリピャチ沼沢地帯北方に重点を置くこと。

四、ドイツ側は陸軍以外に空軍の大部分も対ソ戦に投入すること。

五、対英戦の決着は対ソ戦の後回しとすること。

対ソ「バルバロッサ」作戦開始の時期については、一九四一年五月十五日以降としているが、これは一応の準備の目安であって、最終決定ではない。この時期、ドイツ側の戦略は情勢の変化による修正が必要となった。それは一九四〇年十一月から十二月にかけての、ギリシャおよび北アフリカでのイタリアの敗北で、ドイツ側はバルカンと地中海・北アフリカ方面の安定優先を余儀なくされていたからである。

イタリア救援のためのギリシャ攻撃については、対ソ「バルバロッサ」作戦発令の五日前の一九四〇年十二月十三日付けで、総統指令第二〇号「マリタの件」として発令されている。そしてドイツ側は一九四一年一月十日、ギリシャ攻撃のため第一二軍を編成してルーマニアに派遣した。

ソ連側への情報

ドイツ側が「総督管区」、すなわち占領した旧ポーランドに大々的な兵力移動と集中をつづけていることは、すでに前年のうちからソ連側には各方面から報告が入っていた。この独占領下の旧ポーランドへの独軍の動きと、バルカン作戦や北アフリカ作戦が強く示唆する対英作戦優先の推測と、どちらがドイツ側の真意なのかを判断するのにスターリンとソ連側は苦慮したようである。次にあげるのは、NKVD長官のベリヤからスターリンとモロトフに送られた一九四一年一月二十一日付けの報告である。

ドイツ空軍司令部内の通報者をソースとする情報によると、ゲーリングはますますイギリスおよびアメリカとの合意という結論に近づきつつあり……。

ベルリンの信頼できる情報源によると、ドイツ側はアメリカと話し合いで合意に達しようと試み、ゲーリングの直属副官のミルヒ元帥とウーデット大将は米大使館で催された正式な朝食会で、ドイツが望んでいるのはアメリカとの合意である、と述べた。これは米大使館付き武官ペプトンも認めている。

ブルガリアでの独軍の存在についてのタスの批判は、ドイツ航空省内では爆弾の破裂のような印象を与えた。ゲーリングは航空省の現役のスタッフを名指しして、軍事作戦準備のために「ロシア・レポート」の翻訳を指示しようとしている。空軍参謀本部はソ連領土での広範囲な航空偵察を指示している。その目的は、レニングラードも含めて国境地帯の写真撮影による正確な地図作成にある。

ドイツ海軍総司令部のルーデマンからの情報によると、この空軍参謀本部の措置がタスの反論のせいで指示されたものなのかどうかはまだ確認できない、と。

これに対して、同二十七日付けでGRU部長ゴリコフが提出した「ソフォクラ（ベオグラード駐在のソ連大使館付き武官アレクサンドル・サモーヒン少将の隠語名）」からの報告は次のようである。

当地の実業団と外交団で話し合われていることとして、今後のドイツの戦争計画はバルカン抜きで首尾よく展開できるものではない、バルカンがドイツとソ連の利害の直接の接点となったために、今後の政治問題での決定的な中心になりつつある。わが隣人たちの報告によると、一月初め、ドイツ大使館での非公開の会談で、ドイツ大使はユーゴスラビア側にこう述べたという。「ドイツにとってバルカンは最重要な地域であり、欧州新秩序に組み入れられて当然である。だが、ソ連はこれにまったく不同意であり、よってソ連との戦争は不可避である」。

ＮＫＧＢの分離

おそらくスターリンはこの時期、ドイツ側の真意を探るのに既存の諜報組織では不十分だと考えたのだろう。二月三日付けの「党中央委員会政治局決定」として、これまでのベリヤの内務人民委員部（ＮＫＶＤ）の中の「国家保安本部（ＧＵＧＢ）」を、新たに「国家保安人民委員部」（ＮＫＧＢ：Narodnuii Kommisariat Gosudarstvennoi Bezopastnosti）として独立させた。そしてＮＫＧＢ長官には、ＮＫＶＤ長官第一代理でＧＵＧＢ局長のフセヴォロド・メルクーロフ（グルジア人）が就任した。

この決定は、これまでベリヤのＮＫＶＤに与えられてきた任務と権限がどのようなものであったかを明瞭に示す文書でもあるので、全文を紹介する。

ソビエト連邦内務人民委員部を二人民委員部に分割することについての党中央委員会政治局決定

連邦ＮＫＶＤの業務の容量増大とその多様性（国境警備、国家保安、社会秩序保全、特別重要な産業と鉄道施設の警備、全国の監獄の監督、防災警備、全国防空、幹線道路の管理、ラーゲリの維持と受刑者利用による労働の組織化、大規模経済活動の実施、極北地域の開発、公民用文書管理と証書作成など）と国家保安およびスパイ作戦活動機関の最大限の改善の必要性とにかんがみ、党中央委員会は以下のように決定する：

一、連邦ＮＫＶＤを、(a)内務人民委員部（ＮＫＶＤ）と、(b)国家保安人民委員部（ＮＫＧＢ）に分割する。

二、国家保安確保の任務遂行上、ＮＫＧＢに委任する業務は以下の通り。

(a)国外での諜報業務の管理。

(b)ソ連邦内での外国諜報員によるテロリスト活動、破壊工作、暗殺に対する闘い。

(v)ソ連邦市民各層、特に工場、交通、通信機関、農場に内在するあらゆる反ソ的徒党および反革命組織の残党の一掃についての作戦的指示。
(g)党および政府指導者の警護。
三、NKGBは本決定第二項に列挙した任務以外のすべての業務の遂行を免除される。
四、連邦と各自治共和国と同じく、各州と地方にもNKVDのほかにNKGBを組織する。
五、連邦NKVDの分割は一ヵ月以内に行い、一ヵ月後、党中央委員会と人民委員会議に両人民委員部の状態を報告すること……。

資料を一覧しただけで、対独課報についてこの時期のスターリンがどれほど大きな焦りを抱いていたかがわかる。「党政治局決定」という上意下達の緊急の形式を採った点、そして、NKVDとNKGBの任務の内容と範囲を恐ろしく具体的に示している点にそれが見て取れる。また、スターリンと同じグルジア人のメルクーロフを起用している点にもそれが表れていると言えよう。

すでに第四章で述べたように、スターリンはゴリコフのGRUを通じての対独情報の知識をほとんど独占してした。今また、NKGBという形で別ルートの対独課報機関をわざわざ独立させてしまうと、それで得られる情報の量と精度は高まるだろうが、ここでもやはりスターリンは知識を独占しようというわけである。すると、GRUとNKGBの両方から奔流のようにもたらされるドイツ情報の閲覧と分析はスターリン一人でこなさねばならない。これは肉体的、精神的、時間的にも一人の人間の手に余る作業となる。しかも、スターリンの個人的な判断によって情報の価値は大きく歪められてしまうことにもなる。

ドイツ情報の奔流

このような業務上の困難も意に介さず、あえてスターリンとソ連側が知りたかったドイツ情報とは何か整理してみる。

(イ)ドイツは対英戦決着前に対ソ戦に乗り出すか否か、もし対英戦優先であればソ連攻撃は一九四二年以降になる。だが対ソ戦優先なら一九四一年中となる。
(ロ)ドイツがソ連を攻撃する場合、その重点は白ロシアかそれともウクライナか。
(ハ)ドイツのソ連攻撃に日本が呼応して対ソ参戦するかど

うか。

こうして一九四一年二月から三月にかけて、ドイツ情報がなだれこんできた。従来、この時期にソ連側が収集したドイツ情報については、各研究者が自説の裏付けとして利用するために、かなり恣意的に取捨選択して紹介する傾向があった。したがって、スターリンに直接届けられるドイツ情報がどのような性質のものであったか、特に情報源がどのような人物であり、かつ、どのような状況で得られたのかまで比較検討しないと、スターリンがどのように情勢を判断したか把握することが困難になろう。

ここで、いささか量が多いが、NKGBとGRUの二つのルートから日を追ってもたらされたこの時期の主な報告を比較してみよう。（傍線引用者）

・一九四一年二月七日付け「〝デフィ〟（モスクワのギリシャ公使館勤務のNKGB諜報員の隠語名―氏名不詳）報告」（NKGB メルクーロフ）

最近、外交団のあいだで、ソ連邦へのドイツの攻撃の噂がより頻繁になっている。一つの説は、ドイツによるイギリス打倒後に起こる、とするもの。第二は、こちらがより信憑性があるが、ドイツはイギリスを打倒する前にソ連を攻撃するというもので、ドイツはイギリスとの決戦の結末とはまったく関係なしに、自国の背後の安全確保を目的としている。ドイツはソ連への復仇を願う同盟国、たとえば日本やドイツの支配下にあるフィンランドやルーマニアを利用して、複数の方面から同時にソ連を攻撃する、との憶測もある。

デパスタ（ギリシャ公使館一等書記官）が言うところでは、ドイツの攻撃目標は、穀物・石炭・石油の豊富なソ連南部地域である。

・一九四一年二月八日付け「ベルリンのNKGB通報者〝コルシカ人〟の通報」（NKGB メルクーロフ）

ソ連に対する戦争準備について。

独軍司令部がソ連への戦争準備に組織的にとりかかっていることが、一連の事実によって立証される。その一例。

最近のOKW（国防軍最高司令部）参謀との対話で、彼は司令部内にある空気を明瞭に語った。それは、ドイツは一九四一年中にソ連に対する戦争を始める予定である、と。対ソ軍事作戦を始める前にドイツ軍はルーマニアを完全に占領する。戦争の目標は、ソ連からヨーロッパ・ロシアの大部分とレニングラード、黒海までの領土をうばい、この領土にドイツに完全に従属する国家を創設することだ。ソ連の残りの部分には、この案と似たような「ドイツに友好的な政府」が創設されるはず……。

・一九四一年二月十四日付け、「ベオグラードの〝ゾフォクラ〟報告」(GRUゴリコフ)

ユーゴスラビア参謀本部の資料によると、現在ドイツは二五〇個師団を保有し、その内訳は、東プロイセンに一五、総督管区に七〇、保護領(訳注:ボヘミア・モラビア)に一四、ルーマニアに二〇、スロバキアに六、ハンガリーに二。東部地区の合計は一二七師団。このうち、総督管区に集結の師団内訳は、ワルシャワとルブリン地区に一六、タルノフスカヤ地区一八、クラクフ地区に一四、ロジンスクとポズナニ地区に二二。ルーマニアに集結の師団内訳は、モルダビア地区に五、ドブルジャとバナートとトランシルバニア地区に三、バラヒー地区に八。これ以外の方面の独軍の集結状況内訳は、スカンジナビア五、対英正面(ラ・マンシュ沿岸)に五〇、占領軍(フランス)として一一、イタリアに五、全体予備(ドイツ本国)として二四。スロバキア軍は五個師団=約一〇万人、ハンガリー軍は一八個師団=約三〇万人、ルーマニア軍は二八個師団=約五〇万人。ブルガリアに独軍なし、ただし軍事教官団として五〇〇〇人が駐在。東部地区の師団の構成内容は不明であるが、ほぼ次のようであると思われる。自動車化歩兵三〇個師団、対戦車一五個師団、その他は歩兵。ルーマニア駐屯で確定しているのは対戦車三個師団、自動車化四個師団、歩兵一三個師団、師団番号と司令部所在地は不明。

・一九四一年二月二十一日付け「チューリッヒの〝ドーラ〟(GRUの非合法駐在員ラドー・シャンドールの隠語名)報告」(GRUゴリコフ)

スイス参謀本部情報部長の情報によると、ドイツは東部に一五〇個師団を配置。彼の意見では、ドイツの攻撃は五月末に始まる。

・一九四一年二月二十八日付け「ベルリンの非合法駐在員〝アリト〟報告」(GRUゴリコフ)

以下の点について、酒を飲みながら内緒で打ち明けられた。すなわち、ロシアとの戦争は絶対、今年始まる、と。それに必要な然るべき措置はすでにずっと前から進められている。東部での大規模な防空施設建設が、これから何が起こるかをはっきりと示している。「アリエッ」は防空壕について、東部ではそれがロシアに対するものであるのは自明のことであって、決して英機にそなえたものではない、と言っている。三個軍集団はまさしく、ボック、ルントシュテット、リッター・フォン・レープの三元帥が指揮。このうち、「ケーニヒスベルク」軍集団はペテルスブルク方向を、「ワルシャワ」軍集団はモスクワ方向を、「ポーゼン」軍集団はキエフ方向をそれぞれ攻撃するはず。予想される開戦の日付は三月二十日とのこと。……ロシアについての情報はゲーリングの取り巻きからのものである……。

・一九四一年三月一日付け「ブダペストの〝マルス〟（ハンガリー駐在大使館付き武官ニコライ・リャハテーロフ大佐の隠語名）報告」（ＧＲＵ ゴリコフ）

一、手元の資料では、ドイツのソ連に対する攻撃は英国打倒以前にはまったくありえない、と考えられる。アメリカ、トルコ、ユーゴスラビアの各大使館付き武官たちが強調するのは、ルーマニア駐屯のドイツ軍はまず第一にバルカンでの英派遣軍に対抗する目的であって、英国打倒ののち、ドイツはソ連を攻撃する、と。

二、イタリア武官の通報では独軍は空挺四個師団と歩兵四〇個師団を英国侵入のための前衛として準備。すでに三月半ばにはドイツ側で大奇襲作戦を待機のはず。

・一九四一年三月一、二日付け「ブカレストの〝イェシェンコ〟（ルーマニア駐在ソ連公使館付き三等書記官ガブリエル・イェレーミンの隠語名）報告」（ＧＲＵ ゴリコフ）

「アブツ」（ブカレスト駐在ドイツ公使館員でジャーナリストのクルト・ヴェルキッシュの隠語名。ＧＲＵへの情報提供者）がベルリン旅行から帰国して報告したことによると、彼が話をかわす機会のあった外務省とＯＫＷのグループでは、ドイツの政治面と軍事面での今後の見通しが等しく不明確で不確実性が支配していると。彼が対談した各人が今次の戦争の行方についてさまざまな構想と計画を表明している。しかし、個々の意見から判断して以下の方向は確定できる。イギリス諸島に対する大規模な軍事作戦、それは独軍の投入で決着せざるをえないか、ありえない。なぜならこの方策は余りに犠牲が大きすぎ、しかも冒険的にすぎる。イギリス諸島封鎖に関してベルリンが大いに期待しているのは、潜水艦戦と航空攻撃の活発化である。

ギリシャでのイタリアの大敗はかくれもない。ＯＫＷも認めているが、イタリアの敗北は全ての正面でドイツの戦争計画に重大な変更をもたらさずにはおかなかった。ベルリンでの意見では、地中海地域とアフリカでのイギリスの勝利を阻止するために、ドイツは全力をイタリア支援に投じなければならない。

ベルリンでの大きな関心はバルカンに集まっている。ルーマニアに集結した独軍六〇万人のブルガリア領への移動を確認済み。この作戦実施の進展は政治的な好機次第である。第一の政治的好機とは、ドイツのユーゴスラビア侵入以前にギリシャを屈伏させられるような試み。第二の好機とは、トルコの態度が判明すること。

ベルリンで語られていることとして、ルーマニアに集結した六〇万人は次のように予定されている。三〇万人は対ギリシャそして残りの三〇万人はトルコ軍をトラキアに釘付けにするため。現段階でドイツ側は、トルコに対する攻撃を考えてはいないようである。

ヨーロッパ南東部へのこのような大きな兵力集結はいかなる問題への対処かというと、第一に、イギリスの介入がかなりの規模で行われているギリシャへの迅速な成功を保障するためであり、第二に、トルコ国境の変更を放置できぬ以上、トルコ軍との衝突にそなえるためである。

ベルリンでは、ドイツのソ連攻撃が切迫している、としきりに語られている。ＯＫＷのロシア課での勤務は繁忙をきわめて行われている。だがドイツ側が東方進撃する可能性はごく近々排除される。ドイツの対ソ作戦計画についてのニュースは、ソ連をドイツの現在の戦争目的に奉仕させるべく、モスクワを対象として意図的に捏造され流布されているもののようである。ルーマニアに集結した独軍がソ連に対して出撃する可能性は、ベルリンではきっぱりと排除されている。

・一九四一年三月六日付け「ベルリンの〝ゴルシカ人〟からの通報」（ＮＫＧＢメルクーロフ）

四ヵ年計画局の職員から得た情報によると、同局の職員は大至急、ソ連のヨーロッパ部分の占領によってドイツが得られる原料と食糧の分量を計算中。

通報者の報告によると、陸軍参謀総長ハルダー上級大将は対ソ戦での独軍の完全な成功と電撃的な占領を期待しており、ハルダーの見積もりでは、ウクライナでは鉄道と道路網の良好な状態により、上首尾の作戦が促進される。

また、バクー占領の任務は容易で、そこの石油産業も、ドイツの軍事行動による破壊ののち、復興させられる。さらにハルダーによると、赤軍は独軍の電撃的攻勢に対して、然るべき抵抗を行えるような状態にはなく、ロシア側は西部での壊滅は防げない。ただし、この作戦の経済効果に関する四ヵ年計画局の計算には否定的な予測をしているという。

・一九四一年三月八日付け「ベルリンの諜報員からの報告」（NKGB メルクーロフ）

四ヵ年計画局職員から受け取った情報によると、ソ連へのドイツの軍事行動にともなう経済効果の見積もりの作成が終わり、独ソ間の正常な経済関係によってドイツはソ連を占領するよりはるかに大きな経済的利益を得ている、との文字通り否定的な結論に達したという。

情報源を整理してみると、ソ連侵攻の場合の経済的利益に関する計算はOKWではなく、リッベントロップから指示されたもののようであり、OKWにも軍事戦略の観点からこの件を異例なほどに研究させたようだ。

全ドイツ経済評議会での動員問題に関する報告者――ゾルムス公――から受け取った情報によると、ドイツの指導的機関での対ソ計画の審議は真剣なもので、以下の事実を証明している。すなわち、ソ連国境への独軍の集結がソ連侵入への準備であるのはまったく明らか。ソ連国境での独軍の部隊構成と所在は、オランダ侵攻準備の時のものと同じ。

経済省の内務調査局長ヒレガルトの意見では、ドイツのブリテン島への行動が延期されるとの情報はまったくない、と。……ヒレガルトによると、近々のドイツの行動順序としては、まずトルコとトリポリタニアを通過する地中海作戦で、次いでソ連に対する軍事行動に着手、最後にブリテン島への軍事侵攻がある、と。

・一九四一年三月十三日付け「ブカレストの〝イェシェンコ〟の報告」（GRU ゴリコフ）

三月十二日、「クペツ」（ルーマニア在住のソ連軍事諜報員ベルナルド・ドルーガチ＝カウフマンの隠語名）が不意にある医師に呼び出されて、こういう話を告げられた。十一日に見知らぬドイツ人が現れた。彼はSSの制服を着て、標識は「上級集団長（大将相当）」で「出血勲章」を付けていた。私は彼の姓を聞かなかった。彼は「ハイル・ヒトラー」そして「カメラート（注：戦友の意味）」と挨捗し、私もそれに応えた。

私は彼にこう質問した、「いつ、われわれはイギリスに行くのですか?」。

答、「イギリスへの進軍はありえない。総統は今それを考えていない。われわれはイギリスとの航空戦と潜水艦戦を継続する。……今、われわれは計画を変更し、ウクライナとバルト諸国に行く。われわれは全ヨーロッパを影響下に置く。ボルシェヴィキは居場所がなくなり、ウラルの彼方へ追いやられる。総統は今日明日にもヨーロッパ解放のための攻撃を決意している。ヨーロッパに新秩序をもたらすには、その敵をヨーロッパから一掃せねばならぬ。我々のロシア遠征は軍事的遠足となろう。すでにオデッサ、キエフその他地域の植民地知事が任命された」。

私は彼にこう指摘した、「われわれはソ連の友であり、今、二つの正面を持ってはならぬと総統は考えているのでは」と。

答、「以前はそうだった。だが状況は変わる。われわれはイギリスを航空戦と潜水艦戦で徐々に制圧しており、もはやイギリスは正面ではない。よってわれわれは二正面をもってはいない。われわれとロシアのあいだには何の友好もない。……今や最大の敵はロシアだ」。

・一九四一年三月十四日付け「NKGB報告、スターリン・モロトフ・ベリヤ宛て、諜報員からの情報」(NKGBメルクーロフ)

ベルリンからの報告(〝コルシカ人〟の情報による)

一、ドイツ航空省のシュルツェ=ボイゼンが受け取った情報によると、ドイツ空軍はソ連領土の航空写真撮影で手一杯とのこと。ドイツ側はブカレスト、ケーニヒスベルク、キルケネスの基地からソ連領に出動して、気儘《きまま》に撮影をしており、クロンシュタットの細部まで良好に撮影できた。

二、ドイツのジャーナリストでベルリンの政治大学教授エグモント・ツェヒリン――保安部局やナチス党外国局に大きなコネがある――が情報提供者に知らせたところでは、二人の元帥が彼に、ドイツは、今春ソ連攻撃を決意した、と告げたという。……ただし、情報提供者によると、ツェハリンは誇大に伝える傾向がある、と。

三、戦争経済研究所長として知られるソ連学の権威リャンゲ・リトケが情報提供者に語ったこととして、ドイツ参謀本部は、赤軍は緒戦の八日間しか抵抗できず、そののち撃滅されよう、と考えている。ウクライナの占領によって、ソ連が丸ごと依存している主要経済基盤を奪うことになる。そのあとは、独軍は東方に進撃してカフカースを奪取し、ウラルまで進む。ドイツ側の計算では二五日間でそこまで達する、と。

・一九四一年三月十五日付け「ブダペストの〝マルス〟報告」（GRU ゴリコフ）

私のまとめとユーゴスラビア・トルコ各駐在武官の資料から、三月十四日現在、ルーマニアとブルガリアの独軍は五五万人駐在、うち三〇万がブルガリアにいる。

ハンガリーでの動員無し。

ソ連の西部国境沿いに独軍は、ルーマニア駐屯の分も含め、約一〇〇個師団を展開中。

・一九四一年三月十五日付け「ブカレストの〝イェシェンコ〟報告」（GRU ゴリコフ）

三月十四日、ゴルフで弁護士ソコルに会い、以下の報告あり。

(1)ソコルの友人のアパートに暮らしている某独軍少佐が、その友人にこうしゃべった。われわれは計画を完全に入れ換えた。われわれは東方、ソ連に向かう。われわれはソ連でパン、石炭、石油を手に入れる。その際、イギリス、アメリカとの戦争が延期されるのはやむをえない。

(2)ソコルが一連の情報から出した見解。ドイツが警戒しているのは、トルコに進む場合のソ連のデモンストレーションである。ソ連側に先制されるのをおそれて、ドイツ側は先制攻撃をかけようとしている。そして、ソ連のもっとも重要な経済地域たるウクライナを奪う計画である。

これらの報告はどれも情報源がしっかりしていて、決して「ガセネタ」のたぐいではない。当然、通報者の又聞きや噂も含まれているが、それらには必ず断りが入れられている。通報者の地位の高さから考えても、ドイツ側の仕組んだ巧妙な逆情報の可能性はほとんどない。むしろ浮かび上がってくるのは、ドイツ側が軍も政府もナチス党もそろって、どれほどソ連を見くびっていて、対ソ戦をどれほど楽観視しているか、ということである。一九四一年二月から三月にかけて、GRUとNKGBのルートからもたらされたドイツ情報を整理して、総括するとほぼ以下のようになる。

一、年内の独ソ開戦が避けられないようだ。

二、ドイツ側の対ソ戦の最大の狙いが、ウクライナの資源奪取にあるらしい。
三、ドイツ側、特に軍部はソ連を短期決戦で容易に制圧できる、と自信満々の様子である。
四、ルーマニアとフィンランドがドイツ側に立って参戦するのは確実のようである。

これに対して、ここまでの情報によっても完全な結論が出せない問題点もあった。

一、対ソ戦実施の場合、対英戦はどうなるのか。多くの情報にあったように、イギリスに対しては海空作戦のみに止《とど》めたまま、対ソ戦を実施するのか。あるいは、対英単独講和にふみきるのか。
二、日本がドイツに呼応して対ソ参戦するのか。
三、ドイツ側のソ連攻撃は、外交的、軍事的にどのような形をとって始まるのか。

ゴリコフの報告をめぐる問題

ここでヒトラーとドイツ側の次の一手について、スターリンとソ連側の判断に大きな影響を与えたと言われる総括が、三月二十日付けで、GRU本部長ゴリコフから提出された。この報告は正式には「ソ連に対する独軍の戦争準備の変化と見解」という題名で、宛て先は「人民委員会議及び党中央委員会」となっている。

この報告で、ゴリコフは言う。

一九四一年春のドイツとソ連との戦争の可能性に関する諜報員資料の大半が、英米の情報源を根拠としており、英米側は今日明日にでも独ソ関係を悪化させようと狙っている。一九四〇年七月〜四一年三月の期間の諜報員からの資料のすべてにおいて、その短い叙述の中に、ヒトラーがその著書『わが闘争』で十分明快に叙述している大事業の実行、というファシズムの生成から発展したという本質を根拠にしていることである。

として、これまで奔流のようにもたらされてきた独ソ戦切迫の情報そのものに重大な疑念を投じている。そしてゴリコフはこれまでに紹介した分も含めて、各国の駐在武官およびソ連の在外武官からの報告をすべて列挙したうえで、こう結論付けた。（傍線引用者）

結論

一、以上紹介したすべての情報源からの意見と、今春の変化を想定すると、ドイツによる対ソ攻撃開始のありうべき時期とは、イギリスに対する勝利、もしくはドイツにとって名誉ある講和の締結後であると思われる。

二、今春、対ソ戦が必ず起こるとしている噂や資料は、イギリスもしくはドイツの諜報機関によるデマの可能性がある。

本章で概観したように、この時期のソ連側が入手したドイツ情報が決してデマや逆情報として片づけることのできない性質のものであるのは明らかなはずである。それを、何を根拠としてゴリコフはすべて「デマ」と一蹴してしまったのか。戦後になって、ソ連でこのゴリコフの情報分析が問題となった。たとえば、この時期の参謀総長だったジューコフは戦後にこう証言している。

開戦の時期と内容について、スターリンはかなり知らされていた。彼のもとに来た報告の大半はイギリス、アメリカそしてドイツからのもので、開戦の期日を伝えていたが、スターリンは最後まで報告の信憑性を疑い、その正確さに信を置かなかった。ゴリコフ将軍がスターリンにこの件について報告していたのを、私は今まで知らなかった。

一九四一年二月一日付けで参謀総長職をうけてから、私はスターリンに対し個人的に斥候からの報告を通報したことは一度もない。長い勤務の間中、私は、なぜ軍首脳がスターリン以下の政治局員に対して情報をうまく使えなかったのかを解明しようとした。私とティモシェンコはあえて率直に、スターリンに相談したが、彼は持ち前の簡潔さでこう応えた、「君等は伝えられたことを理解せねばならぬ」。

これに対してゴリコフは一九六四年に、当時のソ連陸軍軍事・外交大学長Ａ・Ａ・エピショフからの質問にこう応えている。

一九四一年元旦から六月十五日までに、GRUが報告した諜報綴りを作成し、その中で、ドイツ側の新しい大規模な動員施策と予備役召集についての詳しいまとめが引用されていた。二月の諜報綴り第一号でGRUはこう警告した、「この施策の結果、独軍の師団数は一九四一年春には歩兵二五〇個、戦車二〇個、自動車化一五個に達するだろう」と。……ソ連の軍事諜報が絶え間なく監視したのは、ドイツ本国とヨーロッパ占領地区からわが国の国境への大量の部隊移動についてだった。われわれは、わが国境とわが軍の防衛地域に隣接して、独軍が増強されていく経過も監視していた……。

またゴリコフは同じ六九年に、当時のGRU本部長ピョトル・イヴァシューチンに宛てて、次のような書簡を送っている。

戦争前夜、ソ連の軍事諜報がヒトラー・ドイツ軍の主要戦略攻撃方向についての情報を有してしたことを、簡潔に述べたい。

これに関連して、私が記憶によって二つの文書を復元するのをご容赦願いたい。

一、私はファシスト・ドイツ国防軍についての報告書を、一九四一年の第一上半期に最高軍事ソビエトに提出している。党政治局に提出した時、そこにマレンコフが居合わせた（他は覚えていない）。

二、私の署名がある上級官庁へのGRUの覚書で、切迫しているファシスト・ドイツのソ連攻撃の時期と、ヒトラー軍の主要戦略攻撃方向について報告した。これは、もし誤りがなければ、開戦前日には参謀本部作戦部長代理だったA・M・ヴァシレフスキーに示した。

要するにゴリコフは、GRUの諜報報告は決してまちがっていなかった、そして、必要な情報はすべて開戦前に他の部局にも連絡したはずだ、と強調したいのである。

だがアメリカの研究者ディビッド・マーフィなどは、著書"What Stalin Knew"（スターリンは何を知っていたか？）で、ゴリコフがスターリンの歓心を買うためにスターリンの気に入るような判断をした、とまで断じている。本当のところは不明だが、すくなくともこれらのドイツ情報から判断する限り、この時点でスターリンは次のように情勢の推移を考えていた。

一、一九四一年中はドイツとの戦争を避けたい、だが起こるかもしれない。
二、ヒトラー以下ドイツ側がソ連にもっとも求めているのは、食糧、原料、燃料などの資源であり、そうするとドイツ側の主攻撃方向はウクライナとなるはずで、ソ連側はここに最大の兵力を集中すべきである。
三、ソ連側から攻勢戦略を採るかどうかは未定。

ゴリコフの判断の根拠

ではなぜゴリコフは三月末の時点で、大量にもたらされたドイツ情報を、ドイツもしくはイギリス側からのデマと断定したのだろうか。たしかにスターリンの意を酌んで、その希望的観測に合致するような判定を下した可能性も否定できない。しかし大量のドイツ情報を読んでみると、もっと合理的に考えられることがある。

それは、各種の通報に見られるドイツ側関係者たちの口から出る、対ソ戦近し、の話題そのものについてである。常識的に考えれば、開戦の如何は一国の最高機密のはず。にもかかわらず、ソ連側が耳をそばだてているのを知ってか知らずか、ドイツ側では対ソ戦切迫が広言されている事実。そして、特に旧ポーランドで大々的に行われている独軍の集結と展開、さらには飛行場の設営作業の事実。これら、余りにあけすけなドイツ側の態度に、かえってゴリコフ（そしてスターリンも）はソ連側の譲歩、特に三国同盟参加、を引き出すための大がかりなデモンストレーションと判断したのではなかろうか。

さらに当然、ソ連の対独参戦を引き出そうとのイギリス側の謀略の可能性も考慮したはずである。

第二次世界大戦後、大量の証言と資料によって、「バルバロッサ」の準備と実行に際してドイツ側の機密保持が甘かったことが判明している。それは、これまで挙げたソ連側の諜報員報告からもわかる。またそれだからこそ、戦後になってゴリコフは、GRUの報告に誤りはなかったと主張しているのだろう。

こうして、ドイツによる途方もない規模の対ソ作戦準備が、当時のソ連に対する蔑視や過小評価と結びついて、ほとんど公然の秘密のようになっていた。それがかえってソ連側には、到底信じられないことと映り、無駄な「深読み」をさせてしまったのではないだろうか。

第八章　ソ連の採るべき道は？

ユーゴスラビア・クーデター

　ソ連側が、ヒトラーの次に打つ手を計りかねている間に、ドイツ側の対ギリシャ作戦、「マリタ作戦」の実行が近づいてきた。こうした中で一九四一年三月二十七日、ユーゴスラビア・クーデターが発生する。

　この前々日、ユーゴスラビア代表団はウィーンで三国同盟に調印し、これでルーマニア、ブルガリア、ハンガリーとともに、ギリシャ以外のバルカン諸国がすべて枢軸側についた。しかしソ連側は、このようなバルカンでの外交的敗退について、あまり的確に認識していなかったようである。そもそもソ連側には、ユーゴスラビアを味方として抱き込んで、バルカンでのなんらかの足掛かりにする、との考慮もなかったようだ。ソ連＝ユーゴスラビア両国間に正式の国交が樹立されたのは、やっと一九四〇年六月二十四日の条約においてなのである。だから、ユーゴスラビア・クーデター発生もソ連側には想定外の出来事であったようだ。

　一九四一年三月二十八日付けの、「GRU・ユーゴスラビア革命特報」を読むと、この出来事がソ連とはあまり関係のない、もっぱらユーゴスラビア軍部の主流であるセルビア民族主義者によって起こされたことがわかる。

　ブルガリア駐在およびドイツ駐在のわが武官の報告によると、ユーゴスラビアの王冠をヒトラーに承認してもらったパーブレ摂政は、三月二十七日の夜中、ペータル（注：国王）をルーマニアに送り出したが、結局シモビッチ将軍の帰還によってパーブレの立場は危うくなり、危険を察したパーブレは逃亡を試みるも、ベオグラード第六駅でつかまり、二十七日朝にはツヴェトコビッチ（注：首相）とその閣僚も逮捕された。親衛隊と衛兵がすべての公共施設を占拠している。

　ペータル二世が自ら王位を宣言、前政府の総辞職と新政権の組閣任務はシモビッチ将軍に託された。

全土でデモが行われている。首都では、三月二十七日から次のようなスローガンを掲げたデモ隊がわが大使館前を通りすぎていった……「ソ連邦との同盟」「スターリンとモロトフ万歳」「ヒトラー打倒」。さらにこれらスローガンの中に新たに、「ソビエト権力」「人民権力要求」「人民の軍隊」など。

軍は新政権の側にあり、秩序を維持している。政権が準備している声明の草案では、厳正中立維持を基盤とする外交路線を採り、新政権は三国同盟の批准を拒否するものと思われる。

ドイツ側では困惑が支配している。ドイツ外務省によると、ベオグラードからの公式の報告はないとのこと。だが、もし新政権がその約束を拒否すれば、独軍はオーストリア、ルーマニア、ブルガリアから侵入の予定である、と。

アメリカ人特派員の盗聴した電信によると、ドイツの空軍武官は重傷を負ったとのこと。ドイツ政府は抗議を申し入れた。デモ隊は鉤十字のマークのある自動車すべてを転覆させた。ベオグラードのドイツ人居留民団にはすみやかな避難が命じられた。（ＧＲＵゴリコフ）

このソ連武官報告は正確だが、同時にユーゴスラビア・クーデターをまったく他人事のように描いてもいる。報告にもあるように、ユーゴスラビア人の――おそらくその大半がセルビア人の――デモ隊が、きわめて親ソ反独のスローガンをかかげている意味の重大さを認識してもよさそうなのだが、結局ソ連側の打った手は、ユーゴスラビア新政権と「不可侵条約」を結ぶにとどまった。

四月五日モスクワで、モロトフと駐ソ・ユーゴ公使ガブリロビッチによって、「ソビエト連邦＝ユーゴスラビア王国友好不可侵条約」が調印された。内容は、これまでのソ連が他国と結んだ同様の条約と同じで、第一条、相互の主権尊重、第二条、両締約国の一方が第三国と戦争になった場合の中立維持、第三条、条約有効期限を一年とするというものだった。

この、ソ連にとっていわば〝瓢箪から駒〟のようなユーゴスラビアでの政変に際しても、すでにバルカン諸国とイタリアが完全にドイツ側に付いている以上、ソ連に何か有効な手だてがあったとは考えられない。ソ連・ユーゴ両国が国境を接していない以上、ソ連が軍事的支援を行うのはほとんど不可能で、実際、何の付属協定も存在しない。前述のソ連武官報告にあるように、ほとんどユーゴスラビア側の一方的なソ連擦り寄りだったと言えよう。ソ連側の交渉担当者が外務人民委員モロトフではなく、人民委員代理（外務次官）アンドレイ・ヴィシンスキーだったことからも、ソ連側の内心が見て取れよう。

枢軸側の対応

これに対して、ヒトラーのユーゴスラビア情勢への対応はほとんど反射的と言えるほど素早く、クーデター発生当日の三月二十七日夕刻には、軍首脳を集めてユーゴスラビア粉砕の意思表示をし、同日付けで、総統指令第二五号として、「マリタ」作戦にユーゴスラビア攻撃を加えることになった。そして四月六日、モスクワでソ連＝ユーゴスラビア友好不可侵条約が調印されている頃、ドイツ軍のユーゴスラビア攻撃が始まり、十一日には独軍に呼応してイタリアとハンガリーの両軍もユーゴスラビア攻撃を開始した。

四月十七日には、ユーゴスラビア軍は首都ベオグラードで枢軸側に降伏し、国王と政府はエジプト経由でイギリスに亡命した。

さらにドイツおよび枢軸側の対ギリシャ作戦の進捗も速く、四月三十日までにギリシャ全土が枢軸側の手中に帰した。最後の仕上げは五月二十日からのクレタ島作戦で、ドイツ側は空挺部隊に大きな損害はあったが、六月一日には同島を完全に制圧した。

バルカンから東地中海にかけての、ドイツの一連の軍事的成功は同時に、外部の観察者の目には、次にヒトラーの打つ手が本格的な対英戦強化なのか、それとも対ソ戦なのかの判断を迷わせることになった。実はヒトラーはユーゴスラビア・クーデター発生当日、軍首脳に対してこう述べていた。「もし〝バルバロッサ〟作戦の最中に政府の転覆でもあれば、結果はわれわれにとってはるかに困難なものとなったにちがいない」。

すでに前年十二月に発令した対ソ「バルバロッサ」作戦を、ヒトラーは必ず実行するつもりだった。しかし一九四一年五月までのバルカン・東地中海・北アフリカをめぐる情勢は、ドイツの本当の狙いはイギリス本土上陸にあるのではないか、との憶測を内外の観察者に生じさせたようである。その理由として以下が挙げられる。

一、クレタ島で用いた空挺部隊による奇襲という戦術はイギリス諸島制圧の予行演習ではないか。
二、同時期の三月三十一日に開始されたエルヴィン・ロンメル指揮の「ドイツ・アフリカ軍団」による攻勢の成功で、四月四日までにイタリア領キレナイカから英軍を一掃して、独伊枢軸軍はエジプト国境に迫った、このまま行けばスエズ運河制圧も可能なのではないか。

三、四月二日、イラクの首都バグダッドでラシッド・アリ将軍指揮の軍部が反英クーデターに成功し、ただちにドイツに援軍を申し出た。

流入するドイツ情報の判定は？

情勢の激変にあわせて、四月になるとソ連側にはさらに多くのドイツ情報が届けられるようになるが、そこからドイツの次の一手が対英戦優先なのか対ソ戦優先なのかを正確に判定するのは今日から見てもむずかしい。というのも、傍線部分のような、どちらとも取れる報告が殺到したからである。（傍線引用者）

・一九四一年四月二日付け、「〝ザハラ〟（注：ベルリン駐在ソ連大使館員の資格をもつＮＫＧＢ合法駐在員アンドレイ・コブロフの隠語名）報告に関するＮＫＧＢ第一部覚書」（注：この資料は四月四日付けでメルクーロフからティモシェンコに報告）

ゲーリングは最近のアントネスク（ルーマニア首相）との会談で、対ソ行動参加のため、二〇個師団を要求した。「スタルシナ」はこの資料の信憑性を請け合っている。なぜなら、その資料は彼の機関で作成した公文書から入手したものだから。この「スタルシナ」により、ソ連への攻撃準備が通知されているが、ヒトラーがいつ行動を実行に移すかの点については不明である。「スタルシナ」自身は対ソ行動が起こるとは信じていない。

航空省勤務で参謀のための指令書を作成していたＧ少佐から「スタルシナ」が得た情報では、対ソ行動は確実に直ぐ始まる、と。

Ｇは陸軍参謀本部の将校と折衝した。攻撃作戦計画で見込んでいるのは、ウクライナへの電撃的突進とその後の東方への前進。これに東プロイセンから発進する軍が北方から南下して合流し、南北両翼からこの二つの戦区の中間にいるソ連軍を寸断する。このため、すでに二個軍集団が創設されている。

ユーゴスラビアでの出来事は独軍首脳部では、きわめて深刻に受け止められている。空軍参謀本部は当面、ロシアの件についての作業から対ユーゴスラビア攻撃準備に切り換えており、それはすぐに実施されるはず。空軍参謀本部の見込みでは、対ユーゴスラビア戦に三〜四週間を要するとしており、これは対ソ攻撃の延期を引き起こしかねず、好機を逸しかねない、としている。

ユーゴスラビア事件の結果、対ギリシャ作戦の準備も遅延することになった。ギリシャに英軍九万人と戦車、飛行機が上陸したことも独軍側には深刻な懸念を引き起こしている。ユーゴスラビア事件の進展でソ連に関連する計画にどう影響があるかはわからない。

・一九四一年四月四日付け、「NKGBから国防人民委員ティモシェンコ元帥宛て覚書諜報員報　告資料送付」（メルクーロフ。厳秘）

東部方面への独軍の移動についての諜報員報告。

国境彼方《かなた》の諜報員が入手した資料と越境者への尋問により、現時点で独軍のソ連国境への移動が認められる。部隊の集中はルブリン、ペレムイシュリ、東プロイセン方面であり、検証の必要はあるが、資料によるとすでに約三〇個師団を数えるという。

・一九四一年四月四日付け、「ソ連国境への独軍集結強化に関するGRU特報」（ゴリコフ）

三月全体を通じて、独車司令部はソ連国境沿いへの部隊移動を一層強化している。その第一陣の移動は一九四一年一月に始まった。部隊移動はまず西部戦線の部隊から行われ、ついでドイツ本国の部隊が。……すべての手元の資料を分析の結果、ソ連国境沿いとバルト海方面に対する独軍の移送は二月から三月にかけて強化された。……ソ連国境に配置の独軍師団は全ての型をあわせて八三〜八四個師団に達し、これにはチェコ、モラビア、ルーマニア国内の分を含めない。

・一九四一年四月十一日付け「〝コルシカ人〟および〝スタルシナ〟からの、〝ザハル〟との会見についての情報」

「スタルシナ」が伝えたのは、ゲーリングに関係する将校「X少佐」との会話である。Xが明らかにしたところでは、対ソ攻撃計画の首唱者はヒトラーであり、彼はソ連に対する予防戦争が不可欠な理由として、より強い敵であるイギリスがまだ消耗し尽くしたとの結果が出ていないためである、としている。

戦争を始める前にドイツはソ連に最後通告を提示するだろう。それは、ソ連をドイツの政策に従属させるための三国同盟への加入である。

もしソ連がドイツの要求を断れば、ドイツはソ連を攻撃する。ユーゴスラビアとギリシャでの抵抗の制圧が最後通告に先んじる。

Xが言及しなかったのは、三国同盟に加入の場合、ソ連がどのような約束をする必要があるのか、そしてドイツの要求が何であるかである。この問題について「スタルシナ」の意見は、ドイツは経済供与の拡大を提案するだろう、とのことである。「スタルシナ」が強調するのは、ドイツの戦争準備が己れの軍事力の誇示のためにこれ見よがしに行われている、という点である。

・一九四一年四月十四日付け、「〝スタルシナ〟報告」（NKGB メルクーロフ）

「スタルシナ」（空軍参謀本部のホルツハウゼンの発言および独外務省その他の有力筋での観測から）より。ドイツは対英米全面戦争に勝つことはできないが、ドイツからの和平提案では不十分。イギリスをより従順にさせるには、ソ連からウクライナをもぎ取ることが不可欠。ウクライナ奪取によって、イギリスに譲歩を強要できる。もしソ連との戦争に失敗すれば、イギリスとの和平の場合にナチズムを犠牲とすることが不可欠となる――これはまさしくヒトラーが自分から反ボルシェビズムという文明国間の和平への障害を「除去」せざるを得なくなるということ。日本とイタリアはこの反ソ計画について打ち明けられていない模様。

・一九四一年四月十七日付け、「〝スタルシナ〟報告」（NKGB メルクーロフ）

反ソ計画の首謀者は陸軍参謀本部の将軍たちであり、特にブラウヒッチュ（注：陸軍総司令官）と思われる。彼の甥のブラウヒッチュ陸軍少佐の言葉では、ソ連に対抗する力を結集するため欧州諸国間の争いを終わらせるべきである、と。この考えはブラウヒッチュ総司令官から出たもので、甥がそれを引用した。

反ソ計画を先導しているドイツの軍部とブルジョアの中心人物はゲーリングである。彼のリッベントロップとの対立も、この計画をめぐる対立のためである。ゲーリングとリッベントロップの意見対立はずっと以前からで、両者の間の個人的な敵意は他の者に対するものよりも根深い。

・一九四一年四月十七日付け「〝スタルシナ〟報告についての〝ステパーノフ〟の覚書」（厳秘）

「スタルシナ」が認めていることとして、リビアでの独軍の上首尾な前進に関連して、ソ連攻撃を首唱するグループの熱はおさまった。それはイギリスとの戦争に勝てるとの新たな期待が得られたからであり、イギリスの生命線たる近東の石油資源への突進による勝利が主たる関心事となったためである。……だが「スタルシナ」は同時にこうも強調した。すなわち、参謀本部は以前から集中的に対ソ作戦のための準備作業をしてきており、爆撃の目標もはっきりさせている、だがすでに貴殿に報告した資料によって、この一時の高揚した気分も下火になってきている、と。

これらのドイツ情報から最低限確認できることを今日的視点から整理してみると、

一、ドイツの陸軍と空軍での対ソ戦準備のための施策、すなわち陸軍では総督管区への兵力集結、空軍ではソ連領土の航空偵察と爆撃目標設定、が相変わらず推進されている。

二、もしドイツの対ソ開戦の場合、ルーマニアとフィンランドの参戦はほぼ確実のようだ。

三、ドイツの対ソ戦の最大の狙いはウクライナの穀物とカフカースの石油の確保にある。

四、日本とイタリアがドイツに呼応して対ソ参戦する見込みは少ない。

五、ドイツの最終目標がイギリスの打倒にあるのは確実のようだが、対ソ戦との関係は結論出ず。

松岡外相訪欧と日ソ中立条約

日本の松岡洋右外相がソ連と独伊両国を訪問したのは、ちょうどこのような時であった。松岡の行動とヨーロッパ戦局を比較してみると、

三月二十四日　第一回松岡＝スターリン会談

二十五日　ユーゴスラビア三国同盟参加

二十七日　松岡＝リッベントロップおよびヒトラー会談。ユーゴスラビア・クーデター

三十一日～四月三日　松岡訪伊

四月四日　松岡＝リッベントロップ会談
五日　ソ連＝ユーゴスラビア友好不可侵条約調印
六日　独軍ユーゴスラビア攻撃開始
七、九、十一日　松岡・モロトフ会談
十二日　第二回松岡・スターリン会談
十三日　日ソ中立条約締結。松岡一行モスクワ出発
十七日　ユーゴスラビア軍降伏

日ソ中立条約の内容は、ほとんどソ連＝ユーゴスラビア友好不可侵条約と同じで、有効期限が五年間という点だけが違う。では、この条約締結はソ連にとって大いなる成功だったのか、それとも日独両国からの挟撃を回避するためのその場しのぎの策だったのか。この時点でのソ連側の見方を示す一つの資料がある。一九四一年四月二十五および二十六日付けの、ベルリン駐在武官ヴァシーリー・トゥピコフ少将（隠語名アルノルド）がGRU本部長ゴリコフに送った長文の覚書で、内容はトゥピコフがベルリンで得た日ソ中立条約に関するドイツ側の感触についてである。

トゥピコフはこの覚書を、「私が当地に三ヵ月半駐在して、さまざまの分野の、さまざまの真実とその価値について一五〇通の電信と一〇〇通の手紙を貴殿に送ったが、この間の勤務で確実に以下の結論を出すことができたので、それらを貴殿に報告する」、としている。ただしトゥピコフは自分の在ベルリン勤務を「三ヵ月半」としているが、実際は四ヵ月以上になる。とにかくこのトゥピコフの覚書は、独ソ関係がきわめてデリケートな段階に差しかかった時点での、総まとめの性格をもつ。なぜなら、トゥピコフはこの覚書を最後にして、ベルリンを去り、ソ連に帰国してもっと重要な任に就くからである。

まずトゥピコフは、これまでドイツ側が広めてきたさまざまな噂の内容と、それらが松岡訪欧でどのような影響をうけたかを、時系列に従って比較し、さらにモスクワでの日ソ中立条約締結という結末で終わったことが、ドイツ側にとってどれほど予想外の事態であったかを紹介している。（傍線引用者）

私見では、日ソ中立条約が自然とドイツの対ソ政策の路線を暴露した。

松岡到着以前

(a)国民各層と外国の政治家や諜報員たちの間では、独ソ間の戦争不可避との確信が広まっていた。

(b)東部での部隊集結は本当のことで、東部戦線の準備のため技術者が集められ、東部地域からドイツ系住民が集団疎開している。
(v)すべてのバルカン諸国の政治家がわが国の利益をことさらにかつ公然と無視。
(g)松岡のモスクワ訪問を、やむを得ない通過と解釈し、松岡の同志スターリンおよびモロトフ訪問は、単にウラジオストークからドイツまでの列車を手配してくれたことへの感謝であるとした。

松岡到着によって、
(a)ドイツは宣伝の上で独ソ衝突の不可避性を主張し続けたため、現在の宣伝は大混乱の状態になった。
(b)松岡との交渉（注：ドイツ側との）の主題は、日独でソ連を同時に攻撃する場合の打ち合わせではないか、との（ドイツ側の）宣伝。
(v)部隊の東部移動を継続し、それを誇示して広める。

だが松岡の二回目のモスクワ訪問で中立条約が出現し、どうしても雑誌的なニュース解説以外に説明がつかなくなった。おそらく条約の実現に驚いたドイツ人の各種サークルでは、松岡使節団について新解釈が素早く整えられた。
(a)ベルリンとローマの歓迎が松岡に、その途方もない巨大な政治的展望の見込みを与えた。すなわち、モスクワ条約（注：日ソ中立条約のこと）は単に、来るべき「枢軸」諸国の勝利の前触れにすぎぬ。
(b)松岡のモスクワでの輝かしい勝利（戦争継続への確信による勝利か？）。
(v)日ソ条約はモスクワにベルリンが押しつけた。この条約が意味するのは独ソ関係の新たな段階であり、かつ、後者（注：ソ連側）の最終的屈伏である。

特派員や外交団の間でも、そして国民のすべての層の間でも、ドイツ側は宣伝において力をこめて説明した、すなわち、ソ連は降伏し衝突の危険は遠ざかった、おそらく今後ソ連はその政策を実行しようと試みることはあるまい、ドイツの政策の存在するところならどこでも、と。

つぎにトゥピコフは、ドイツ側の日ソ中立条約に対する具体的な影響を探るため、旧知のドイツ人で、ドイツ上層部ともかかわりの深い人物との懇談の内容を詳細に伝えている。

四月十八日、私は貴殿に「経営責任者」として知らせてあった人物と、レストランで会った。彼は大喜びでこう言った、今や独ソ間の雰囲気は、われわれが前に会った時に比べてはるかに良好だ、と(前に会った時は両国間の戦争の噂が広大な奔流のように流れていた。その時彼はこう言った、これはまったくの驚きだ、破滅だ、とても信じられぬ、と)。

彼は、今や衝突の危険は取り除かれた、と言った。私が、それは本当か、と質すと、彼はうなずき、こうつづけた、日ソ条約締結が再びドイツとの関係を安定させた、と。私は、おっしゃることが全然理解できない、なぜなら独ソの関係は条約ではっきりしており、第三国との協定がバロメーターの役割をすることはできぬはず、と反論した。

彼は回答として、ここで述べることはすべて彼の憶測によって作り上げたのではなく、ドイツの運命を事実上一人で決定する人物からのものだ、として以下のような言明をした。彼は誰の言葉かは明言せず(私はこれがゲーリングのことだと理解する)、ただプログラム的長広舌を振るった。

(1)独ソの協力関係は経済上の接触だけがありうる。政治的接触は社会体制の違いのためにあり得ない。

(2)ドイツは切実に必要とする領域のために戦争をしている。ソ連には領域に余裕があり、それなのにドイツの利益範囲にソ連が干渉してくるのは説明がつかぬ、それでは侵略的反独政策であり、一つの政治体制の別の体制に反対する政策である。ソ連は近い過去に、ドイツの死活的利害に緊張をもたらすような政策で対抗していた。

(3)今ドイツの前に存在する問題とは、ヨーロッパ以外の戦域でイギリスの息の根を止めることである。このためドイツはトルコを必要としている。現在のバルカン情勢により、トルコは二股をかけることはできなくなった。トルコはドイツの命じる所ならどこへでも行く、そしてもしソ連がそれに干渉しなければ、イギリスはその権威のすべてを喪失する。

(4)ソ連は経済協力においてドイツの利益に配慮すべきであり、等価交換を保障することがドイツの利益を配慮することになる。ドイツには大量のパンが必要で、それによって戦争の勝利が保障される。ここで彼は次のような寓意を持ち出した。「飢えた鼠は、道端にあるパンのためには鋼の鎧にさえ噛みつく」。ドイツ側ではすでに化学者が、下水道の中身が食用になるよう研究をしている段階だ。

ここでトゥピコフと語った相手のドイツ人「経営責任者」が誰だったかはわからない。だがトゥピコフが、このドイツ人との会話を次のように総括している点は注目に値する。

かように「経営責任者」の述べた意見の要点は、彼の憶測ではなく、政府の主要な人物のものである。

上述のことすべてが意味するところは？

私見では、ドイツ側はその政治プログラムの中に、それほど遠からぬ時期でのわが国に対する攻撃を予定していた。このプログラムでは日本はドイツと同時に攻撃することになっていた。だがモスクワ条約がこの予定（二正面からの）を根底から覆してしまった。

ドイツ側はこの政策がまったくの失敗になったことに気付いていない。条約がベルリンの勝利もモスクワの敗北も粉砕してしまったことさえも。

この敗北が露顕するのを避けるため、真っ先に内政上の範疇に入る事柄を持ち出さざるを得なくなった。直近の時機に戦争が起こるだろうと、すべての国民の頭にたたき込んできたのに、不意に延期となる。これはまさに稲妻のように口から口に伝わり、モスクワ条約のベルリン流の解釈が国民の広い層に語られた。もっとも、その説明の本質は反ソなのだが。

そこで、もし近々の具体的な時機に本当に攻撃が準備されていたと認めるとして、条約はこの準備の重大な部分を粉砕したことになり、本当に衝突を延期させた。なぜなら、兵力の再計算の必要が生じ、別の連合の可能性も生まれたからである。

だが条約成立後も、独ソ協力についてのドイツ側の解釈は明白に反ソを示している。ソビエト連邦は自治領の形でさえ取り上げられていない。

この結果、独ソ戦の延期の問題――時期の問題および時機を先延ばしする是非――は独ソの通常の関係こそが（その判断の）基礎となろう、おそらくドイツは反ソを基礎としつつ、長期的には独ソ関係の安定化を図るものと判定される。

このようにトゥピコフは、政治的にはドイツが近くソ連を攻撃する可能性が低いと判定しながら、同時にドイツの軍事的な動きについて次のように報告した。

国防軍の状態についての資料が語るのは、ドイツが消耗しているということであり、しかしわが国を戦域として適用する以外にはあり得ないほどの数の軍を保有していることである。

今は、四月の予備役動員と新兵召集により、兵力は九〇〇万人に達している。

一九四〇年秋以来、独軍の集団はきまって東部へ殺到してきた。現在、東部――東プロイセン、ポーランド、ルーマニア――には一一八～一二〇個師団が配置されている。東部への集結は継続している。

国防軍の質的状態――政治意識、訓練、装備――は今やその頂点にあることを示し、この水準は将来も維持されると、ライヒの指導部は根拠もなしに期待しているが、すでにどんなに小さな紛争でも長期戦につながりかねないことは朧気《おぼろげ》にもわかっており、国民の中の広い層に鋭い不安の念が起きていることに気付いている。

その対外政策において、ドイツはソ連の利益を無視するだけでなく、すでに自然の成り行きで事件にぶつかった国の利益を損なっている（バルカン）。ドイツは自らの関心を追求してはっきりとした反ソにそれを向けており、それればかりか――反ソ・キャンペーンと、そしてこの必要がない地域では反ソ・キャンペーン抜きで行っている（フィンランド）。

ドイツからフィンランドへの軍需輸送はひっきりなしであり、最近の情報では部隊も輸送されている、と。

このような政治面と軍事面での相矛盾する報告を述べたのち、最後にトゥピコフは次のように結論した。

結論

一、現在のドイツの戦争計画では、ソ連が第二の敵として浮上している。

二、独ソ衝突開始の時機――当初より短縮されて絶対に今年中。この計画と時機が松岡の「ベルリンとローマを通ってのモスクワへの旅行」というような突発事とぶつかることもありうるが、それは別の問題である。これはドイツが自分の意思でやったのではなく、その意思に反したことだったから。

三、次にドイツが採る喫緊の策として私が考えるのは、以下のことである。
(a)トルコを、三国同盟もしくは類似の条約によって従属させる。
(b)三国同盟へのスウェーデンの加入(かなり前に枢軸参加したフィンランドのように)。
(v)わが国国境への部隊派遣増強。
(g)中東とアフリカで相当数の兵力投入による大作戦を計画。これがヨーロッパでの戦力を弱めかねない。スエズ、モスールまでの到達とアビシニアの英軍撃滅を公式に宣言するかどうかは明言しかねる。

以上の報告ののち、トゥピコフは一九四一年四月二十五日時点での独軍の配置状況についての資料を添付し、最後に「独軍の東部集団がわが国の国境近くに組織的に拡大している」と結んだ。

このトゥピコフの報告はあくまでゴリコフ宛てとなっているが、当然スターリンにも達していたはずである。この報告ののち帰国したトゥピコフは、独ソ開戦後南西部方面軍(キエフ特別軍管区のこと)参謀長に異動になったということが、スターリンの配慮を物語っていよう。これは決して左遷や降格とは言えない。むしろ、この報告を読んだスターリンが、「赤軍随一のドイツ通」としてトゥピコフを、みずからドイツの攻撃がもっとも予期される方面と断定したウクライナ正面の司令部へ送り込んだというべきではないか。

五月五日のスターリン演説

五月を迎え、ソ連では例年の五月一日のメーデー・パレードがモスクワの「赤の広場」で挙行され、国防人民委員ティモシェンコが次のような趣旨の演説を行った。

ソ連政府は断固かつ一貫して、スターリンの賢明な対外政策を実現してきた——われらの祖国の安全確保と諸国民間の平和政策。これは交戦諸国の国民の間で共感を呼んできた。ソビエト連邦は戦争することなく、戦争の拡大に反対するたたかいに尽力してきた。この路線にあるのが、われらの東方の隣人——日本——との中立条約やそれ以外の諸国へのソ連政府の活動である。われわれは平和を必要とし、すべての国々との善隣友好関係を強化せねばならない、ソ連とこのような関係の確立をめざしているならば。

だが、ボルシェビキ党・ソビエト政府およびすべてのわが人民がしっかりと認識しておかねばならないのは、わが国が資本主義の包囲のもとにあり、国際情勢は極度に緊迫し、あらゆる意外性をはらんでいることである。

これからの国際情勢がどう変化するかはわからないが、とりあえず、ソ連の側からどこかの国と戦争する意図はない、との意思表示である。同時に日ソ中立条約がソ連にとって大きな成功だった、と見なしているのは明らかである。では、対独・対英政策は？

緊迫したこの時期、一体スターリンは何を考えていたのか。というのも、スターリンが公式の場で発言したのは、実に一九三九年三月の第一八回党大会での演説が最後なのである。そのため、ソ連政府の公式の発言は人民委員会議議長モロトフか、あるいは各人民委員の個別の専門報告によって行われていた。前掲のティモシェンコのメーデー演説もそのような性質のものである。

ところが五月五日、スターリンはクレムリンでの、陸軍大学の卒業生への祝賀レセプションで演説を行い、さらに乾杯の辞で重要な発言をしている。これが現在まで知られる、この時期の唯一のスターリンの公式発言である。

スターリン演説をめぐる憶測

ここで採り挙げるスターリン演説とは、一九四一年五月五日夕刻、全国一六ヵ所に設置されていた陸軍大学の卒業生を祝う祝賀会がクレムリンのゲオルギエフ広間で開催された時のもので、スターリン以下、名目上の元首カリーニンやティモシェンコ、そしてジューコフ等軍幹部も出席していた。この時、スターリンは約四〇分間にわたる演説を行い、さらにそのあとの宴会で、乾杯の辞としての発言をした。内容については翌日付けの党機関紙『プラウダ』に、次のような簡単な記事がある。

同志スターリンはその発言において、最近赤軍内で生じている重大な変化について指摘し、かつ、赤軍が現代戦を基礎として改良され、本格的に装備を更新しつつあることを強調した。同志スターリンは、各指揮官、各陸大校長に祝賀の辞を述べ、その任務の成功を希望する、と述べた。さらに同志スターリンは四〇分近くも言葉をつづけたが、それを全ての聴衆は格別の関心をもって聞いた。

この演説の詳細について、ドイツ側は注目をはらい、ドイツ大使フォン・デア・シューレンブルク伯は、この一ヵ月後の六月四日、「優良なソ連側情報源から本使が知りえたこととして」、次のような特電をドイツにおくった。

スターリンはその演説の三分の二以上を、独ソの軍事的能力の厳密かつ冷静な対比にささげた。その有名な静かなやり方で、まったく激昂することなく、スターリンは陸海空軍の軍備と規模について二、三の数字を挙げた。彼はまた、ドイツ軍需工業の成果を明快に強調し、すべての点でソ連の軍事力との対比をした。それからスターリンは結語において、ソ連の軍事力がドイツに劣っている、とした。この事実に直面してスターリンは、以下の結論を引き出して締めくくった。

一、ソ連の政策は目下の力関係を顧慮せざるをえない。
二、ソ連国軍と軍需産業がその成果を達成したと誇りうる理由はまったくなく、せいぜいのところ、成功に慢心する理由はどこにもない、と言いうるだけである。もし軍の教育と装備のために全力を注ごうというのなら、軍需工業発展のための業務に邁進せねばならない。それによって国防力は強化される。

通報者が本使に伝えたように、列席者たちの共通の印象は、スターリンがこの短い演説の中で自らの考えを披瀝したということであり、ドイツとの「新たな和解」を支持する立場に努めようとしている、とのことである。

このシューレンブルクの報告は、この時期スターリンがドイツとの和解をはかろうとしている、ないしは宥和策を採ろうとしている、との見方を代表している。

これに対して、ロシア生まれでロシア人の夫人をもち、ドイツ外務省きってのロシア通であり、ヒトラー＝モロトフ会談でも通訳を務めた駐ソ大使館参事官グスタフ・ヒルガーは、戦時中の一九四三年一月に捕虜となった赤軍の第三親衛軍司令官クルペニーコフ少将との、そして一九四三年七月やはり捕虜となった赤軍の第三〇砲兵団長マサーノフ中将との、それぞれ対談から得た、この一九四一年五月五日のスターリン演説についての証言を、戦後の一九五九年に発表した回顧録"Wir und die Kreml"（我等とクレムリン）において、こう伝えている。

守勢策は、まさしく古くなったために、これをもって終わりとされるべきである。たしかにソ連はこの策によって、南北方向に国境を拡大し、一三〇〇万人の人口を増加させた。だが今後はこれによっては一平方フィートの土地も得られない。赤軍が習得すべき思想とは、力ずくでの社会主義前線の拡大の時がすでに始まっている、というものである。攻勢的行動の必要性を認識しない者はプチブルであり、愚か者である。それでは、やはり独軍礼賛で終わらざるをえないだろう。

このヒルガーの証言は、演説はドイツに対していよいよ攻勢的な策に乗り出す、とのスターリンの決意表明であった、とする説を代表している。

さらに一九六四年、ロシア生まれでロシア語にも堪能なイギリス人ジャーナリスト、アレクサンダー・ワースは、独ソ戦の通史にしてルポルタージュでもある著書『戦時ロシア』（邦訳題「戦うソヴェト・ロシア」）において、このスターリン演説について、幅広いソ連人脈から知りえた内容を次のように紹介した。

一、事態はきわめて緊迫化している。そして近い将来、ドイツの攻撃を回避することはできない。それゆえ、いかなる驚きにも対処する準備がなされねばならない。

二、だが赤軍はまだ、容易にドイツを打破できるほど強力なわけではない。赤軍の装備はまだ不満足である。赤軍には現代的な戦車や飛行機その他がひどく不足している。兵士の大半は訓練も完了していない。

三、ソ連政府はあらゆる外交手段をもちいて、ドイツのソ連攻撃を最低今年秋まで先延ばしすることに努める。その時機なら、たとえドイツが攻めてきても遅きに失するだろう。

四、もしこれに成功すれば、ドイツとの戦争は不可避的に一九四二年に始まることになり、その場合、ソ連は自分で主導権をにぎることができよう。

五、英国については何も片づいていないし、アメリカは軍事力を拡大しており、日本はソ連に対しては静謐を保つだろう。

六、結局、八月までの時期が危険、ということになる。

このワースの証言は、スターリンの態度が対独宥和的であった、とする見方を代表するものである。

では本当のところは?

今日、このスターリン演説についてもっとも詳細な記録は、ロシアの歴史家レフ・アレクサンドロヴィッチ・ベズィメンスキーが二〇〇〇年に発表した著書"Hitler i Stalin pered Schvatkoi"(激突を前にしたスターリンとヒトラー)において、スターリン演説のタイプ原稿の全文を紹介している。このうち、前半の四〇分にわたったスターリンの卒業生への演説は要約であり、そのあとの宴会でのスターリンの発言は速記録として残されている。そこで、ベズィメンスキーの資料を手掛かりとして、スターリン演説の内容とその意図するところを考えてみよう。

まずスターリンは陸大卒業生に向かって、こう挨拶した。

同志諸君、諸君は三~四年前に部隊をはなれ、今再び部隊に戻ることになるが、すでに赤軍は数年前とは同じ軍とは思えないほどになっている。

そうしてスターリンは、(1)三~四年前の赤軍とどう違うか、(2)現在の赤軍はどうであるか、の二点について、具体例を挙げながら、赤軍の近代化と機械化の進展ぶりを紹介した。だが同時に赤軍の幹部教育の実情についての危惧も表明している。

これら新式技術を駆使した新型軍には、現代戦の技能に熟知した指揮官団を必要とする。赤軍の編成においても変化があり、諸君が部隊に着任すればこの変化を実感するだろう。私は、わが軍大学と軍学校が現代戦に後れをとっている、と言うつもりはない。だが、わが軍の教育機関はすでに部隊から立ち遅れている。旧式の技術で教育してはならない。それはつまり、立ち遅れた人材を卒業させることになるからだ。

このように、スターリンは実戦部隊の機械化に幹部教育がついていけていない、と指摘している。そのあとスターリンは、西欧でのドイツ軍のめざましい勝利について、イギリス、フランスと対比させつつ、歴史的に解説した。内容をかいつまんで紹介する。

(1)ドイツは第一次世界大戦の敗北の原因を精査し、軍の改善に努力した。
(2)一八七〇年にドイツがフランスを破ったのは、一正面で戦えたからで、第一次世界大戦で破れたのは二正面で戦ったからだ。
(3)フランスは第一次世界大戦の勝利におぼれて軍の改善もせず、政府も国民も軍隊への支援を怠った。
(4)今次大戦勃発にあたり、ドイツは中立諸国の中から当てになる同盟国を獲得することができた。

そのあとスターリンは、こう問いかける、「では本当に独軍は無敵なのか？」と。スターリンは、「この世に無敵の軍隊などありえない。ただし、より優れた軍隊、より劣った軍隊はありうる」として、ドイツの勝利の原因をこう分析した。

ドイツはヴェルサイユ条約の抑圧的講和からの解放を旗印にかかげて戦争を始めた。このスローガンはわかりやすく、すべての反ヴェルサイユ派の支持と共感をかちとった。だが今では状況は変化し、ドイツはヴェルサイユ条約からの解放に代わって、侵略戦争をスローガンにかかげている。侵略戦争のスローガンのもとでは、ドイツが成功することはありえない。

これはやがて来る独ソ戦争と第二次世界大戦全体の結果を予言した、驚くべきスターリンの洞察力の表れだったことになる。ただし、この演説の時点では、スターリンは陸大卒業生たちに、不必要にドイツ軍を恐れる必要はない、と言いたかったのだろう。

レセプションでのスターリンの発言

陸大卒業生へのスターリンの演説は大体このようである。無論、要約であるから、抜けている部分はあるが、すくなくともスターリンがここで攻勢的政策を表明したとは理解できない。

ところが、この正式の演説が終わったあとの、列席者全員での大宴会の中で、スターリンは三回にわたって発言し、これは速記録が残されている。（傍線引用者）

一回目――現代的装備の分野での研究での遅れを一掃したわが指揮官、教官そして陸大幹部の諸氏への乾杯をゆるされよ。

なにゆえ立ち遅れが生ずるのか？　第一の原因は、すでに時代遅れになった技術を教官が教えるからである。もし学生に新式の装備について教えようというなら、教官自身が新式装備に習熟していなければならない。教官は学習しなおすべきだ。陸大では古いカリキュラムで教えている。

第二の原因として、わが軍の配給機構は、陸大と陸士に新型の装備を供給していないことがある。これらの新型装備は陸大と陸士での遅れを取り戻すための研鑽にとって不可欠である。

二回目――砲兵、戦車兵、航空兵、騎兵、歩兵の諸君、ご機嫌よう（注：以下この各兵科の意義と現代の技術的発展を称賛する言葉がつづく）。

三回目――I・W・スターリンのレセプションでの三度目の発言（ある戦車兵少将が演説し、スターリンの平和外交政策を祝して乾杯の辞を述べたのを受けて）。

ちょっと訂正するのを許されよ。平和政策はわが国の平和を守る。平和政策はすばらしい。われわれは当分の間、防衛線にしりぞく――今はさしあたって、わが軍の装備の近代化は不十分であり、最新式装備の供給も不十分である。

わが軍が再編中である現在、現代戦のための技術が充当されてこそはじめて強くなれる――だから今は攻撃にそなえる防衛に移行しなければならない。

だが、たとえ防衛主導であっても、わが国は外見的には攻撃的に振る舞うべきである。たとえ軍事は防衛態勢に移行しても、政治では攻撃的に行動する。われわれの教育、宣伝、煽動、出版は攻撃精神によって刷新されねばならない。赤軍は現代軍である。現代軍とは攻撃軍である。

スターリン演説とレセプションでの発言をどう見るか

以上、公式の陸大卒業生への訓示と、その後の宴会での乾杯の辞との両方のスターリンの発言をどう解釈すべきか。まず奇妙なのは、正式の陸大卒業生への演説でありながら、陸大の教育は時代遅れだ、と繰り返し強調している点である。これは何を意味するか。

スターリンが演説の冒頭で、「諸氏が三～四年前に部隊をはなれ」とあるのは、まさしく大粛清によって旧赤軍幹部が一掃された時期である。しかし、この間にスターリンは西欧でのドイツの目ざましい勝利、それと対照的なフィンランドでの赤軍の拙戦という事態に直面した。だからスターリンのこの発言は、自分が粛清以来実行してきたつもりの赤軍刷新が本当にドイツを阻止できるところまで完成しているのかどうか、そして、本当に陸大では現代戦に対応した十分かつ実戦的な教育を、若い赤軍の幕僚候補たちにほどこしたのだろうか、ということについての内心の不安の表明ではなかったか。

だからレセプションでは、おそらくアルコールのせいもあって、スターリンは内心の不安を抑えきれずかなり支離滅裂な発言をしてしまったのだろう。そして最後の、政治は攻撃的に、軍事は防衛的に、という政戦両略の不一致を広言したのも、外交上はドイツに弱みを見せることなく、しかし軍事戦略では守勢を採る、との決意だったことになる。

実は、これまで見てきたように、一九四〇年夏からのスターリンの対独姿勢はまさしく、政治＝攻勢、軍事＝守勢だった。そのため、外交交渉や対外的宣伝の場ではきわめて攻撃的姿勢を示しながら、本当に武力行使も止むないような土壇場に至ると手を引っ込める、ということになってしまった。それは特にバルカン問題において顕著である。

だがたとえそうであるにしても、独軍のポーランドへの集結は途切れることなく、独軍機のソ連領空侵犯も決して「偶発的」などとは言えない頻度に達し、ドイツ側の対ソ作戦計画の概要もソ連側の知るところとなった。したがって、近い将来でのドイツによるソ連攻撃には覆いようのない確実性がある、と言わねばならない。この危機を前にして、とりあえずソ連側がすべきことは、(1)対独協調によってドイツによるソ連攻撃の時期を少しでも先延ばしさせる、(2)先延ばしが無理としても、ドイツ側の攻撃の正確な日時と方法について精度の高い情報を得る、ということになる。

おそらく、スターリンの内心の不安とは、このような対独政策がこれからも有効なのかどうか、そしていつまでドイツの攻撃を先延ばしできるか、についてではなかったかと思われる。だからこそ、この翌日の五月六日付けでスターリンはモロトフに代わって、みずからソ連邦人民委員会議議長すなわち首相職に就いたのだろう。これまでの肩書きである党書記長は対外的に公式の地位ではない。公式の地位に就いて、必要とあらばヒトラーとの直接交渉の用意もあることを示そうとしたのではないだろうか。

第九章　開戦直前の心理戦

一、空軍幹部粛清

空軍幹部粛清の前触れ――航空総監ルィチャゴフ罷免

迫りくるドイツのソ連攻撃にどう対処すべきか、スターリンが内心で苦慮していたであろうことは前章までで明らかになったと思う。だがスターリンの内心の不安は同時に、開戦直前の時期での空軍幹部の大量逮捕という奇怪な形をとって表面化する。その前兆と思われる出来事がすでに一九四一年四月九日以前の某日に発生していた。

当時ソ連にはアメリカや日本と同じようにまだ独立空軍はなく、「赤色航空軍」として、陸軍（赤軍）の一兵科であった。ただしここでは便宜上、「赤色空軍」もしくは単に「空軍」と呼称する。すでに戦闘での航空機の重要性は西欧でのドイツの勝利によって高まりつつあったが、空軍の拡大を急ぐあまり、ソ連では事故が多発していた。

その日、クレムリンでスターリンも臨席して開かれた軍事評議会で議題にのぼったのは、頻発する航空機事故の原因究明と対策についてであった。そこで航空総監パーヴェル・ルイチャゴフ中将が次のような発言をした。証言は、その場に居合わせた当時海軍中将でのちに元帥となるイヴァン・イサコーフによる。

その時、航空総監ルィチャゴフはまだ自分の説明の番ではなかったのに、不意にこう発言した、「事故はもう沢山だ、なぜなら貴方はわれわれに棺桶で飛ぶことを強要しているからだ」。

これはまったく思いがけないことであり、ルィチャゴフは赤くなって我をわすれ、叫び声をあげたあとでも正気に返らず興奮してスターリンのすぐそばに立った。スターリンは歩き出していたが、ルィチャゴフの発言で立ち止まった。こんな形で自分の意見を言うのは軍事評議会では前例がなかった。

スターリンは航空に大いに力をそそいできた。そして当時の国防人民委員部の誰よりも空軍の問題については十分に承知していた。きっと、このルィチャゴフの反論がそのやり方からして、スターリンには個人的侮辱とひびき、そう受け取ったのだろう。

スターリンは立ち止まって黙ってしまった。全員が次に何が起こるか待っていた。彼はしばらく立ち止まり、それからテーブルのまわりを歩き、また同じ方向に歩いた。歩き終わると向き直り、室内の全員が沈黙に戻ったところで、口からパイプをはずして、ゆっくりと静かに、高からぬ声でこう言った。「君はそんな言い方をしてはならぬ！」。そしてまた歩き出した。また歩き終わると向き直り、部屋中を通り、もう一度向き直ってもとの位置で立ち止まり、再び低く静かな声でこう付け加えた「君はそんなことを言ってはならぬ」と。そして少し中断してからこう付け加えた「会議は閉会とする」。

この会議の正確な日時は不明だが、四月九日付けで次のような「党中央委員会および人民委員会議決定」が発表されたから、それ以前と思われる。

党中央委員会およびソ連人民委員会議が認定するのは、赤軍航空機の事故と故障は減らないばかりか、主として飛行任務管理上の根本的違反と、飛行士および指揮官の怠慢のためにますます増大していることである。かかる怠慢のため毎日二～三機が故障と事故によって損壊し、年総計では六〇〇～九〇〇機にのぼる。

現在の赤色空軍指導部は、事故および故障の削減のため、また航空面での軍規の強化のためのたたかいを指導するには無能である。

空軍での怠慢と軍規弛緩は是正されないばかりか、空軍指導部は故障と事故の張本人を罰せず、野放しにすることを奨励さえしている。空軍指導部はしばしば事故と故障の事実を政府に隠してきており、その事実が露顕した時でさえ、国防人民委員の助けによって隠蔽しようと努めた。

(注：以下、具体的に一月から発生した何件かの空軍の事故についてと、それに対するルィチャゴフの対応についての非難が列挙される)。

よって党中央委員会および人民委員会議は以下のごとく決定する。

1　同志ルィチャゴフを、軍規違反かつ空軍の長としての義務を果たしていないとの理由で、航空総監および国防人民委員代理の地位から解任する。

2　（略）

3　航空総監の職務遂行は同第一代理同志ジガリョフに委ねる。

さらにこの決定に付随して、「国防人民委員同志ティモシェンコの戒告を公表する。赤色空軍に内在する欠陥と損害について同志ルィチャゴフが党中央委員会に事件の本質を隠蔽するのを助けたことによる」、との党中央委員会決定も発表された。そして解任されたルィチャゴフは空軍大学付きとなった。

ルィチャゴフはこの時まだ三十歳で、四年前には少尉であった。だから、軍事評議会での激昂した発言も「若気の至り」にすぎなかったかもしれず、スターリンは内心激怒しつつも、この時は解任と左遷の処置で済ませたのかもしれない。

プムプル解任

これから約一ヵ月後の五月十日付けで、今度はモスクワ軍管区航空司令官P・I・プムプル中将がその職を追われた。それについての党中央委員会およびソ連邦人民委員会議決定によると、

モスクワ軍管区の航空訓練部隊の行動が不適切であることが認められる。同区の飛行士の本年一月から三月までの飛行時間は全体で平均一二時間にすぎない。夜間および高高度飛行はまったく教習されていない。飛行士の射撃訓練は、空中戦および爆撃訓練とならんで中止されている。

軍管区航空司令官同志P・I・プムプルは実際の原因を隠蔽し、一九四〇〜四一年の間、冬の飛行場の飛行整備を組織することにおいて怠惰であったことを示した。

これについて党中央委員会および人民委員会議は以下のように決定する。

最高軍事評議会の提案をうけいれて、同志P・I・プムプルをモスクワ軍管区航空司令官の地位から解任す

る。彼は、国防人民委員指令をわすれて、自己の職務を果たさず、しかも部隊の戦闘訓練の指導もないがしろにした。

モスクワ軍管区航空隊は当然、首都モスクワの防空がその主要任務である。その最高責任者の突然の解任は何を意味するか。具体的なプムプル罷免の理由については不明だが、すくなくとも首都の防空体制に重大な欠陥があることを暴露する出来事が、この直後の五月十五日に発生した。

ユンカース機の不法侵入

その出来事とは、一九四一年五月十五日、ドイツの輸送機ユンカースＪｕ52一機が白ロシアと旧ポーランド国境のベロストクからソ連領土内に無許可で侵入し、そのまま飛行をつづけて白ロシアの首都ミンスクからスモレンスクを通過し、最後にはモスクワ中央飛行場に着陸し、そこで給油をうけて、また西方に無事帰還した、というものである。

なぜこのような間抜けな不祥事が発生したのか。約一ヵ月後の六月十日に発せられた「国防人民委員部指令第〇〇三五号」によると、事件の経過は以下の通りである。

一九四一年五月十五日、ドイツの不定期運航のＪｕ52型機がまったく自由に国境を越えて飛行し、ベロストク、ミンスク、スモレンスクを通過して、モスクワまでソビエト領内飛行をなしとげたが、ＰＶＯ（赤軍防空本部）の機関はこれを阻止するいかなる措置もとらなかった。

西部特別軍管区の空軍第四旅団、防空監視哨の劣悪な組織勤務のため、国境侵犯機が領内二九キロメートルに達するまでこれに気付かず、しかも同機の型式を知らぬため、定期便のダグラスＤＣ３型機と誤認し、Ｊｕ52型機による不法侵入であるとの通報さえ怠った。

ベロストク飛行場もまた、Ｊｕ52型機の離着陸をＰＶＯ第四旅団司令部と第九混成飛行師団に通報しなかった。それは、五月九日以来、連絡将校が不在だったためである。そして同師団長はベロストク飛行場との連絡再開のためのいかなる措置も講じなかった。その結果、ＰＶＯ西部方面司令サゾノフ少将とＰＶＯ第四旅団参謀長アフトノモフ少佐は、Ｊｕ52型機の飛行についての資料を全然モスクワから受け取っていなかった。

逆にモスクワのＰＶＯ第一軍団司令部では組織業務

の拙劣さのため、軍団長ティーホノフ少将とＰＶＯ本部長代理オシノフ少将は、十五日に同軍団の担当者が民間航空管制官から、不定期の機がベロストクに飛来した旨の通報を受けていたにもかかわらず、五月十七日になるまでＪｕ52型機の越境と無断飛行についてまったく知らぬままであった。

空軍本部でもＪｕ52型機の無断飛行を阻止するための何らの措置もとられなかった。しかも参謀長ヴォロディン少将と同第一代理グレンダリ少将はＪｕ52型機が越境飛行してきたのを知りながら、これを捕捉するための何の措置もとらなかったばかりか、同機のモスクワへの飛行を幇助してしまった——モスクワ飛行場への着陸許可とＰＶＯ諸機関への飛行保障の指示など。

そして指令では、七月一日までに、この事件およびソ連防空体制全体の徹底的な洗い直しが指示された。さらに事件の直接担当者として名前が挙がったサゾノフとアフトノモフは戒告処分に、ヴォロディンとグレンダリを厳重注意処分、ティーホノフとオシノフを特別注意に処するとの決定があった。

事件の波紋

この事件についてのドイツ側の資料はない。だから、どのような背景があってこのＪｕ52型機がソ連領内への越境飛行をしたのかは分からない。だが、Ｊｕ52型機は最高速度時速二九〇キロメートルの鈍速機で、しかも波形外板と三発エンジンの特徴ある機体で、おそらく機体には鉤十字のマークもついていたはずであり、とても米国製のダグラス機と混同しそうにない。だか、その「あってはならぬこと」が実際に起こってしまった。前述のように、スターリン自身、ソ連の航空について人一倍の配慮をしてきたはずだった。そして、ドイツから送られてくる内部情報、特に航空省にいる「スタルシナ」の報告によって、ドイツ空軍が対ソ戦で詳細な空襲計画を準備していることも明らかであった。そこへこの不祥事である。

そして五月二十三日から、すでに独ソ戦が始まったあとの六月二十七日にかけて、赤色空軍の最高幹部が続々と逮捕されることになった。

被逮捕者の主だった人物をあげると、

・パーペル・ルィチャゴフ中将（前航空総監）
・グリゴリー・シュテルン大将（防空軍総司令官）
・イヴァン・プロスクーロフ中将（第七航空軍司令官）
・アレクサンドル・ロクチョーノフ大将（沿バルト特別軍管区航空司令官）
・パーベル・アレクセーエフ中将（沿バルト特別軍管区航空司令官代理）
・アレクサンドル・レヴィン少将（レニングラード軍管区航空司令官）
・ヤコブ・シュムシュケヴィッチ中将（空軍総参謀長）
・コンスタンチン・グーセフ少将（極東方面軍航空司令官）
・アレクサンドル・フィーリン少将（航空科学研究所長）
・エルンスト・シャハト少将（オルロフ軍管区航空司令官代理）
・P・I・プムプル中将（前モスクワ軍管区航空司令官）

これ以外にも九人の空軍関係者が逮捕され、ベリヤのNKVD係官から尋問されたようである。そして独ソ戦が始まっても、この時の逮捕者たちは釈放されず、第十章で後述するようにいずれも非業の最期を迎えることになる。

空軍幹部逮捕の背景

ドイツによるソ連攻撃が切迫している非常の時期に、空軍の戦力を大幅に減退させかねない最高幹部の大量逮捕とは一体背後に何があったのか。ここで名前の挙がっている空軍幹部はいずれも、第六章で触れた年末の「赤軍最高指揮官会議」に出席して質疑応答をしているし、そのあとに挙行された年初の兵棋演習にも参加している。さらにさかのぼって、一九四〇年四月の「対フィンランド戦争戦訓検討会議」にも参加し、ルイチャゴフやシュテルンはその場でスターリンから褒められてさえいる。

すると、スターリンの突然の空軍幹部不信は、前掲の事故多発とユンカース機侵入によって急に引き起こされたと見るべきだろう。詳細はまだ不明の部分が多いが、ここで推測すると以下のような可能性が考えられる。

まず、これら空軍幹部の大半がいわゆる「スペイン組」だったことである。「スペイン組」とは、一九三六〜三九年のスペイン内戦で、スペイン共和国軍支援のために派遣されたソ連の軍人とNKVD員のことである。特に飛行士と戦車兵はスペインの戦場で、フランコ叛乱軍を支援するドイツ・

イタリア軍と交戦して実戦の経験を積んだ。当時ソ連空軍の実戦経験はこのスペイン内戦とハルハ河戦（ノモンハン）での対日戦しかなかった。それゆえ、ルィチャゴフに代表されるような、三十歳前後の若い空軍最高幹部が存在したのであり、またそれだけ実戦経験をもつ彼らはソ連空軍にとって貴重な人材であったはずである。

だが、おそらくスターリンは、すでにルィチャゴフ罷免の時から、あるいはその発端となった航空事故頻発の報告を受けたときから、空軍幹部による〝サボタージュ〟もしくは〝反ソ陰謀〟の存在を確信したのではないだろうか。その最大の理由は、まさしく空軍幹部がほとんど「スペイン組」であったことにある。一九三七〜三八年の赤軍大粛清でも、主にスターリンに狙い撃ちされたのは、トゥハチェフスキー以下外国の事情に通じている軍人だった。今また、外国の事情に通じた「スペイン組」が中心となっている赤色空軍が、内部から崩壊の危機にさらされている、とスターリンが判断したとしても不思議ではない。

この件を考えるヒントとして、西部特別軍管区航空司令官イヴァン・コペツ少将が、「バルバロッサ作戦」が開始された当日の六月二十二日の午後五時に司令部で自決していることである。コペツもこの時二十九歳の若さで、やはり「スペイン組」だった。開戦当日の自決という行為も、当日の赤色空軍の大敗の責めを感じてというには余りに早すぎる。おそらく、開戦前からの逮捕の波が早晩自分に及ぶのをおそれてのことではなかったか。

さらにさかのぼって考えれば、突然のスターリンの空軍幹部不信は、これまで見てきたスターリン自身の不安の表れではなかったか。すなわち、対フィンランド戦争以来至る所で起こるソ連の国防体制の不備と脆弱さを示す現象を目の当たりにして、今ここでドイツ側から戦争を仕掛けられたらどうしよう、との気持ちである。だが、「全能」の独裁者は誰にもそのような内心を打ち明けることはできない。その内心の不安感の捌け口となったのが、開戦直前の空軍幹部粛清という常軌を逸した行為だったのだろう。

二、内外から流入する戦争切迫の情報

一九四一年六月を迎えて

一九四一年六月一日をもってドイツによるクレタ島作戦は終結し、ここにヨーロッパ大陸のイギリスの拠点はジブラルタルを残すだけとなった。次のヒトラーと独軍の狙いがソ連であるのか、イギリスであるのか外部からは予断を許さない情勢だったが、対ソ戦近し、との情報はより一層頻繁に届くようになった。（傍線引用者）

・一九四一年六月一日付け、東京から「〝ラムザイ〟（GRU非合法駐在員リヒャルト・ゾルゲの隠語名）」の報告（ゴリコフ）

ベルリンはオット（注：駐日独大使）に、ドイツの対ソ攻撃は六月の後半に始まる、と通報した。オットは戦争の開始を九五パーセント確信している。私は間接的証拠を見た。それは、オットがいかなる重要報告もソ連経由で送らないために軍用輸送機を必要としている点、およびソ連経由でのゴム輸送を最低限に縮小した点。

ドイツのソ連侵攻の理由についてオットはこう述べた。強力な赤軍の存在はドイツのアフリカでの作戦の可能性をせばめる、なぜならドイツは東欧に大軍を配置せざるをえないから。そのため、ソ連の側からのいかなる危険も一掃する必要から、赤軍は可及的速やかに駆除されるべき。

〝ラムザイ〟続報

独ソ戦開始はおおよそ六月十五日との予測はもっぱらショル中佐がベルリンからもってきたもので、彼は五月六日にバンコクに向けて出発した。彼はそこで大使館付き武官となる。オットが言うには、ベルリンから直接情報を受けることはできず、ただショルが持ち込んだとのこと。

・一九四一年六月三日付け、ファシスト・ドイツの対ソ戦準備についてのNKGB第二課スパイ報告

昨日六月二日、前芝（注：毎日新聞モスクワ駐在員前芝確三のこと）が日本大使館の晩餐会に出席した。

今朝、彼が語ったのは、独ソ関係について、独ソ間の

戦争がきわめて近いうちに始まるかもしれない、と真剣に予測している話も多くある、とのこと。さらに前芝はこう語った。判明しているのは、つい最近もドイツ側はメーメルからフィンランドに大型輸送船一五隻で大軍を派遣したこと。

ドイツ側はソ連の西部国境に各一万人の師団一五〇個を集結させていて、これに対して赤軍は各二万人の師団一〇〇個を国境沿いに集めている。

一部の噂では、戦争行動の開始は六月一五日ないし二十日と予想されている。ドイツ側は南方からの侵攻を準備中のようで、そのためトルコとの合意に達したと言われている。

クレタ占領は英独戦争の一つの段階の終わりであり、もし本当にドイツが対ソ戦を始めたら、それはおそらく英独謀議の結果であって、即座に英独戦争停止となろう。その場合は、ちょうどヘス（注：ナチス副総統で五月に謎の英国飛行を行う）がイギリスに持ち込んだような英独和平の変種もありうる。

前芝が言うには、査定してみると、ソ連西部国境への独軍の大量集結と展開というのは目撃者の語った事実である。それ以外はすべて、この事実から出たスウェーデン、トルコ、アメリカのジャーナリストからの憶測とネタであって、それらは必死になって独ソ戦争の考えを宣伝している。

前芝によれば、何人かの外交官がこの憶測にいたったのは、おそらくドイツはソ連に対して「枢軸」連合に同意するよう粘りづよく提案し、ドイツにもっと有効な経済的支援を与えるように、あるいは、ウクライナの食糧を供給するように、とのはっきりした条件を示したからではないか。戦争の脅しはソ連へ圧力をかける手段として使用される。この結論は、ドイツが対ソ戦を準備しているというネタはドイツ側の情報源から中立国のジャーナリストに持ち込まれた、というのが真相らしい。

これら日本がらみの情報源からも、ドイツのソ連攻撃が切迫していることは明白だったように見える。だが注意しなければならないのは、この時期になってもまだ、どの報告者もドイツの対英戦優先の可能性を含ませていること。そして、ゾルゲだろうと前芝であろうと、情報について断定的な通報を避け、できるだけ情報そのものを報告しようとの態度に徹していることである。

独軍脱走兵および残置諜者からの情報

しかし独ソ開戦切迫を知らせる報告なら、ドイツ勢力圏と直接に境界を接する白ロシアとウクライナの国境警備隊からの、主に独軍脱走兵と不法越境者からの尋問で得られたものの方がより迫真性がある。ここで一九四一年五月から六月にかけてのNKVD国境警備隊による報告をいくつか挙げてみると、

・一九四一年五月三十一日付け、東プロイセンおよび総督管区駐屯の独軍脱走兵への尋問資料

ＮＫＶＤ国境警備隊が拘束した独軍脱走兵オットー・クヴェントマイヤー（第三三七独立警備大隊兵士）、ブルーノ・ロスドィッチャー（歩兵第一九六連隊兵士）、フランツ・パニッツ（歩兵第二一一連隊兵士）、エリッヒ・ガベルト（沿岸高射砲連隊兵士）への尋問により、東プロイセンおよび総督管区領の独軍について次のような資料を入手。

一、兵団と部隊の配置
二、編成と装備
三、政治的雰囲気、士気と規律の状態

歩兵第二一一連隊では前線将兵の間で次のように考えられている。すなわち、たとえイギリスがソ連側についても、ドイツは勝つ、と。だが、多くの将兵は戦争に疲れ、むしろ帰郷を望む様子が現れている。一九四〇～四一年にかけての冬に、連隊では兵士二〇人が軍法会議にかけられた。罪状は脱走、泥酔、休暇時の帰隊の遅刻、窃盗である。不満が出るのは、主に軍務のきつさ、上官とのぎくしゃくした関係、不十分な給養についてである。

ソ連国境への部隊集結に関連して、兵士の間では間近にせまった独ソ間の戦争の話題が広まっている。多くの兵士がソ連に共感し、ソ連と戦うのを望んでいない。こういう意見を言う者もいる、すなわち、「ソ連に勝つのは不可能だ、ソ連には強力な赤軍があり、多くの戦車、飛行機そして巨大な領土がある」と。

大半の兵士は、ソ連とドイツの間での戦争で後者の勝利を確信している。

・一九四一年六月六日付け、ドイツの戦争準備について

の白ロシアNKGB特報（メルクーロフ）

わが方の残置諜者からの資料および不法越境者への尋問により、ソ連に隣接した地域へのドイツ側の集中的な動員が継続しているのが認められる。

マルキニャ駅に五月二十三日午前八時から三〇分ごとに部隊到着。全部で七六輌到着の予定。同日一七時には同駅に各種口径砲二〇〇門到着。駅近くに機銃をそなえた橋を渡し、橋の向こうには対戦車砲を設置、兵士が昼夜兼行で当直（わが諜報員「イフレブイム」「スターン」が最近入手した情報）。

四月二十五日、ブルガリアから東プロイセンに歩兵第三五師団到着。同師団の歩兵第三四連隊本部はエレンブルクに置かれ、第三大隊本部はコルマフェルト市、第一〇中隊はロステンブルク市に。同大隊は半分までが四十五歳までの予備役の補充兵。この移動に関して兵士のあいだでは、ドイツがソ連を攻撃するのでは、との予想が広がっている。戦争の長期化への大きな不満がある（独軍脱走兵フーゴー・シュパングへの五月二十六日付けの尋問）。

オストロフとマゾヴィエツキ両市の北西一〇キロに一五〇ヘクタールの飛行場建設。最近パペルニャ村地区で飛行士用兵舎建設。同地には二～三機用小型格納庫二五棟を建設。五月二日の資料では二〇機収容（残置諜者よりの報告）。

オストロウェンコ村北側からヴィシュニヴェン南端にかけて防衛線は、四列の不揃いに切った木製の杭からなり、各杭の間隔は五〇センチ、高さ一メートル（不法越境者マイフロヴィッチ尋問）。

五月はじめからティルジット市では国境沿いの人口密集地で、毎日各戸巡回と住民台帳の確認実施。台帳にない人物は拘留され、農場送り（五月十二日付け不法越境者スポコイノフ尋問）。

五月十六日にマルキニャ駅にドイツの鉄道職員一五人到着。ソ連征服後にその鉄道で勤務の予定。同様の任命は国境駅の大半で存在。同駅にはソ連の鉄道で使う予定のSL六輌があり、うち二輌は広軌。同駅および国境沿いの村落への一般人の立ち入り禁止令が発せられる（五月十七日付けの通報者「ミチューリン」からの情報）。

これら、ソ連に直接面したドイツ側での様子についての資料から判断すると、ドイツによる対ソ戦準備は疑いようのない確実性をもって進行しているように見える。だが、バルト海から黒海までの三〇〇〇キロにわたる境界線全体でのドイツ側の動きを判断するには、これら国境警備隊からの報告は断片的に過ぎよう。しかも、諸報告にあった「五月開戦」は結局起こらなかった。すると、「六月開戦」情報もまた、その信憑性はどれほどのものか問題視せざるをえないことになる。

三、ソ連側の対策

六月十四日のタス声明

これら「六月開戦」を伝える内外からの報告に対して、スターリンはまだ時間的な余裕がある、と考えていたらしい。そして、六月十四日付けで有名な「タス声明」が公表される。実はこの声明は前日にドイツ側に伝えられており、これまで、土壇場でのスターリンによる対独宥和策の頂点と解釈されてきた。その内容は以下のようである。（傍線引用者）

ソ連邦駐在イギリス大使クリップスがロンドンに帰着する前から、そして特に彼の帰着後に、イギリスおよび諸外国の新聞紙上に「独ソ間の戦争切迫」についての次のような誇張された噂が立てられている。

(1)どうやらドイツはソ連に領土的・経済的性質の要求を提示した模様で、現在は独ソ間で新たな、より緊密な合意の取り決めについての話し合いが行われているらしい。

(2)ソ連はこの要求を拒んだ模様で、それはドイツがソ連攻撃を目標として国境に大軍を集結させていることと関連する。

(3)ソ連邦の方でも一層強力に対独戦争の準備をしているらしく、国境に大軍を集結させているらしい。

この噂の明白な無意味さ加減にもかかわらず、それにしつこい尾ひれが付いていることを考慮して、この噂がソ連とドイツの武力衝突とその後の戦争開始と拡大を煽るためにでっち上げられた下手くそな宣伝にすぎないことを、根気づよく説明する必要性があるものとして、タスは次のように言明する。

一、ドイツはソ連に何の要求もしていないし、何か新しい合意を提示してもいないし、この件についての話し合いなど全然考慮の余地がない。

二、今後、ソ連そしてドイツも、独ソ不可侵条約の条項を不断に遵守していくつもりであり、ドイツが条約を破棄してソ連のどこかを攻撃せんとしているとの噂について、ソ連当局は、最近実施されたドイツ軍の東部および東北部への部隊移動が、独ソ関係に関連のないバルカン作戦から解放された結果のものであって、それ以外の動機はない、とみなすべきものと考える。

三、ソ連はその平和政策により、これまで独ソ不可侵条約を遵守してきたし今後も遵守していくつもりであるからして、ソ連がドイツとの戦争を準備中との噂が偽りであり挑発的なものであると結論づける。

四、今夏の西部での赤軍の召集とこれからの演習は、広報されるように、毎年恒例の予備役兵の訓練と鉄道当局の業務検査以外には何の目的もなく、それをドイツへの敵対行為とするのはまったく愚かなことである。

この声明で言及されている独ソ開戦必至の噂の内容は、前節で挙げたゾルゲや前芝からの報告とほとんど変わらない。だが、ドイツ側との交渉の用意あり、との公告であるのは明らかである。そしてソ連側では、この声明に対してドイツ側がどんな反応をするのかを待って固唾を飲んでラジオにしがみついていた、とイギリス人ジャーナリストのアレクサンダー・ワースは言う。また、「スターリン批判」をしたフルシチョフ時代に刊行された『ソビエト大祖国戦争史』でも、このタス声明がソ連国内に、戦争は起こらないとの誤った安心感を与えてしまったとしている。要するに、開戦を目前にしてもスターリンは、ヒトラーとの妥協で戦争を先延ばしするのが可能だ、との幻想にしがみついていた、というのである。

この解釈は現在まで一般的なのだが、次に挙げるモロトフの説明はちがっている。モロトフによると次のようである。

これは外交的なゲームだったのであって、もちろん、作業などではない。すべての試みがよい結果をもたらすわけではないが、試み自体は悪いことではない。ドイツ側がこの声明への回答を拒否したのは、単に、彼らがわが方に対して背信的政策を追求していることを示しただけのことである。彼らは全世界に対して、自分たちが合法的な手段を採っていることを示そうとしたのだ。
この行動は、ドイツ側から攻撃のためのいかなる口実をも奪い取ることを狙って行われた。もしわが方がちょっとでも部隊を移動させたなら、ヒトラーはきっとこう言明したろう、「ほら、彼らは向こう側で部隊を前進させたぞ！　ここに証拠写真がある、ここで動きがある」と。彼らは、わが国が不適切な兵力を国境に配置した、と言っている。だからもしわが方が国境への兵力移動を開始したなら、われわれがヒトラーに（注：開戦の）口実を与えてしまうことになる。

……われわれには他にやりようがなかった。このことでわれわれを非難するのはとんでもないことだ。沈黙は攻撃をまねく恐れがある。クス声明は最後の頼みの綱だった。もしわが方が戦争を夏まで遅らせることができたなら、秋に戦争を始めるのはきわめて困難になったろう。最後の瞬間までわが方は外交的手段によって戦争を遅らせるのに成功してきたし、誰もわれわれが失敗するとは予想できなかった。しかし、結局、六月二十二日、ヒトラーは全世界の前で侵略者になってしまい、われわれは同盟国を得た。

率直に言って、かなり弁解がましい感想を受ける。だがそれだからこそ逆に、タス声明を発した時のスターリンの戦争回避への必死さが伝わってくる。スターリンのもっとも身近にいて事情通であった外務人民委員の説明は、そのままタス声明についてのスターリン自身の理解と言ってもよいのではないか。

四、「ヒトラー秘密書簡」

「ヒトラー秘密書簡」の実在性？

スターリンがこれほどヒトラー個人を信用した背景として、五月十四日付けのヒトラーからスターリンに宛てた個人的な秘密の「書簡」なるものの存在がある。たとえば第六章で少し触れたが、ジューコフは作家シーモノフとの一九六五～六六年頃の対談でこう証言している。ちなみに、この証言自体は一九八七年になってから『軍事史雑誌』（Voenno Istoritseskii Zhurnal）に発表された。

一九四一年初め、ポーランドへの独軍部隊の大規模な兵力集結はわが方の知るところとなり、スターリンはヒトラーに個人的な書簡を送って、このニュースはわれわれを驚かせ、ヒトラーがわが国に対する戦争を意図しているかのような印象を与えている、と指摘した。

ヒトラーはスターリンに内密の返答書簡をよこし、そのなかでこう強調した。すなわち、ポーランドにドイツの大軍が集結中との情報は真実だが、それは決してソビエト連邦に対抗するためのものではなく、政府の長としての名誉にかけて、ドイツが不可侵条約の規定を厳守することを説明したい、と。ポーランドに大軍を集結させている目的はほかにあって、それはドイツの西部や中部の地域はイギリスによる激しい空爆をうけやすく、そのためやむを得ず多くの部隊を東部に移動させて、ポーランドで再編の余裕を得るためである、と。

私が理解するかぎりでは、スターリンはこの書簡を信用したようだ。

ジューコフはこのヒトラー書簡を読んでいた可能性がある。この「秘密書簡」の現物あるいは写真やコピーのどれも未確認であるが、実在した可能性は高い。だが実在したからといって、本当にスターリンがヒトラーの説明をそのまま鵜呑みにして信用していたと言えるだろうか。モロトフはこれに懐疑的である。

スターリンが、ドイツの将軍たちが挑発によって対ソ戦を始めることはあり得るが、ヒトラー自身はソ連との戦争を望んではいない、との説明を信じていた、とは考えにくい。それはスターリンに嫌疑をかけることを狙ったきわめて粗雑な憶測だ。スターリンはそんな単純な人間ではない。どこにでもいるような、そんなお人好しのアホではない。ただし、われわれはヒトラーを味方につける方策を探さねばならなかったのは事実である。

もし「ヒトラー秘密書簡」が実在したとすれば、当然モロトフも目を通していたはずであり、戦後の証言でも書簡の存在そのものについては否定していない。否定しているのは、スターリンがそれに影響された、との説に対してである。

一方、ドイツの外交史家インゲボルク・フライシュハウアーは著書「Diplomatisher Widerstand gegen "Unternehmen Barbarossa"」(〝バルバロッサ〟作戦への外交官の抵抗）のなかで、たとえそれを単なる偽装と欺瞞の道具と片づけることはできないにしても、かかる「書簡」は歴史学的視点からは実在は疑わしい、として懐疑的である。

「ヒトラー秘密書簡」の内容

ではここで、二〇〇三年にロシア軍機関紙『赤い星』（Krasnaiia Zvezda）に発表された、一九四一年五月十四日付けの「スターリン宛て、ヒトラー秘密書簡」を見てみよう。（傍線引用者）

親愛なるスターリン殿

私がこの書簡を書いているのは、最終的に以下の結論に達した瞬間においてなのです。すなわち、将来の世代のためにヨーロッパでの平和を達成するには、イギリスの決定的な粉砕と国家としての破壊抜きでは不可能である、と。御存知のように、私はずっと前から、この目標達成のために一連の軍事的措置を講じる決断をしてきました。

しかしながら、決断の時が迫るにつれ、当面する問題も多くなりました。ドイツ国民はこの戦争に熱狂しません、特にイギリスに対するものは。なぜならドイツ国民はイギリス人を兄弟国民と考え、両者の間の戦争を悲しむべき出来事と見なしているからです。私もこれと同じ考えであることを隠すつもりはなく、これまで何度もイギリス側に人道的な和平条件を提示しました。それはイギリスの軍事的状態を考慮してのことです。しかしながら、私の和平提案への侮蔑的返答と、イギリス側の軍事作戦の継続的拡大、しかもそれは全世界を戦争へと引きずりこもうとする明白な意図をもったものであることから、私は以下のように確信するにいたりました。すなわち、この状況下ではイギリスへの侵攻と同国の徹底的破壊以外に方法がない、と。しかし、イギリス諜報機関は「兄弟国民」なる概念をきわめて巧妙に使い始め、効果的な宣伝をしています。

結局、イギリス侵攻という私の決断は、ドイツ社会から多くの分子の反対を引き出してしまい、反対論者の中には国家と軍の高官レベルの者たちも含まれています。貴殿はしかとお気付きでしょうが、最近私の代理の一人であるヘス氏が精神錯乱の発作でロンドンに飛ぶ、という信じがたい行動をとったのも、けだしイギリス側の良識を呼び覚まそうとの目的からだとしか考えられません。私の得た情報から察するに、同様の空気はわが軍の多くの将軍たちも共有しており、特にイギリスに同じ古くからの血縁家系をもつ者たちがそうです。

こうした状況ですので独ソの関係にも、特別の警戒心が生じました。それは、イギリス側の目から侵攻部隊編成を遠ざけるためと、バルカンでの最近の作戦とも関係して、多数のわが軍部隊、約八〇個師団がソビエト連邦との国境に配置されていますが、これが恐らく、われわれの間での武力衝突必至、との噂を生んだ原因でしょう。

私は国家元首としての名誉にかけて、貴殿にこれが事実無根であると保証します。私の側からすると、貴殿がこれらの噂を完全には無視しえないものと理解なさるのはやむを得ない、と考えますが、それは国境での貴国軍のかなりの兵力展開もまた同じことと思います。

かかる状況では、私も武力衝突の偶発的発生の可能性を完全には排除できません。そのような部隊集結によって創り出された状況がある以上、衝突はきわめて大きな範囲で起こりうるかもしれず、まず第一に、それを引き起こさないことを決意するのは不可能ではないにしても、困難となりましょう。

私は貴殿にまったく率直になりたいと存じます。

私が恐れるのは、わが将軍たちの何人かが、明らかにイギリスをその運命から救おうとして私の計画を台無しにせんがために、このような紛争を引き起こそうとしていることです。これはあと一ヵ月以内の問題です。およそ六月十五～二十日には、私は部隊を大挙貴国国境から西欧へと移動させる予定です。

これに関連して、可能なかぎり納得できるお願いは、そのような、義務を忘れてしまったわが将軍たちによるいかなる挑発にも係わらぬようにすることです。そして言うまでもなく、彼らにいかなる口実も与えぬように。もしわが将軍たちによる挑発を回避するのが不可能になったら、貴殿が自制して応戦せず、貴殿の御存知の回路を通じて、何が発生したかを即刻私にお尋ねください。この方法でのみ、われわれは互いの目標を達成することができ、はっきりとした合意に達するものと考えます。

私は、貴殿が問題を私と協議なされたことに感謝し、かつ、この書簡を貴殿に可及的速やかにお届けするために採った方法についてお許し願えればと存じます。

七月にお会いできることを希望しつつ。

敬具　アドルフ・ヒトラー

前述したように、この「書簡」なるものが実在したかどうかは不明であるし、かりに実在したとしてもスターリンがどの程度それを信用したのかについても即断はできない。しかし、スターリンのもっとも関心を引きそうな、あるいはもっとも疑いそうな急所を話題にしていることがわかる。すなわち、（1）独軍の中に英国と血縁関係の深い将軍が何人かいて、ヒトラーの対英侵攻作戦を中止させようと画策しており、（2）これら親英派の将軍たちはもともとソ連との友好には反対で、そのため対英戦のかわりに対ソ戦を起こすべく画策中であり、（3）彼らによって独ソの境界線でドイツ側による挑発的行動が採られるおそれがあり、（4）彼らはそれをきっかけに独ソ間の全面戦争へと持ち込もうとしており、（5）だからヒトラーはスターリンに要請して、どうかソ連側がそのような挑発行動に乗せられないよう厳に自重してほしい、というのである。

自国の軍部をあまり信用せず、一九四一年になってもまだ軍人の粛清をつづけていたスターリンにとって、ヒトラーが国防軍に対する粛清をしていないことが、より一層「書簡」の信憑性を高めるのではないだろうか。すなわち、ヒトラーに反対するドイツの将軍たちによる独断と暴走の可能性をである。

すくなくともスターリンから見れば、ヒトラーは悪党であっても偽善者ではない。同じ独裁者としてヒトラーは信用できる存在だったのだろう。だから、この「書簡」に関しては、スターリンはまんまとヒトラーの策略に嵌《は》められたことになる。

また、「書簡」の末尾にある「この書簡を貴殿に可及的速やかにお届けするために取った方法についてお許し願えれば」、との文言は、日付が五月十四日であることを考えると、翌日に起こった前述のユンカースＪｕ52型機の不法越境がそうだったと言えなくもない。この「書簡」がどうやってソ連側に伝えられたかはわかっていないが、スターリンの手元に届いたらしいことは、開戦前後の時期にスターリンがやたら「挑発に乗るな」と指示したことで説明がつく。

また最後に、七月の首脳会談の可能性を匂わせているのも、スターリンに、六月中は攻撃がない、と安心させる原因を作ってしまったと言えよう。

「バルバロッサ」前夜を迎えて

とにかく、この「秘密書簡」の影響かどうかは断定できないが、ドイツ側による「バルバロッサ」作戦開始の直前期、ソ連側では「挑発に乗るな」の指示がスターリンだけでなく、国防人民委員からも参謀総長からも頻発されることになった。

だが国境に接した地域ではドイツ側の動きがただならぬことになっているのに気付き、特にウクライナ正面のキエフ特別軍管区では、司令官キルポノスがＮＫＶＤ国境警備隊と連絡をとり、独断で部隊を最前線の防衛地点に移動させていた。このことをウクライナ共和国ＮＫＶＤ国境警備隊からの連絡で知った参謀本部では、ジューコフの名で、あわててその取り消しを命じた。その時のジューコフからキエフ特別軍管区宛ての指示を引く。（傍線引用者）

六月十日　参謀本部よりキエフ特別軍管区評議会宛て

キエフ特別軍管区はいかかる理由で防衛地帯の各部隊に前線防御点占位（位置すること）の指示を出したのか、国防人民委員まで届け出るべし。かかる行動はドイツ側に武力衝突の挑発を引き起こしかねず。この指示は即刻取り消して、かつ独断で与えた指示の具体的内容も報告すべし。

ジューコフ

そして、いよいよ「バルバロッサ」作戦が開始されようとしていた六月二十二日午前三時一〇分（モスクワ時間。ドイツ側のヨーロッパ標準時より一時間早い）、ウクライナ共和国ＮＫＧＢはリュヴォフ地区ＮＫＧＢからの電話による緊急連絡をモスクワに転送した。その内容は以下である。

ソカリヤ地区で越境した独軍兵長、姓名はリスコフ・アルフレッド・ゲルマノヴィッチ、三十歳、コルベルク市の家具工場職人、妻子と両親あり、が以下のように語った。兵長は歩兵第一五師団第二二一工兵連隊勤務。同連隊はソカリヤ北五キロのツェレンジァ村に配置。一九三九年に予備役から召集。みずから共産党員で赤色戦線の一員だったと称する。彼が語るには、昨晩、彼の中隊長シュルツ中尉が述べたこととして、今払暁準備砲撃後、彼の隊はいかだ、ボート、浮舟橋でブグ河を渡る、と。

　この投降した独軍下士官については他の関係者の証言は細部でくいちがっている。たとえば当時キエフ特別軍管区参謀長代理だったバグラミヤンによると、この独兵は歩兵第七四師団第二二二工兵連隊勤務となっている。また、キエフ特別軍管区麾下の第一五狙撃兵軍団長フェジューニンスキーによると、この独軍下士官が投降したのは六月十八日だったという。さらにジューコフによると、この件の報告をうけたのは六月二十一日の午後九時で、キエフ特別軍管区参謀長プルカーエフからの電話だったという。

　とにかくこの独軍下士官、ドイツ式の本名アルフレッド・リスコフのソ連側への脱走と通報は、六月二十一日夜にはソ連首脳部にまで達していたようである。ウクライナＮＫＧＢの報告時間は遅すぎ、おそらく詳細な内容を事後報告したものと思われる。

スターリンの反応

　そして六月二十一日深夜、この報告を受けたスターリンのその時の様子について、党政治局員で外国貿易人民委員アナスタス・ミコヤンはこう証言している。（傍点引用者）

一九四一年六月二十一日土曜日、われわれ政治局員は意見交換のためスターリンの執務室にいた。状況は緊迫していた。

　相変わらずスターリンは、ヒトラーが戦争をするわけはない、と考えていた。そこへティモシェンコ、ジューコフ、ヴァトゥーチンがやってきた。彼らの報告によると、六月二十二日午前四時に独軍がわが国を攻撃する、との越境者の証言を得た、という。

　スターリンは今度も本当の情報かどうか疑い、こう述べた。「〝特別の越境者〟を投じてきたのではないか。われわれを挑発するために」。


この時点でもまだスターリンは、一部のドイツの将軍たちによるソ連挑発、との考えを捨てきれなかったようだ。そのため、深夜零時すこし前に国境の各軍管区宛てに発せられた国防人民委員指令にも、このスターリンの不安感が反映されている。（傍線引用者）

一九四一年六月二十一日付け　国防人民委員指令
一、一九四一年六月二十二〜二十三日にかけて、レニングラード、沿バルト、西部、キエフ、オデッサの各軍管区正面で、独軍の奇襲攻撃あるやもしれず。攻撃は挑発行為により始まることあるべし。
二、わが軍の任務。大なる紛糾を呼びかねないため、かかる挑発行為に引っ掛かることなきように。同時に、レニングラード、沿バルト、西部、キエフ、オデッサの各軍管区の部隊は完全な戦闘準備態勢に入り、ドイツおよびその同盟国による奇襲攻撃を邀撃《ようげき》すべし。

指令

(a)一九四一年六月二十二日深夜に、秘密裡に国境の防衛地帯の火点に占位すべし。
(b)一九四一年六月二十二日夜明け前までに全ての飛行場で飛行機を疎開せしめ、軍用機も含めて入念に偽装すべし。
(v)全部隊は戦闘準備をすべし。部隊は分散して偽装の状態に置く。
(g)司令部の追加命令なしでも防空戦闘準備に入り、灯火管制の全施策を実施。
(d)これ以外の施策は別命あるまでなすべからず。

ティモシェンコ、ジューコフ

この指令が最前線の各部隊に示達《じたつ》されたかどうか、受信の時間がドイツ側の攻撃開始以前だったかどうかは地域によって差があり、通信連絡網の不備とドイツ側の特殊部隊の破壊工作活動がどの程度影響したかは一概には言えない。

それよりも問題なのは、この指令の内容そのものである。「ドイツ側の挑発に乗るな」と厳重に申し渡しておきながら、戦闘準備態勢を採れ、というのは、具体的に前線部隊にどうしろというのだろうか。そもそも、ドイツ側による挑発とはどのような行動であると想定していたのだろうか。そのような前線部隊での困惑の実例として、開戦直後の七月七日の、西部方面軍司令官パブロフの軍法会議での証言がある。

(傍線引用者)


六月二十二日深夜、私は国防人民委員の指示で司令部に呼び出された。そこに一緒に集まったのはフォーミン軍事評議員と参謀長のクリモフスキフ少将だった。

人民委員の電話での最初の発言は「どうした。君、おちつけ」だった。私は、とても大きな独軍の動きが右翼で認められ、第三軍司令官クズネツォフの報告によると、スヴァウキ突出部で一昼夜半にわたって独軍の自動車列の間断《かんだん》ない動きあり、と答えた。彼の報告によると、アウグストゥフ―サポツキン地区の多くの場所でドイツ側は障害物を除去している。

これについて人民委員はこう言った、「君は冷静になれ、パニックになってはならぬ。司令部の全員を召集し、今朝起こっていることすべてを報告せよ。だが、何も起こらなければそれは挑発だから何もするな。もしかすると単独の挑発かもしれない。また電話せよ」。これで会話は終わった。

このあとパブロフは麾下の各軍司令官たちと電話で連絡し合い、午前三時三〇分に再度ティモシェンコと電話連絡をとり、「今のところ異状なし」と報告したという。ドイツ側の総攻撃が始まるのはほぼ午前四時だから、その直前までソ連側の前線部隊では開戦の認識はあまりなかったと言うべきだろう。その原因としてはやはり、「挑発」の言葉にとらわれていた、と見るよりほかない。これではとても全面的な攻撃とは考えられないから、当然その対処法もまた局部的なものにとどまってしまう結果となる。

かくて、「全能」の独裁者の判断が国家の毛細血管の隅々にいたるまで貫徹されたため、独ソ戦争緒戦の信じられないような赤軍の総崩れという現象を引き起こすことになった。

第十章　開戦後のスターリン

一、独ソ戦争開始とスターリン

開戦第一報とスターリン

　ドイツによるソ連攻撃、「バルバロッサ」作戦が開始されたのは、モスクワ時間では午前四時頃であった。独軍攻撃の第一報はすぐにスターリンのもとに達したようである。その時の様子については、「ジューコフ回顧録」が詳細に伝えている。無論、個人的な証言であるから主観的であるのは避けられないし、自分を美化しようとしているのもやむを得ないことである。だが、「ジューコフ回顧録」の一九六九年の初版と、最新の二〇〇二年の第一五版を比べてみると、鬱陶しいほど微細な点にまでソ連当局の検閲が入っていたことがわかる。それは取りも直さず、スターリン体制を受け継いだ当時のブレジネフ政権が、何を隠そうとしたかったかを明白にしている。太字部分が検閲で削除されていた部分である。(傍線引用者)

　私はすぐにスターリンに電話したが誰も出なかった。何度も電話を鳴らしていると、やっと警備のフラーシク将軍の眠ったような声が聞こえてきた。「どなたですか?」。「ジューコフ参謀総長です。すみませんが、至急同志スターリンにつないでください」。「何? 今すぐ?」と警備部長はおどろいて言った。「同志スターリンは眠っています」。「ただちに起こしてください。独軍がわが国を爆撃しています。戦争が始まりました」。しばらく沈黙があって、やっとのことで電話口に鈍い反応があった「しばらくお待ちを」。

　三分ほどしてスターリンが受話器を取り上げた。私は状況を説明し、すぐに戦闘行動に入るよう決断をくだしてほしいと要請した。スターリンは黙っていた。受話器を通してただ重い息づかいだけが聞こえてきた。

「おわかりになりますか?」。またもや沈黙。「何か説明が?」と私は食い下がった。覚醒したスターリンはやっと質問した。「国防人民委員はどこだ?」。

午前四時半には政治局員全員が集まり、私と国防人民委員も執務室に通された。スターリンは青ざめていて、煙草をつめたパイプを手にして椅子に掛けていた。われわれが状況を報告すると、スターリンは当惑してこう言った。「ドイツの将軍たちによる挑発ではないのか?」。ティモシェンコは答えて、「独軍のわが都市への空襲はウクライナ、白ロシア、沿バルトに及んでいます。どうして挑発などでありましょう?」。スターリンは言った。「もしも組織的な挑発だとしたら?　ドイツの将軍たちが勝手に空襲したというような」。そして、やや考えてから、こうつづけた。「ヒトラーはきっとこのことを知らないはずだ」。彼はモロトフの方を向いて、「すぐドイツ大使館に電話する必要がある」。

大使館の返事は、フォン・デア・シューレンブルク大使の方で緊急の報告のために会見を求めている、とのことだった。大使との接見はモロトフに任せられた。

そのうちにも、参謀総長第一代理のヴァトゥーチン中将から、北西部と西部の軍管区に対して、独軍が猛砲撃ののち攻撃に移りつつあると報告してきた。われわれはその場でスターリンに、至急、組織的報復の効果がある反撃を投じるための軍への指令の許可をもとめた。彼はこう応えた。「モロトフが戻るのを待とう」。しばらくするとモロトフが閣議室に足早に入ってきて言った。「ドイツ政府はわが国に宣戦布告しました」。

スターリンは椅子に深く身を沈めてじっと考えこんだ。長い、重苦しい沈黙がつづいた。私はあえてこの沈黙を破り、国境の各軍管区に、全力をあげて敵の脆弱そうな部分に攻撃を集中して、態勢を崩さず維持するよう指令を出すことを提案した。「維持するだけではなく、敵を撃滅するのだ」とティモシェンコが強調した。スターリンが言った、「指令を出せ」。だがわが軍は航空機をのぞいて、さしあたりどこでもドイツとの境界を侵犯してはいなかった。

スターリンに理解させるのはむずかしかった。どうやら彼は、まだ戦争を避けることを期待しているようだった。だが戦争はすでに事実となりはじめていた。侵入はすべての領域と戦区で強まっていた。

開戦後の一週間、スターリンは途方に暮れていたため、ラジオに向かって話すこともできず、声明をモロトフにまかせてしまったのだ、と言われている。だが、この説は真実ではない。もちろん、最初の数時間はスターリンも途方に暮れていた。だがすぐに彼は正気にたち戻り、大きなエネルギーをふるって働くようになった。過度の苛立ちを示すようになり、たびたびわれわれを執務室から追い出した、というのが本当のところである。

このジューコフの証言によると、すでに独軍の攻撃が始まってもなお、スターリンは「一部のドイツの将軍たちによる挑発行動」なる幻想にしがみついていたことになる。この開戦早朝の混乱して慌てたクレムリンの様子は、とりあえず発令された国防人民委員指令第二号にもよく表れている。

一九四一年六月二十二日午前七時十五分　国防人民委員指令第二号
レニングラード、沿バルト、キエフ、オデッサの各軍管区評議会宛て

一九四一年六月二十二日午前四時に、ドイツ機は何の理由もなくわが西部国境の飛行場と都市に空爆を行った。同時に、別々の場所で独軍部隊は砲撃を開始し、わが国境を越えた。このドイツ側からのソビエト連邦への厚かましい前代未聞の侵略に鑑みて以下のごとく指令する。

一、全ての部隊は全力を投じて、すでにソビエト国境を侵犯した敵を各自の地域で殲滅すべし。

二、偵察機と戦闘機は敵機と地上部隊の集結している所在を究明し、爆撃機と急降下爆撃機は強力な突撃により敵機をその飛行場で、敵地上部隊の集団を爆撃により殲滅すべし。

航空攻撃はドイツ領内陸一〇〇～一五〇キロ以内とすべし。ケーニヒスベルクとメーメルを爆撃せよ。

フィンランド領とルーマニア領への爆撃は特命あるまで行わず。

国防人民委員ティモシェンコ元帥
最高軍事評議員マレンコフ
参謀総長ジューコフ上級大将

この時点では、ドイツ領への報復爆撃しか思いつかない様子であり、それはクレムリンに入ってきた独軍攻撃の具体的報告が、まだソ連西部の各都市への爆撃に関するものだけで

あったことを反映している。指令の趣旨はとりあえず侵入してきた独軍に爆撃をもって応えよ、というだけであった。

これに対して、国家の最高指導者としてのスターリンが開戦の報に接して、政治面でどう反応したかは、やはりその場に居合わせたミコヤンの証言から知ることができる。

われわれは一九四一年六月二十二日の夜中の三時頃、各自ばらばらにではあるが、政治局員全員がスターリンのもとに集合した。そして、セヴァストーポリその他の都市が空襲をうけているとの情報を知った。……そして、戦争開始についての声明をラジオで発表することが決定した。これは当然スターリンがやるよう提案された。だがスターリンは、モロトフにやらせよ、と言って断った。われわれ全員がこれに異議をとなえた。なぜかくも重大な歴史的瞬間に、党中央委員会書記長にして政府首席スターリンでなく、その代理による人民への呼びかけを聞かされるのか。今われわれにとって重要なのは、権威ある声が人民への呼びかけをすることではないか、すべての人々が国防に立ち上がれ、と。だがわれわれの説得は無駄だった。スターリンは言った、今は何の呼びかけもできない、次の機会にする、今はモロトフが呼びかけよ。かくて正午にモロトフが呼びかけをした。

もちろんこれはまちがいだった。だが、うちひしがれた状態だったスターリンは人民に何を言ってよいのかわからなかった。これまで戦争はない、たとえ戦争になっても敵の領土内で敵軍を粉砕する、等々で人民を勇気づけてきたからだ。今は戦争一日目の敗北に堪えることを認めねばならない。

開戦初日の混乱

こうして、開戦の日の正午、ラジオでモロトフが人民委員会議議長代理兼外務人民委員の資格で、ソビエト国民への政府声明を発表した。ソビエト国民はこのモロトフのラジオ放送ではじめて開戦について知った。と言うのは、午前六時のモスクワ放送では何も戦争について報じられず、工場での成果の様子や、西欧での英独間の戦闘についてが放送されただけだったからである。大急ぎで起草された政府声明の文言に表現されているのは、ドイツ側が何の事前の要求も通告もなしに不意打ちをかけてきたことに対する、非常に率直なソ連側の怒りの気持ちである。それはまた、これまでスターリンが必死になって試みてきたドイツへの宥和策がすべて水泡に帰したことへの怒りであり、同時に「ドイツの一部の将軍たちによる挑発行動」なる読みがまったくの誤謬であったことへの慙愧《ざんき》の念と見てもよいだろう。

ソビエト連邦男女市民諸君！

ソビエト政府とその長同志スターリンは私に以下の声明を発することを委任した。

今朝四時に、ソ連にいかなる要求の提示も宣戦布告もなしに、ドイツ軍はわが国境を各所で侵犯してわが国に侵入し、ドイツの空軍はわが諸都市――ジトーミル、キエフ、セヴァストーポリ、カウナスその他――を爆撃して二〇〇人以上を殺傷した。敵の空軍と砲兵の襲撃はルーマニアとフィンランド領からも明白に行われている。

このわが国への前代未聞の攻撃は、文明人の歴史上かつてない背信的なものである。ソ連とドイツとの間の不可侵条約ならびにソ連政府によるこの条約のすべての条項の誠実な履行にもかかわらず、わが国への攻撃が行われた。ドイツ政府は条約の履行について、わが国に一度も要求を示すことなく、わが国を攻撃してきた。このソビエト連邦への盗賊的攻撃のすべての責任は、完全かつ無条件的にドイツ・ファシスト指導部の上にそそがれる。

すでに攻撃が始まった後の午前五時三〇分に、モスクワ駐在ドイツ大使のシューレンブルクが私、外務人民委員に、ドイツ政府がソビエト連邦に対して宣戦布告するとの通告を手渡した。ドイツの東部国境に赤軍部隊が集結しているという理由によってである。

私とソ連政府の名において言明すると、最後の瞬間までドイツ政府はソ連政府に何の要求も提示しなかった。ソ連邦の平和的な姿勢にもかかわらずドイツがソ連を攻撃するための理由についても（思いあたることはない）。

ソ連政府の依頼によって私は次のことを言明せねばならない。すなわち、わが国の地上部隊なり航空機がいかなる地点でも境界侵犯を行ったことはない、と。それゆえ、今朝ルーマニア放送が流した、ソ連機らしい爆撃機がルーマニアの飛行場を攻撃したという情報はまったくの嘘であり挑発である。かかる嘘と挑発はすべて、本日のヒトラー声明にあるような、ソ連の独ソ条約違反についての告発の材料をでっちあげるためにあとになってからした試みである。

以下、戦争を欲したのはドイツのファシスト指導部であることを言明し、ナポレオンの時と同様、「祖国戦争」(Otecsestivennaiia Voina) を呼びかけ、全ソビエト人民の団結をよびかけている。そして、最後に「われわれの業務は正義（の貫徹）である。敵は粉砕されねばならない。勝利はわれらのもの」という言葉で締めくくられていた。

こうして開戦第一日目のスターリンはまったく茫然自失の体《てい》でなすところを知らず、その気持ちは国家意思の表明であるモロトフのラジオ放送でも隠しきれていない。それでも二十二日夕刻には、スターリンはティモシェンコから提出された人民委員指令第三号の発令を裁可している。

しかし、この指令第三号は内容がより具体的になってはいるものの、前章までに見てきた開戦前の各軍管区――開戦と同時に方面軍に改称――への指示を繰り返しているにすぎず、実際の前線の状況はまったく考慮されていない。それほどドイツ側の「バルバロッサ」作戦が奇襲的効果をもっていたことの証左であろう。

国防人民委員指令　第三号　一九四一年六月二十二日

北西部、西部、南西部各方面軍評議会宛て指令す。

(a)北部方面軍は強固に国境を防衛すべし。

(b)北西部方面軍の各軍はバルト海沿岸を強固に保持し、カウナス地区の側面から、そしてスヴァウキに集結せる敵の背後から強力な反撃を行い、西部方面軍と協同して六月二十四日中にスヴァウキを占領すべし。

(v)西部方面軍の各軍はワルシャワ方面で敵を阻止し、側面より二個以上の機械化軍団と空軍による反撃を行い、スヴァウキ後方に集結中の敵を北西部方面軍との協同により殲滅し、六月二十四日中にスヴァウキを占領すべし。

(g)南西部方面軍の各軍はハンガリー国境を強固に保持しつつ、第五、第六の両軍によりルブリン方向に集中的攻撃を行い、五個機械化軍団以上と空軍の全機により、ウラディーミル・ヴォルインスキーおよびクルィノストーポリ正面に来襲せる敵集団を包囲殲滅し、六月二十六日中にルブリン地区を占領すべし。

要するに、独軍の侵入が報告された戦区だけはとりあえず反撃して敵を殲滅し、それ以外の地区では国境防衛を強化せよ、と命じているにすぎない。とくに西部方面軍への指示にあるスヴァウキは、当時ドイツ占領地区であり、ここから発進した独軍はすでにソ連領内深く進出していたし、〝空軍による反撃〟も、すでに航空機の大半が地上で撃破されている有り様で、到底実情に即したものではなかった。

STAVKA設置

開戦二日目の六月二十三日、「軍最高司令部（STAVKA：Stavka Verchovnovo Glavnokomandovaniia」）の設置がソ連邦人民委員会議および党中央委員会の決議として発令された。だがこの決議は「厳秘」扱いとされ、公表せずということになった。構成は議長にティモシェンコ、構成員はスターリン、ジューコフ、モロトフ、ヴォロシーロフ、ブジョンヌイ、クズネツォフ海軍人民委員。さらにSTAVKAを補佐するための常任委員会も組織され、ヴァトゥーチン、ニコライ・ヴォズネセンスキー国家計画委員会（ゴスプラン）議長、ヴォローノフ赤軍砲兵総監、ジガリョフ赤軍航空総監、メレツコフ前参謀総長、国防人民委員第一代理クーリク元帥、ジュダーノフ党政治局員、メフリス赤軍宣伝部長、シャポシニーコフ元参謀総長、そしてミコヤンとベリヤ、カガノヴィッチが任命された。この決議の末尾に「党中央委員会書記長・人民委員会議議長」の肩書でスターリンが署名した。このような組織業務によってスターリンは初日のショックから少しずつ立ち直ろうとしていたようである。ただし、この常任委員会は二週間後には解散された。

だが、この日の夕刻にスターリンのもとに集合した時、前線の多くの部隊、特に西部方面軍の各部隊からの連絡が途絶したままであることが判明する。そのため西部方面軍にはクーリクを、南西部にはジューコフを派遣して実情を報告させることになった。そしてスターリンは、ミコヤンの言葉によれば、「うちひしがれた様子で」ヴォルインスクの別荘に引きこもってしまった。

内密の和平打診

当時NKGB第一部長代理だったパーヴェル・スドプラートフは、一九五三年のスターリン死後に起こったフルシチョフを中心とするベリヤ排除のクーデターの際に逮捕され、投獄された。その逮捕直前の同年八月七日、スドプラートフはフルシチョフ以下の最高幹部による査問の席で、「バルバロ

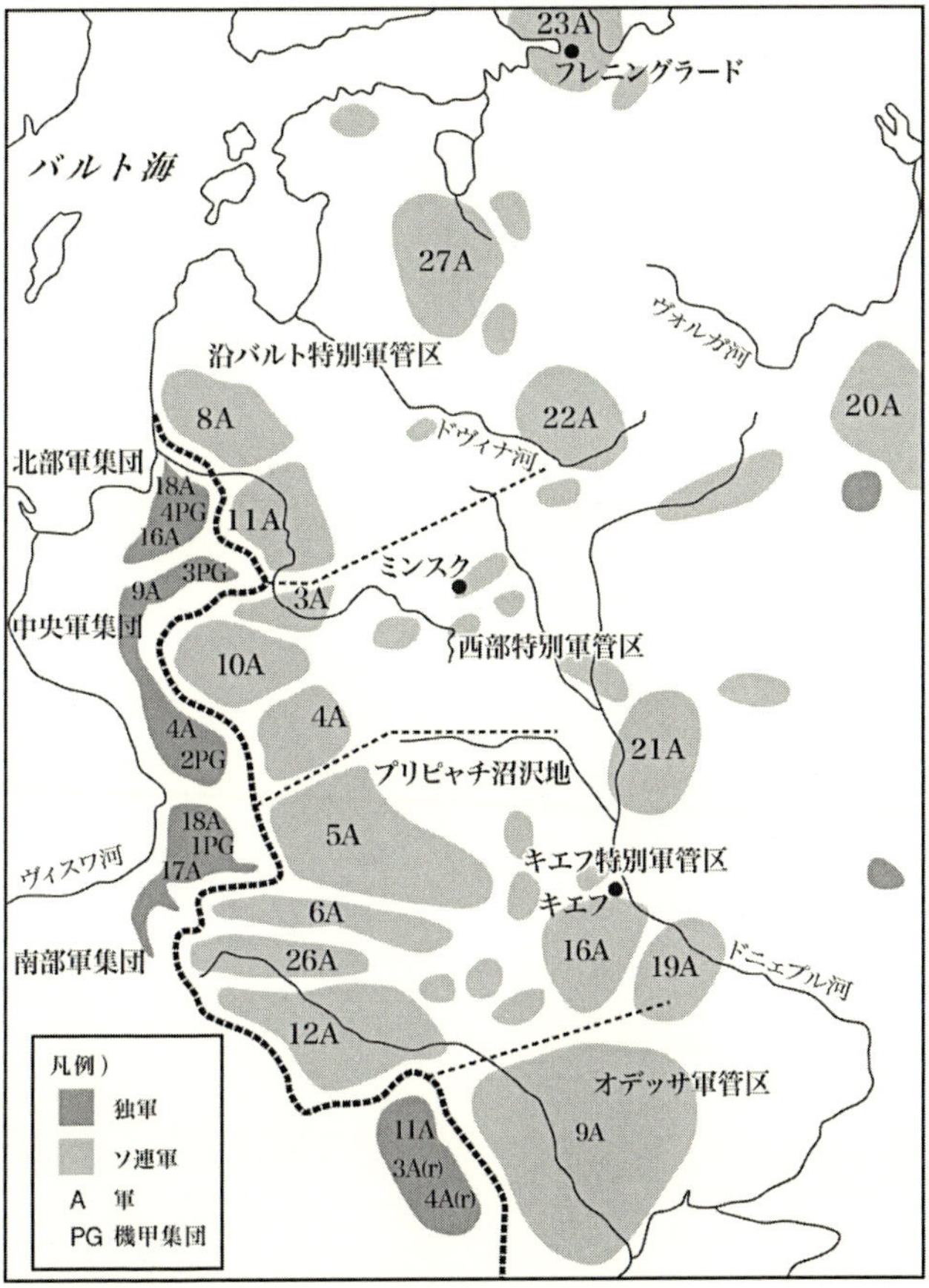

独ソ開戦時両軍配置（1941年6月22日）

ッサ」開始直後にあったベリヤによる対独和平打診についての報告書の提出を命じられた。その内容は次のようなものだった。

ファシスト・ドイツの背信的なソ連攻撃の数日後、おそらく一九四一年六月二十五～二十七日ごろ、私はNKVD長官ベリヤに呼び出され、こう告げられました。

ソ連政府は、ドイツがどんな条件でなら、ソビエト連邦に対する戦争を中止してファシスト・ドイツ軍の進撃を止めさせることができるか、何らかの非公式の方法で解決することが必要である、と決意した、と。ベリヤの説明によると、このソ連政府の決定には以下のような状況を創出する狙いがある。すなわち、ソ連政府の巧妙な動きによって兵力をかき集めるための時間をかせぐ。そしてベリヤは私に、駐ソ・ブルガリア大使スタメノフに会うこと、彼はNKVDの情報ではドイツ側とも連絡があることがよく知られている、と説明しました。

ベリヤは私に、スタメノフとの会談では四つの質問をする、と説明しました。この質問として、ベリヤは手帳を見ながら、以下を挙げました。

一、なぜドイツは不可侵条約に違反して、ソ連に対する戦争を始めたのか。
二、ドイツはどんな条件なら満足して戦争を止めるのか、戦争中止のために何が必要か。
三、ドイツは何らかのソビエト領、沿バルト諸国、ウクライナ、ベッサラビア、ブコヴィナ、カレリア地峡などの譲渡で満足するのか。
四、もしそうでなければ、ドイツはそれ以上にどんな領土を要求するのか。

このあとにスドプラートフはつづけて、スタメノフに実際に会ったこと、そしてベリヤから申し渡された四つの質問をぶつけたことを述べている。だがスタメノフはソ連の勝利を確信しており、NKVDの方ではスタメノフが何らかの方法でドイツに連絡するだろうと監視していたのに、スタメノフはまったくそのような動きを示さなかったと述べ、最後に、この秘密工作はまったくのベリヤの独断だった、と締めくくっている。

しかしスドプラートフ自身はこの報告書提出後すぐに逮捕され、反党・反国家活動のゆえをもって投獄されている。だから、この秘密行動をもっぱらベリヤの独断専行と陳述することで、自分の責任の軽減を図ったものと思われる。
開戦直後の時点での秘密の和平打診はとてもベリヤの独断とは考えられない。やはり、スターリンの特別な、党幹部にも政府首脳にも、そして軍部に対しても内密の対独和平打診ではなかったか。

ヴォルコゴーノフの証言

この開戦直後の秘密和平打診について、ソ連の軍人で歴史家ドミトリー・ヴォルコゴーノフは著書『勝利と悲劇――スターリンの政治的肖像』において、みずから見聞きした事実を明らかにしている。一九七六〜七七年ごろ、とヴォルコゴーノフは述べているが、モスカレンコ元帥から次のような話を打ち明けられたという。キリル・モスカレンコはウクライナ出身で、独ソ戦で活躍し、戦後の一九四八年からモスクワ軍管区司令官となり、一九五三年にはベリヤ逮捕と処刑を担当した。

ベリヤの証言

一九四一年、スターリン、ベリヤ、モロトフはスターリンの執務室でファシスト・ドイツに降参することについて検討した。バルト諸国、モルダビア、その他の共和国の領土の一部をヒトラーに割譲することで意見が一致した。そして、ブルガリア大使を通じてヒトラーと連絡を取ろうとした。
ブルガリア大使との会見の時、スターリンは終始沈黙したままだった。モロトフが一人でしゃべった。彼はブルガリア大使に、ベルリンと連絡をつけてほしいと頼んだ。戦闘行動の中止と大幅な領土割譲というヒトラーへの提案を、モロトフは「第二のブレスト講和」と呼んだ。モロトフはまた、レーニンは当時このような手段を講じる勇気があった、われわれは今、それと同じことをしようとしているのだ、とも言った。大使はこのような疑わしいことのために仲介の労をとるのをことわり、こう言った。「たとえウラルまで後退しても、貴国の勝利は疑いない」と。

このモスカレンコの話についてヴォルコゴーノフも紹介しているだけで、真実だったかどうかは断言していない。だがフルシチョフも失脚後、アメリカのジャーナリストへの証言で、開戦後にスターリンはマレンコフとベリヤにブルガリア大使を通じての対独和平打診を実行させたと伝聞として証言している。

開戦早々のドイツへの降伏同然の和平打診はスターリンの本心だったのか、それともレーニンを見習った一時的な時間稼ぎの戦術だったのか、あるいはヒトラーの真意を探るための逆情報工作だったのか、今となっては判断は困難である。しかしヒトラーに対して「第二のブレスト講和」を持ち出してもそれはほとんど無意味だったろう。ヒトラーは著書『わが闘争』の中で、かつてミュンヘンで政治活動を開始した時、弁士として最初に選んだ演題が「ブレスト・リトウスク条約とヴェルサイユ条約」で、これは聴衆にきわめて好評だったと自慢している。なぜ好評だったかと言えば、ヒトラーによると「ヴェルサイユ条約に比べてブレスト・リトウスク条約がはるかに人道的な内容」であると立証したから。ヒトラーにしてみれば、敗北したはずのロシアがソ連となって再び強国として復活してドイツを脅かす存在になったことの根底に、ブレスト・リトウスク講和が「人道的」だったから、との思いがあったろう。だからこそヒトラーにとって対ソ戦はいかなる妥協の余地もない、ソビエト打倒とスラブ諸民族奴隷化のための戦争だったはずである。

二、ミンスク陥落から

ミンスク陥落のショック

これまで見てきたように、独ソ戦争開始にあたってのスターリンとソ連側の政治上の最大の誤りは、ヒトラーによる攻撃を遅らせることが可能、との希望的観測をしたことである。では軍事戦略上の最大の誤りはと言えば、独軍の主攻撃方向をウクライナと予断して、キルポノス指揮のキエフ特別軍管区＝南西部方面軍に最大の兵力を配置したことにある。しかし現実のドイツ側の「バルバロッサ」作戦は、白ロシアのパブロフ指揮の西部特別軍管区＝西部方面軍の正面に最大の戦力をぶつけてきた。

開戦初日からパブロフ麾下の第三・第四・第一〇の各軍は、ドイツ側の奇襲によってほとんど総崩れに近い有り様となった。一日目の六月二十二日には、西部方面軍からまったく連絡がなく、スターリンは急いでクーリクをパブロフのもとに派遣したが、そのクーリクからの連絡もなかった。前線部隊からの報告も断片的なもので、しかも独軍の急速な前進により、刻々と変化する状況にスターリンもSTAVKAも有効な対策を立てられなかったのが実情である。そうこうするうちに、六月二十八日、西部方面軍の主力のほとんどがドイツの中央軍集団の包囲下におちいり、白ロシア共和国の首都ミンスクは陥落し、三十日には包囲が完成して、赤軍将兵四一万七〇〇〇人以上が捕虜になる、もしくは負傷するという大敗北となった。

この報告がもたらされた六月二十九日から翌三十日にかけての二日間が、スターリンにとってもソビエト連邦にとっても決定的な転機となったようである。この時のスターリンをめぐる状況については、次のミコヤンの証言が生々しく描写している。

六月二十九日朝、クレムリンのスターリンのもとにモロトフ、マレンコフ、私、そしてベリヤが集まった。白ロシアでの戦況についての詳報がまだ入ってこなかった。わかっていたのはただ、白ロシア方面軍（注：これはミコヤンのまちがいで、本当は西部方面軍）からの連絡がない、ということだけだった。

スターリンは電話でティモシェンコ国防人民委員を呼び出したが、西部方面軍の状況については何の有益なことも聞けなかった。このように事情がはっきりしないためスターリンは、状況把握のためわれわれ全員で国防人民委員部に行こうと提案した。

人民委員部にはティモシェンコ、ジューコフ、ヴァトゥーチンがいた。スターリンは突っ立ったままこうたずねた、白ロシア軍司令官はどこか、どんな連絡があったか、と。ジューコフは、通信が途絶して丸一日復旧せず、と報告した。

それからスターリンはいくつかの質問をした。なぜ独軍の突破を許したか、連絡を回復するのにどんな措置が採られたか、等々。

ジューコフが、採られた措置について、通信の確立のための要員を派遣したがそれが間に合ったかどうかは誰にもわからない、と答えた。

するとスターリンは激怒した。参謀本部に対して、参謀総長に対して、部隊からの連絡がなくて途方に暮れていることへ、そして、誰が指揮しているかも皆目わからないことへ。

ジューコフはもちろん、スターリンよりは事態に堪え、スターリンの罵声にも動じなかったが、やがてこの勇敢な人物は女のように泣きだし、別室に走りこんだ。

モロトフがそのあとを追った。われわれ全員が意気消沈の体だった。五〜一〇分たって、モロトフが気を取り直したジューコフを連れてきた。だが彼の両目は涙で濡れていた。そしてジューコフは、最初はクーリクを連絡に派遣したが、今はヴォロシーロフを派遣することにした、と語った。やっと連絡が復旧した。ウクライナで指揮しているコーネフ（注：第一九軍司令官）はペレムイシュリ地区で上首尾にやってのけていた。だがベロルィスク正面の部隊は、中心となる指揮官がもういなかった。

スターリンは非常に気落ちしていた。人民委員部を出るとき、彼はこんなことを口にした、レーニンはわれわれに大きな遺産を残していったが、われわれはそのすべてを失った。

われわれ全員がこのスターリンの言葉にショックを受けた。彼は興奮して、われわれはまったく取り返しのつかぬ失敗をしでかした、と語った。

このミコヤンの証言によれば、スターリンのもとにも西部方面軍の戦況は伝わらなかったことになる。それほど独軍の進撃がめざましかったのだ。こうしてスターリンとソビエト指導部もまた、これまでヒトラーと独軍の電撃戦の餌食となった諸国——ポーランドにはじまりデンマーク、ノルウェー、オランダ、ベルギーそしてフランス、ユーゴスラビア、ギリシャ——の指導部と同じように、開戦と同時に空陸一体の猛攻を受けて茫然自失、なすところを知らぬ状態に陥った。

ＧＫＯ設置

しかし翌日の六月三十日、スターリンとソビエト連邦指導部はこれまでヒトラーに征服されてきた諸国とは違う決断をする。これが結局はソビエト国民を奮い立たせ、最後には戦争を勝利にみちびく出発点となった。

この日のスターリンとソ連指導部の状況について、再びミコヤンの証言が有益である。

翌日（注：六月三十日）の四時頃、不意にモロトフに電話で呼び出されて、私はヴォズネセンスキーとともにスターリンの執務室に行った。到着すると、すでにマレンコフ、ヴォロシーロフ、ベリヤがいた。われわれが見つめる中でベリヤがこう述べた。「国家防衛委員会（Ｇ

KO：Gosudarstvennui Komitet Oboronui)」を設置して、国のすべての権限を付与する。政府、最高会議、党中央委員会の機能と権限を、である。われわれはこれに同意すると、ヴォズネセンスキーはスターリンをGKO議長に、と言い、全員が同意した。その理由は、スターリンの名は人民にとってきわめて大きな感情・信頼・意識があり、それによってすべての軍事行動でも指揮と動員がスムーズに運ぶからである。しかし、決定を近郊の別荘にいるスターリンのところへ伝えに行こうとした時である、モロトフがこう言った、本当のところスターリンは虚脱状態で、誰にも何にも関心を示さずイニシアチブをとろうとしない悪い状態にある、と。するとヴォズネセンスキーは皆がわかるほど激昂して、こう言った。ヴャチェスラフ（注：モロトフの名）、先に立ってください、われわれはあなたに従《つ》いていく。この意味するところは、もしスターリンが茫然自失の体であるならモロトフが指導すべきであり、われわれはそれに従う、ということである。だが他の政治局員たちは何も言わず、ヴォズネセンスキーの言葉にも意見を変えなかった。われわれは確信していた、防衛を組織できる、そして然るべく戦える、と。

スターリンの別荘に着いた。彼は小さな食堂の椅子にすわっていた。彼はいぶかしげにわれわれをながめ、そしてこうたずねた、何しに来た？　彼の表情は穏やかだったがいささか怪訝《けげん》そうだった。しかし予定していた質問を持ち出すとまともになった。重大な懸案について、彼の方からわれわれを召集するはずだったから。

　われわれを代表してモロトフが言った、万事を素早く決定するため、また国を立ち上がらせるために権限を集中せねばならない。その長はスターリンでなければならぬ、と。スターリンは驚いた様子だったが反論はしなかった。ただ、よろしい、と言った。

　ベリヤがこう言った、同志スターリン、GKOの五人のメンバーを割り当てる。同志スターリンが長となり、以下モロトフ、ヴォロシーロフ、マレンコフ、そして私（ベリヤ）。スターリンはこう指摘した、ミコヤンとヴォズネセンスキーも含めるべきだ、と。こうして、全部で七人の中枢部が決まった。

　この決定は秘密にされず、翌日付けの党機関紙『プラウダ』で公表された。こうしてスターリンは正式の国家指導者となった。さらに七月十六日付けで、ティモシェンコに代わって自ら国防人民委員に就任し、軍事的にも正式の指導者となった。これらの制度上の整備と、政治局員たちからの推戴によって、スターリンは本気で国難に立ち向かおうとの決意を固めたようである。そして開戦後一二日目にして、ようやく自分から国民に呼びかける気になった。

スターリンのラジオ演説

七月三日、すでにドイツ側ではハルダーが日誌に早々と、「対ソ戦役は二週間で完了」と記していたが、同じ日スターリンが直接ラジオ放送で国民への訴えを行った。当然ライブの放送で、スターリンがコップの水を飲む音まで聞こえたという。この演説の原稿はスターリンみずから推敲《すいこう》した、とスターリン伝の著者ヴォルコゴーノフは述べているから、これまでの状況についての、スターリンなりの解釈と弁明と見てよいだろう。それはまた、ナポレオン来襲以来の国難に直面したスターリン自身の気持ちの告白ともなっている。

演説はまず、なぜ独軍の侵入を許してしまったかについての弁解から始まっている。

わが領土の一部がファシスト・ドイツ軍に占領されたということに関して言えば、それはもっぱら、ファシスト・ドイツの対ソ戦争がドイツ軍にとっては有利な条件のもとに、ソビエト軍にとっては不利な条件のもとに始められるとの理由による。問題は次の点にある。すなわち、戦争をしている国としてのドイツの軍隊はかねてから完全に動員されており、ドイツがソビエト連邦に投じ、ソ連国境に進撃させた一七〇個師団は完全に戦闘態勢を整え、ひたすら進撃の合図を待っていた。これに反して、ソビエト軍はそれから動員されて国境へと進発せねばならなかった。ファシスト・ドイツが、一九三九年に独ソ間で締結された不可侵条約を不意にかつ背信的に破ったことで、世界中から侵略国と見なされるであろうことを顧慮していないという点も、ここでは少なからぬ意義を有している。平和を愛するわが国が、みずからすすんで条約違反することを欲しなかったから、背信の道に立つことができなかったのは当然である。

要するに、ドイツ側は万全の準備を整えて奇襲攻撃に臨んだのに対して、「平和を愛する」ソ連側は、まさかドイツが不可侵条約を一方的に破棄して攻撃してくるなどとは考えもしなかった、として、ソ連とその最高指導者であるスターリン自身を無辜《むこ》の犠牲者として描いている。だがそうすると当然、なぜソ連はそのような背信的な相手と不可侵条約を結んだか、についての弁明が必要となる。それについては、

あるいは問う人もあろう。なぜソビエト政府が、ヒトラーやリッベントロップのような背信的な無頼の輩と不可侵条約を結ぶなどということが起こりえたか？ここでソビエト政府は過ちを犯したのではないか？もちろん、否である。不可侵条約は両国間の平和に関する条約である。ドイツは一九三九年に、まさしくこのような条約をわれわれに提示した。このような提案をソビエト政府が拒否できただろうか？　私が思うに、もし平和を愛する国家なら、強大な隣国――たとえそれがどのようなものであれ――との平和協定を拒否することは、たとえヒトラーやリッベントロップのような無頼の輩や人食い人種が頂点に立っているとしても、できないだろう。それはまた、平和協定というものは直接、間接を問わず平和を愛好する国家の領土保全と独立と名誉を侮辱しない、との必要条件のもとに成り立つ、ということは論をまたない。独ソ不可侵条約はまさしくこのような条約だった。

独ソ不可侵条約は両国の平和と友好のための取り決めにほかならず、一九三九年当時のソ連は断れない立場にあった、と言う。ここでもやはり、ソ連は「弱い立場」にあったことになっている。だがこの弁解はさらに、では独ソ不可侵条約は具体的にソ連にとってどのような利益になったか、についての説明が必要となる。それについては、

われわれはドイツと不可侵条約を結ぶことによってどんな利益を得たか？　われわれは一年半の間わが国に平和を保障し、ファシスト・ドイツが条約を侵犯してわが国への侵略をあえて行おうとする場合に、それに反撃する力を準備することができた。これはわれわれにとって明らかな利益であり、ファシスト・ドイツにとってはマイナスであった。

背信的に条約を破り、ソビエト連邦を侵略したファシスト・ドイツはどんな利益を得て、どんな不利益をこうむったか？　ドイツはこれによって、短期間のあいだにやや有利な立場を獲得したが、全世界の前で自ら血の侵略者としての姿を暴露し、政治的にはマイナスだった。ドイツの長く続かぬ軍事的利益は単なるエピソードに

すぎないが、ソビエト連邦が得た大なる政治的利益は重大かつ永続的な要因となり、ファシスト・ドイツとの戦争ではこの要因にもとづいて赤軍の決定的な軍事的成功が展開されるであろうことに疑いの余地はない。

独ソ不可侵条約締結直後、ヒトラーが戦争を始めた一九三九年八月から九月当時のスターリンの自信満々たる態度はまったく消えて、負け惜しみのこじつけめいた強弁をしている。そもそも、戦前にはソ連はドイツと国境を接していなかったのであり、「隣国」ではなかったはずである。それを、ヒトラーとともにポーランドに侵入して分割し、さらにバルト諸国とルーマニア領ベッサラビアを併合して、わざわざ自分の方から貪欲な強国と接するようにしてしまった失敗についてはまったく顧慮されていない。

そうして、この戦争が生死を懸けた恐るべきものであることを全国民に自覚させようとするが、他方で多民族国家ソビエト連邦の内部崩壊への恐怖心も隠しきれていない。（傍線引用者）

　われわれの隊列の中から、意気沮喪した者や臆病者、恐怖を助長する者、脱走者たちの居場所をなくするよう、わが国民は闘争において恐れるところを知らず、ファシズム征服者に対するわれわれの祖国解放戦争に献身的に向かっていくようにすべきである。われわれは後方における組織破壊者すべて、責任逃れをする者すべて、恐怖をあおる者すべて、流言をばらまく者すべてとの徹底的な闘争を組織し、わが撲滅大隊に急いで助力して、スパイ、牽制者《けんせいしゃ》、敵の落下傘降下兵を殲滅せねばならない。敵が謀略に長《た》け、狡猾《こうかつ》で、欺瞞《ぎまん》や虚報の流布に経験を積んでいることを承知しておく必要がある。これらのこと全部を理解して、挑発に乗ってはならない。自ら恐怖を助長したり臆病であることにより国防の邪魔をするような者は、何人といえども容赦なく即時軍法会議に引き渡す。

ここでもまだ「敵の挑発に乗るな」である。自分のこれまでの恐怖による支配の体制に外からひびが入った時、スターリンのもっとも危惧するのは、みずから犯してしまったヒトラーとの心理ゲームでの失敗、そしてその敗北感が全ソビエト国民に広がることであったのだろう。そのために新たな恐怖による支配、すなわち軍法会議まで持ち出している。これら過去の対独政策についての弁解と、ソビエト国家の崩壊への恐怖心、そして自分とソビエト体制への反逆に対する懲罰を鮮明にしたあとで、やっとソビエト連邦はどう戦うべきかについての訴えがくる。

だから、この時のスターリン演説の中で今日までもっとも有名で引用されることの多い「焦土戦術」と「敵後方でのパルチザン戦」の呼びかけも、実は演説のずっと後半で語られているのであって、とりあえず考えうる戦術はすべて投入せよ、との呼びかけなのだ。しかし演説の結びにあたってスターリンは唯一の希望を表明して国民への励ましとしている。

ファシスト・ドイツとの戦争は通常の戦争と考えてはならない。この戦争は単に二つの軍隊のあいだの戦争ではない。それは同時に全ソビエト国民のファシスト・ドイツ軍に対する偉大な戦争である。このファシズム圧制者に対する国民的祖国戦争の目的は、単にわが国の上におおいかぶさった危険を一掃することだけでなく、ドイツ・ファシズムの桎梏《しっこく》のもとに呻吟《しんぎん》している全ヨーロッパ諸民族を支援することでもある。われわれはこの祖国戦争においては単独ではない。われわれはこの偉大な戦争において、ヒトラー一味のボスたちによって奴隷化されたドイツ人民も含めたヨーロッパとアメリカの諸国民の中に忠実な同盟者を見いだすであろう。わが祖国の解放のための戦争は、ヨーロッパおよびアメリカの諸国民の独立と民主主義的自由のための闘争と一体となるであろう。それは、ヒトラーのファシズム軍による奴隷化とその脅威に反対して自由を守ろうとする諸国民の統一戦線となろう。

「自由と独立」との文言を採用することにより、まだ参戦もしていないアメリカ合衆国さえも味方になるだろう、との希望を表明している。ソビエト連邦は孤独ではない、という見通しはのちに現実のものとなり、スターリンの洞察の正確さを立証する。しかしこの時点では、とにかく何が何でもドイツとの闘争に全てをつぎこもうとする決意であって、それは取りも直さずスターリン自身への励ましでもあったろう。

三、西部方面軍司令官パブロフ処刑

パブロフ逮捕と尋問

このラジオ演説でスターリンが表明した「裏切り者や臆病者は即刻軍法会議へ」との言明は、ただちに司令官パブロフ以下の西部方面軍司令部要員の逮捕と裁判という形で具体的に実行される。すでに見たように、白ロシア共和国の首都ミンスクが開戦からわずか六日で攻略され、また西部方面軍もほとんど壊滅状態におちいったことにスターリンは大変なショックをうけた。そのためスターリンは、パブロフへの怒りと一種の見せしめのつもりであろうか、七月一日にパブロフを解任して二日にはモスクワに召還し、四日付けで逮捕した。

七月七日パブロフは、国防人民委員部のパブロフスキー大隊政治委員（注：少佐に相当）と保安中尉コマロフによる尋問をうけた。尋問調書によると、スターリンがパブロフを何の咎《とが》で罰しようとしていたかが明瞭である。冒頭の尋問官とパブロフの質問と応答では、

問　貴官の逮捕理由を宣告されたか？
答　私は七月四日に逮捕され、それが党中央委員会の命令によると宣告された。事前にメフリス人民委員との会話で、私は反逆者のゆえに逮捕されると。
問　貴官が裏切り行為にとりかかったのはどの機会でか？
答　私は自分の指揮する部隊の敗北に関しては裏切りなどしていない、それは私にはまったく関係ない。
問　資料の調査によると、貴官は何年にもわたって背信行為をしてきた、それは特に貴官が西部方面軍司令官の時に行われた、とある。
答　私は背信行為はしていない。方面軍指揮で私の行動に悪巧みなどない。敵がわが領内深く侵入したことについても潔白である。

こうして最初からパブロフは、戦前からドイツ側に通じて、故意にソ連側の防衛体制を弱体化させる利敵行為を図っていた、との容疑で尋問された。当然パブロフはこのような無実の罪に納得せず、開戦前夜からの状況を詳しく説明した。そのパブロフの陳述の中には弁解の部分もあるが、とにかく西部方面軍を必死で指揮したと弁明した。しかしパブ

ロフの弁明はまったく聞き入れられず、尋問の最後は次のようなやりとりで終わっている。

問　前線が決壊したことでの貴官自身の罪をどう思うか？
答　私は、独軍による突破を予防するため、あらゆる措置を構じた。私の罪は、前線で発生した戦況を判断できなかったことだ。
問　西部特別軍管区を指揮してどのくらいか？
答　一年。
問　軍管区の各部隊を戦闘準備態勢に置いていたか？
答　軍管区部隊の戦闘行動は準備していた。
問　もし軍管区の主力部隊が戦闘準備をしていたとするなら、そして貴官がタイミングよく行動を指揮していたとしたら、独軍のソ連領内深くへの突破は方面軍司令官たる貴官の犯罪的行動のためによってのみ発生したことになる。
答　私はそのような非難には断固として抗議する。私は裏切りも背信もやっていない。
問　全国境の中で、貴官が指揮した戦区だけが独軍にソ連領内深く入り込まれた。繰り返す、これは貴官の側での裏切り行為の結果ではなかったか？
答　私の正面で突破が生じたのは、私のところに新式の兵器──たとえばキエフ特別軍管区がもっていたような──がなかったからだ。
問　貴官はいたずらにそのような理由のせいにしないで撃退の試みをすべきだった。貴官がすでに一九三五年には陰謀に加担していたこと、および、その時すでに将来の戦争で祖国を裏切るつもりであった、との結論が出ている。現在の貴官の方面軍での立場はこの結果の資料で裏付けられた。
答　私はそのような陰謀に加わったことは断じてなく、陰謀を実行したこともない。この私に対する告発は始めから終わりまであまりにもひどく不当である。もし私に対するまったく歴然とした嘘つきの証人がいるとしても、それが誰であるにせよ貴官は公正な進言を中傷することのないように望む。

パブロフ有罪のシナリオ

こうしてすでに尋問以前に、パブロフ有罪のシナリオができあがっていた。そのシナリオによると、西部方面軍の崩壊とミンスクの呆気ない陥落の最大の原因は、司令官パブロフ自身が戦前から独軍突破の幇助を画策していた、ということになる。無茶苦茶な話だが、方面軍司令官の上級大将を処罰して、何が何でもミンスク陥落の責任を負わせるためには、それくらいの極端な罪状をでっち上げる必要があったのだろう。

以上挙げた予審のほか、本裁判での調書を見ると、有罪とするために戦前のパブロフの経歴まで取り上げられていた。裁判での記録をすべて紹介するのは無理なので、とりあえずパブロフが戦前からドイツと通じていた、とする罪状がどのように組み立てられたかを整理してみる。

①一九三二年に白ロシア軍管区勤務の時、当時の司令官イエロニム・ウボレヴィッチに目をかけられ、彼の推薦で管区の戦車隊指揮官に抜擢された。
②その時、メレツコフも同じ管区の参謀長として、ウボレヴィッチの片腕であった。
③それからウボレヴィッチの推薦で、パブロフとメレツコフはスペインに派遣され、共和国軍を指揮した。
④その間一九三七年六月に、ウボレヴィッチはトゥハチエフスキー等とともに「反ソ陰謀」に加担した罪によって処刑され、パブロフはメレツコフやクーリクとともに、赤軍幹部の逮捕、処刑に反対する陰謀について相談した。
⑤スペインでの経験からパブロフとメレツコフは独軍の優秀さに感銘をうけ、将来もドイツとは戦争してはならぬ、との結論に達した。
⑥そのためパブロフは西部方面軍司令官になって独軍の攻撃があっても、わざと有効な戦闘準備態勢をとらず、よって独軍は容易に白ロシアを征服しミンスクを占領した。

パブロフは必死になって、自分に着せられたこれらの「反ソ陰謀」の嫌疑に反駁している。だがパブロフ有罪のシナリオが事前にできあがっていた以上、もはやどんな抗弁も無駄だった。一九四一年七月二十二日、ソビエト最高裁軍事法廷で、西部方面軍司令官パブロフ以下、同参謀長クリモフスキフ少将、同通信班長グリゴリエフ少将、第四軍司令官コロブコフ少将の四人に対して次のような判決がくだった。

ソビエト社会主義共和国連邦の名において、最高裁判所軍事法廷は一九四一年七月二十二日モスクワ市内での非公開の審理で、パブロフ、クリモフスキフ、グリゴリエフ、コロブコフに対する告発について審議した。

予審および本法廷で明らかになった結論は、被告パブロフとクリモフスキフ——前者は西部方面軍司令官・後者は同参謀長——が、開戦時の行動においてソビエト連邦の敵ドイツ軍への恐怖心にとらわれ、任務を放棄し、統率力を失い、部隊指揮の崩壊をゆるし、戦わずして敵に兵器を引き渡し、無断で赤軍の一部を戦闘配置から除外させ、まさしく防衛線を攪乱《かくらん》させて、敵に前線突破の機会を与えた。

被告グリゴリエフ西部方面軍通信班長は、開戦初日の行動においてパニックを呈し、結果的に軍から発するべき平常の協同作業の連絡もなく、部隊指揮を攪乱させた。

被告コロブコフ、第四軍司令官は、弱気と臆病を呈し、おのれの職責の犯罪的怠慢で、結果として自分に委託された兵力を大きく喪失させ混乱させた。

かかる被告たち、パブロフ、クリモフスキフ、グリゴリエフ、コロブコフは臆病、怠慢、パニックによって労農赤軍に甚大な損害をもたらし、主要戦区の一つで敵に正面突破の機会を創出した。これはロシア・ソビエト社会主義共和国連邦刑法第一九条第一七項の六および第一九三条第二〇項の六の罪に相当する。

軍事法廷はパブロフ、クリモフスキフ、グリゴリエフ、コロブコフから軍称号を剥奪し、四人全員に極刑判決を下す——銃殺と全財産没収。判決は最終にして上告に及ばず。

パブロフ処刑の余波

判決文によるかぎり、予審尋問で問題とされたパブロフの戦前の「反ソ陰謀」加担の件については、罪状に挙げられていない。しかしパブロフもやはり第九章で触れた「スペイン帰組」の一人なのであって、ここでもスターリンがスペイン帰りがドイツと通じて、何らかのサボタージュ行為に走った、と考えたとしてもおかしくない。そして、尋問で名前の挙がった前参謀総長キリル・メレツコフはすでに六月二十四日に逮捕されていた。のちのメレツコフの証言によると、ベリヤのNKVDの係官からひどい暴行をうけ、肋骨の一本が折れたほどだったという。パブロフへの尋問で、「戦前から陰謀に加担していたことを示す資料」というのも、メレツコフから無理矢理自白させた、スペイン内戦当時の二人の関係から強引に共謀の事実を捏造《ねつぞう》しようとしたのではなかったか。

ドイツ側が最大の戦力を投入してきた白ロシア正面での敗北の責めをパブロフは無理にとらされたが、それはウクライナ正面を独軍の主攻撃方向と見なしたスターリンの開戦前の誤断によるところが大きい。それを棚に上げて、スターリンはミンスク陥落のショックと怒りをパブロフ以下西部方面軍司令部にぶつけたことになる。

スターリンのパブロフへの怒りはこれだけに止まらず、一九四一年十月一日付けでパブロフの親族も「祖国の裏切り者の親類、扶養家族」であるとの理由で、シベリアのクラスノヤルスク地方への追放と五年間の選挙権剥奪の刑に処せられた。連座したのはパブロフの両親、妻、姑、息子である。ちなみにパブロフの親族が釈放されるのはスターリン死後の一九五四年である。そしてパブロフ自身の名誉回復はそれからあとの一九五七年になってからであり、理由は「本件に犯罪を構成する要件が不在のため適用を中止」というものであった。

ただしメレツコフは奇跡的にスターリンへの直訴《じきそ》が奏功し、九月には釈放されて軍務に復帰し、独ソ戦争でも対日戦でも重要な働きをすることになる。だがメレツコフの例は特別であって、すでに戦争直前に逮捕されていたルィチャゴフ以下空軍幹部二〇名は釈放されず、独軍がモスクワにせまった一九四一年十月二十八日、ソ連政府の疎開先のクイヴィシェフ近郊で、ベリヤのＮＫＶＤの手によって裁判抜きで銃殺された。その理由はよくわからないが、パブロフを皮切りとする「スペイン組」粛清の一環ではなかったかとも思われる。

その後の戦況

これ以後の独ソ戦争の軍事的展開については、多数の研究があるのでここでは最小限に止める。

たしかに、ウクライナこそヒトラーとドイツ側の主攻撃目標であるとするスターリンの読みは完全にまちがっていたわけではない。ソ連側で最大の戦力を割り当てられたキルポノス指揮の南西部方面軍は、緒戦からドイツ南方軍集団の進撃を阻止し、その結果、七月末から八月にかけて、戦線は中央部で独軍の突出、南西部でソ連軍の突出という状況が生じる。そこでドイツ側では次の作戦目標をめぐって、ヒトラーと軍首脳とのあいだで「統帥危機」と呼ばれる議論となった。要はキエフかモスクワか、ということである。

結局八月二十一日付けで、ヒトラーの決断によって、キエフ優先、モスクワ後回しとの戦略が決まった。この時の指令でのヒトラーの構想とは、「冬到来前に到達すべき最緊要の目標は、モスクワの奪取にあらずして、クリミア半島、ドネツ流域の工業地帯と炭田の奪取、カフカーズからのロシア側石油供給の遮断にあり」、というものだった。攻めるドイツ側でも独裁者はやはりウクライナの資源奪取を最大目標としていたのである。

このヒトラーの指令により、ドイツ中央軍集団の第二機甲集団が南転して北上する南方軍集団の第一機甲集団と九月十六日に合流し、ソ連南西部方面軍全体の退路が絶たれた。スターリンからの撤退命令は遅きに失して、十八日、包囲された中で司令官キルポノスと参謀長トゥピコフは戦死した。これまで見てきたように、前年末からベルリン駐在武官を務め、スターリンの対独判断にかなりの影響を与えたと思われるトゥピコフが、スターリンのもっとも重視する方面で戦死したのも何かの因縁であろうか。

かくてウクライナ共和国の首都キエフもドイツ側の手中に帰し、ソ連南西部方面軍はその司令官とともに壊滅した。だがドイツ側の「バルバロッサ」作戦はこれで終わりとなり、ドイツ側は再び陣容を立て直して、モスクワ攻略「台風」作戦を新たに立ち上げなければならなくなった。その後の経過は次のようになる。

十月二日　独軍総攻撃開始。
十月七日　最初の降雪観測。
十月十三日　スターリン、モスクワから政府官庁と外国公館の退去と東方のクイヴィシェフへの疎開を指令。
十月十六日　モスクワ市内パニック発生。スターリンがモスクワ周辺に戒厳令宣告。
十月二十日　ヴィアジマとブリャンスクでソ連の西部方面軍（八月に再編）とブリャンスク方面軍が包囲され全滅。ただし独軍側も泥濘《でいねい》と降雪により進撃頓挫。
十一月六日　モスクワ市内の地下鉄「マヤコフスキー広場」駅で革命記念日の式典開催。スターリンの「聖ロシア演説」。
十一月十七日　独軍総攻撃再開。
十二月五日　ソ連軍総反攻「天王星」作戦開始。独軍後退始まる。

こうしてドイツ側の「台風」作戦は失敗し、それとともにヒトラーの「電撃戦」戦略自体も終焉を迎えた。無論、スターリンとソ連国民にとっての試練と苦難はまだつづくことになるが、アメリカの参戦によって政治的、戦略的な優位性はスターリンのものとなり、ヒトラーにはただ、戦闘経験の未熟な赤軍に対する戦術的優位性しか残らなくなった。そして、一九四一年から一九四二年にかけての苦しい戦いの中で、かつてスターリンが期待をよせた陸大出身者を中心とする新世代の赤軍指揮官と参謀が目ざましい成長ぶりを見せ、ついに一九四三年二月、スターリングラードでの勝利をもたらすことになる。あまりにも無駄な犠牲をはらって、最後にスターリンの「正しさ」が立証されたと言えよう。

四、関係者たちのその後

最後に、スターリンとヒトラーをのぞく本書に登場した主な人物たちのその後を簡単に紹介する。職名は開戦時のものである。

政府首脳

外務人民委員ヴャチェスラフ・モロトフは開戦の一ヵ月前まで人民委員会議議長、すなわち首相も兼務するソビエト連邦のナンバー2だった。大戦中から戦後にかけて外相を務め、ヒトラーとの交渉で見せた粘り強さを米英相手の場合にも遺憾なく発揮し、スターリンの代弁者としてソ連を代表する存在となった。だが晩年のスターリンから疑われ、一時は夫人が投獄されるところまでいった。

一九五三年三月のスターリンの死後も、モロトフは後継のマレンコフ政権でやはり外相を務めた。一九五五年のジュネーブ四大国首脳会談ではソ連代表団の一員となる。しかし、一九五七年に党内での権力抗争でフルシチョフに敗れ、「反党分派活動」を理由に、マレンコフやカガノヴィッチとともに失脚。その後は駐モンゴル大使や在ウィーン国際原子力機構代表などに左遷され、のち引退。年金生活者として一九八六年に九十六歳で没。

内務人民委員ラブレンテイ・ベリヤは開戦後すぐにNKVD（内務人民委員部）とNKGB（国家保安人民委員部）を再統合させ、議長を務め、大戦中も秘密警察や強制収容所を支配し、対敵諜報の最高指導者として君臨した。戦後は原子力委員長も兼任して、ソ連の核兵器開発の責任者となる。

一九五三年のスターリンの死により、直後に発生した東ベルリン暴動の責任を追求され、クレムリン内で射殺されたとも、あるいは逮捕されて秘密裁判にかけられ、同年十二月に銃殺されたとも言われる。とにかく、大粛清以来ベリヤに恨みをもつソビエト軍部が新首相マレンコフおよびフルシチョフに全面的に味方した一種の「宮廷革命」ないしクーデターにより、ベリヤは排除され、その後のソ連の公式記録ではベリヤの存在そのものが否定された。

外国貿易人民委員アナスタス・ミコヤンは戦時中は国内物資調達や住民の東方疎開など、国内での後方任務で活躍。戦後のフルシチョフ政権でも外国貿易を担当し、「赤い商人」とも呼ばれた。フルシチョフ失脚後も党の長老として残ったが事実上政界からは引退し、一九七八年に没。

ゴスプラン議長ニコライ・ヴォズネセンスキーはスターリン側近の中ではもっとも自分の意見を明瞭に表現する人物で、大戦中はソビエト経済の中心人物として活躍した。だが戦後になってスターリンの疑惑が増大し、一九四九年「レニングラード事件」なる捏造された容疑によって処刑される。

国家保安人民委員フセヴォロド・メルクーロフは開戦直後のNKVDとNKGBの再統合で再びベリヤのもとで人民委員代理、さらに一九四三年の再分離で再度NKGB委員。さらに戦後も改称した国家保安相として留任。一九五〇年からは国家統制相となる。一九五三年、スターリン死後の反ベリヤ・クーデターでベリヤ等とともに銃殺となる。

コミンテルン書記長ゲオルギー・ディミトロフは一九四三年のコミンテルン解散後もスターリンのもとにとどまったが、一九四四年九月の赤軍のブルガリア侵攻にともない、ブルガリア共産党の党首として赤軍を国内に迎えるよう指示。一九四五年十一月になってスターリンから帰国が許された。帰国後、ディミトロフはブルガリア首相として、ブルガリアの共産化を推進し、同時に赤軍の撤退も実現させた。だが一九四九年にモスクワ近郊で病気療養中に没。

軍　人

国防人民委員セミョン・ティモシェンコは開戦後、人民委員職をスターリンと交代し、新設の南西戦域軍司令官となる。この職が廃止されたのちもSTAVKA（軍最高司令部）議長として各方面軍間の調整の任にあたった。戦後は各地の軍管区司令官を務め、一九七〇年に没。

国防人民委員代理兼赤軍兵器総監グリゴーリー・クーリクはスターリンから開戦後すぐに西部方面軍司令部に派遣されるが、茫然自失の体でまったく役に立たず。ついで第五四軍司令官に転じてレニングラード防衛にあたるも、まったく役に立たず解任。それからクリミアのケルチ半島防衛のため第五一軍を指揮したがまたもや失敗。これに激怒したスターリンは、クーリクを元帥から少将に降等処分とした。だが一九四四年には国防人民委員代理となり、編成業務に従事。一九五〇年、ヴォルガ軍管区司令官代理として同司令官ゴルドフとともに、スターリンへの不平が密告され、銃殺となる。

前参謀総長キリル・メレツコフは開戦後の一九四一年六月二十三日に前線視察に派遣され、翌二十四日、モスクワに帰ってきたところで逮捕・投獄される。だが九月に釈放され、戦争中は各地の方面軍司令官を歴任。一九四四年には元帥。一九四五年八月の対日戦では極東第一方面軍を指揮。戦後も各地の軍管区司令官を歴任する。一九六八年没。

赤軍政治本部長レフ・メフリスは一九四二年二月にはクリミア方面軍にSTAVKA全権として派遣され、独軍への反撃の指揮にあたる。しかしまったくの軍事の素人であるメフリスの無用な作戦指導により、五月には同方面軍麾下の三個軍がマンシュタイン指揮の独第一一軍によってケルチ半島から追い落とされ、セヴァストーポリをのぞくクリミア半島全体がドイツの手中に帰した。だがメフリスへの罰はスターリンからの叱責だけで、メフリス自身は一九四六年から国家統制相となる。健康上の理由から一九五〇年に辞任し、一九五三年二月、スターリンの死の一ヵ月前に没した。

GRU部長フィリップ・ゴリコフは一九四一年十月からは前線に復帰して第一〇軍やヴォロネジ方面軍などの指揮にあたる。一九四三年からは再び人民委員部で人事担当、さらに連合国復員問題会議でソ連代表。一九六一年には元帥。前線の部隊指揮官と中央の役職を交互に努めるという異色の経歴をおくった。ただし、ゴリコフの経歴についてはまだ研究の余地が残されている。一九八〇年没。

元参謀総長ボリス・シャポシニーコフは開戦後すぐにジューコフに代わって参謀総長となり、つねにスターリンに近侍して赤軍戦略の指導にあたったが、病身のため一九四三年に辞任し、一九四五年三月に没。

ドイツ陸軍参謀総長フランツ・ハルダーは、一九四一年十二月、ヒトラーが陸軍総司令官ブラウヒッチュを罷免して自ら新司令官となったため、ヒトラーに直属して対ソ作戦指導を担当することになる。そして一九四二年夏のドイツ側の攻勢「青」作戦指導に従事するも、九月にカフカース方面への作戦をめぐってヒトラーと対立し罷免され退役。その後は常時ゲシュタポの監視のもとにあったと言われ、一九四四年七月のシュタウフェンベルクによるヒトラー暗殺未遂事件で逮捕され、拘禁される。一九四五年四月、元国立銀行総裁シャハトや元オーストリア首相シュシュニック等の「重要国事犯」とともに銃殺寸前のところを、米軍に救助される。戦後は総長在職時の日誌を米軍側に提供し、これがニュルンベルク裁判で重要な証拠として採用された。

ハルダー自身はずっと米軍の「戦史調査部（Historical Division）」の中心人物として第二次世界大戦史の整理にあたり、国防軍潔白神話生成に尽力した。一九七三年の葬儀では西独連邦軍の正式の栄誉礼によって葬送された。

参謀総長ゲオルギー・ジューコフは開戦後すぐにSTAVKAの一員となり、七月末、予備方面軍司令官となり、八月のエリニャ戦で独中央軍集団の先鋒を撃退。九月にはレニングラード方面軍を指揮して同市の防衛に成功。十月からは西部方面軍を指揮してモスクワ防衛に成功。一九四二年二月からは西部全域総司令官。八月からは全軍最高司令官代理として、スターリンに次ぐ地位にのぼる。

そしてスターリングラードでの独軍包囲作戦を立案。一九四三年一月、ソ連邦元帥。五月からはクルスク方面での独軍の攻勢を撃破。一九四四年三月から第一ウクライナ方面軍、第二白ロシア方面軍を指揮してウクライナを奪還。一九四五年には第一白ロシア方面軍を指揮してベルリンに突入。五月九日、ベルリンのカールスホルストでドイツのヴィルヘルム・カイテル元帥等を接見し、独国防軍の降伏文書に署名させる。六月二十四日、モスクワの「赤の広場」で挙行された赤軍の戦勝記念パレードでは、前日落馬して肩を打ったスターリンに代わって、白馬に跨がって全軍を閲兵した。

ドイツに戻り、ドイツ占領軍司令官兼連合国ドイツ管理理事会ソ連代表となる。特に米軍総司令官アイゼンハワーと親交を深め、アメリカ旅行に招待され、これを快諾。だが、これらのジューコフの人気と行動がスターリンの嫉視と疑念を引き起こし、一九四六年に帰国命令。空軍元帥アレクサンドル・ノヴィコフの証言から、ベリヤはジューコフの「陰謀」の証拠をそろえる。ただし後のジューコフの証言によると、ベリヤがそろえた証拠を見たスターリンは、〝ジューコフがそんなことをするはずがない〟として却下し、ジューコフは辛くもオデッサ軍管区司令官、さらにウラル軍管区司令官という閑職への左遷で済んだ。一九五三年三月スターリンの死去にともない、国防相代理として中央に復帰し、フルシチョフを中心とするベリヤ追い落としのクーデターを支援、モスカレンコとともにベリヤ一派の逮捕と処刑に協力した。

一九五五年には国防相となり、ジュネーブ会談にソ連代表として参加。再び世界的注目を浴びる存在となる。一九五七年六月のモロトフらの「反党グループ」事件ではフルシチョフを支持。しかし十月にユーゴスラビア訪問中、フルシチョフの疑念が強まり、すぐに帰国するも国防相を解任される。

以後引退生活をおくり、そのあいだに回顧録執筆を開始。一九六四年十月のフルシチョフ失脚により、回顧録公刊を当局に出願し、党書記長ブレジネフの決断で一九六九年、『ジューコフ元帥〈回顧と思索〉』と題して出版。全世界一九ヵ国語に翻訳され、総部数は八〇〇万部にのぼったという。

その後信頼できる家族だけで回顧録の内容を訂正し、補足の原稿も執筆したが、ブレジネフ時代には日の目を見なかった。しかしジューコフ自身はブレジネフ時代にかなり復権し、公的な評価も高まった。一九七四年六月に没し、クレムリンに葬られた。葬儀の翌日、ジューコフ宅と別荘に当局の捜索が入ったが、家族はジューコフの私的文書、特に回顧録の未発表原稿を秘密の金庫に隠して押収を免れた。

ソビエト連邦末期の一九九〇年、回顧録の第一〇版が「最終版」として刊行されたが、そののち新版ごとに内容が補足され、現在では二〇〇二年の第一五版が最終版となっている。そして、ソビエト連邦解体後、ロシア連邦大統領ボリス・エリツィンの決定により、モスクワ「赤の広場」にジューコフの騎馬像が設置され、それまで「ヴォロシーロフ」名称陸軍大学だったのが「ジューコフ」名称陸軍大学に改められた。

外交官

駐ドイツ大使ウラディーミル・デカノゾフは独ソ開戦とともに帰国。ベリヤのもとでNKVDに勤務。最後はグルジア社会主義共和国内相となったが、一九五三年七月、ベリヤ人脈の一員として解任、逮捕。十二月には銃殺される。

駐ソ大使フリードリヒ・ヴェルナー・フォン・デア・シューレンブルクは開戦とともに帰国。ドイツ国内で元ライプツィヒ市長カール・ゲルデラーを中心とする保守派の反ヒトラー抵抗運動に加担し、ヒトラー打倒後の新政権では外相に予定されていた。ヒトラー暗殺失敗後、ゲシュタポに逮捕され、民族裁判所により国家反逆罪の咎で一九四四年十一月十日処刑される。

諜報員

ハロ・シュルツェ＝ボイゼン（スタルシナ）とアルフィー

ト・ハルナック（コルシカ人）は独ソ開戦後も、それぞれ航空省と経済省の要職にあって、ドイツ情報をソ連に送りつづけた。特に一九四二年五月から始まる独軍の夏季攻勢「青」作戦に関する情報をソ連に伝えた。しかし開戦によって、ドイツからソ連への無線通報の分量が急激に増大したため、ドイツ側ではゲシュタポとＯＫＷ（国防軍最高司令部）の防諜局の双方が注目し、結局八月から九月にかけて組織の他のメンバーとともに一斉に逮捕され、民族裁判所で有罪判決をうけ、十二月に処刑された。

ヴィリー・レーマン（ブライテンバッハ）はゲシュタポ職員でありながらソ連への通報をつづけたが、一九四二年八月、ドイツに落下傘降下したソ連の通報員が逮捕され、その口からドイツ側に正体が露顕し、秘密裡に処刑されたという。

終章　総括

以上、一九三九年八月の独ソ不可侵条約締結から、一九四一年七月のスターリンのラジオ演説とパブロフ処刑までの時期についての、主としてソ連側それもスターリンの判断と行動について、できるだけ旧ソ連公文書資料およびソ連側関係者の証言に基づいて考察してきた。ここでまとめの考察にうつる。

なぜスターリンはドイツの主目標をウクライナだと判断したか？

まず、スターリンが主目標をウクライナだと考えた理由については、単純なことだが、スターリンがウクライナの資源をもっとも大切なものと考えていたからである。ウクライナをドイツが狙っている、という考えはまだ第二次世界大戦が始まる前からスターリンは抱いていた。その代表例が以下に紹介するものである。

ソビエト・ウクライナについての英仏と米国の新聞紙上で持ち上がった騒ぎは特徴的である。これらのジャーナリストたちは、ドイツ側がソビエト・ウクライナに進撃しつつある、とか、人口七〇万にすぎぬカルパート・ウクライナ（ウクライナのもっとも西に位置するザカルパッチャ州のこと）をすでに奪取した、とか、あるいは、ドイツ側はことによると今春中に、三〇〇〇万の人口をもつソビエト・ウクライナをこのいわゆるカルパート・ウクライナに併合するだろう、などと声を嗄《か》らしてわめきつづけてきた（一九三九年三月一〇日、ソビエト共産党第一八回大会での演説）。

このスターリンの演説はまだ第二次世界大戦が始まる前のもので、世界情勢は混沌としてまったく予断を許さぬ状態だった。その時すでにスターリンは、ウクライナこそドイツの次の狙いだ、と予想している。その理由は、単にウクライナがスターリンとソビエト連邦にとって不可欠の存在であるから、というだけではない。ヒトラーのドイツはファシズム国家だ、とする共産党流の判断が重要である。当時のスターリンとソ連側、そして世界中の共産党員やシンパにとってのファシズム理解は、一九三五年の第七回コミンテルン大会で、コミンテルン書記長ゲオルギー・ディミトロフが発表して採択された「ディミトロフ・テーゼ」に基づいている。

このテーゼによると、ファシズムとは「金融資本のもっとも反動的、排外主義的、帝国主義的な分子の公然たるテロ独裁」ということになる。そのためヒトラーとナチス・ドイツのもつ、きわめて非合理的な政治思想もしくは理念についてはほとんど考察の対象外にある。たとえばヒトラー運動の最大の特徴である反ユダヤ主義も、スターリンやソ連側ではあまり真剣には取り上げていない。ソビエト共産主義絶滅のためのイデオロギー戦争という側面もさほど重視されてはいない。スターリンとソ連もしくは外国の共産主義者が取り上げるのはもっぱら、ヒトラー・ファシズムが金融資本の手先だ、という点である。すると、ドイツ・ファシズムもやはり、かつて第一次世界大戦を引き起こした帝国主義の新型版にすぎず、その目的とするところは金融資本のための、資源奪取のための侵略戦争であり、ソ連を攻撃する最大の理由はウクライナの資源奪取、ということになる。

本書で取り上げてきた関係者たちがそろって、ウクライナこそドイツの最重点目標と判断したのも、決して世上言われるような「独裁者の判断へのおもねり」などではなかろう。ソ連も世界中の共産党員も、スターリンとコミンテルンの判断を正しいものとして受け入れ、それに基づいた情報分析を行い、その結果をスターリンに通報していたのである。だとすれば、次のドイツの狙いは、対英長期戦にそなえるためのウクライナの資源確保、との報告がスターリンのもとに殺到したのは当然の結果ということになるのではないか。

「砕氷船テーゼ」

では、なぜスターリンは開戦直前の時期、ヒトラーへの宥和策によってドイツの攻撃を先延ばしすることが可能と判断したのか。これについて一九八八年に、西側に亡命した元GRU少佐ヴィクトル・レズーンがヴィクトル・スヴォロフ（正確な発音はスワローフ）なる筆名で発表した『砕氷船――Ledokol』が一つの説明を試みている。それによれば、独ソ不可侵条約に始まるスターリンの対独政策は、ヒトラーを自分の露払い、すなわち世界革命のための「砕氷船」として利用するのが一貫した目的だったという。そして、「バルバロッサ」作戦開始された一九四一年六月二十二日のわずか二週間後、すなわち一九四一年七月六日を期して、赤軍はドイツとその同盟諸国に対し全面攻撃に出る予定であった。だから「バルバロッサ」作戦はドイツ側によるぎりぎりのタイミングでの対ソ「予防戦争」であった、とするものである。

　このスヴォロフの著書はすぐにドイツで、名門出版社クレット・コッタ社から翻訳が出版され、それまでドイツ側による一方的な侵略戦印と断定されてきた独ソ戦争原因論に反駁《はんばく》する有力な説明として、一般にはかなりの好評を得た。そしてソ連解体後、ロシアでも刊行されている。また、有名なヒトラー研究家ヴェルナー・マーザーをはじめとして、「予防戦争」論に与《くみ》して独ソ戦争原因論についての修正主義的立場を採るドイツやオーストリアの論者はかなりの数にのぼる。

　しかし「ジューコフ回顧録」の完全版を精査してみると、スヴォロフの説はあまり根拠がないとの印象をうける。その理由はスヴォロフが、ジューコフがソ連当局との合作により、開戦前後のスターリン戦略の真相について、事実の捏造を図った、としている点にある。本書で随所に「ジューコフ回顧録」の完全版、すなわちソ連当局の検閲によって削除された部分の引用をしてきた。そのほとんどは、開戦前後の時期、スターリンとソ連側の怠慢や狼狽ぶり、あるいは準備不足を暴露する記述である。それらはなるほど、「ジューコフ回顧録」が発表された当時のブレジネフのソ連当局にとって、とても公表をはばかられるような無様な実情であり、超大国ソビエト連邦の威信と体面にかかわるような内容だった。

　もしスヴォロフの言うように、ジューコフとソ連当局が回顧録において、真相の隠蔽と捏造を試みたとすれば、どうして一九六九年の初版で大がかりな検閲と削除が必要だったのか。スヴォロフや、それに与する論者は「ジューコフ回顧録」の完全版を見ていないのは明らかである。

　無論、ソ連側による先制攻撃、もしくは攻勢戦略の可能性があった点は全否定するものではない。一九四一年八月以降、または一九四二年春でのソ連側による攻勢の可能性は否定できない。しかし、実際に「バルバロッサ」作戦が行われた一九四一年六月末から七月にかけての時点で、ソ連側から攻勢が予定されていた可能性はほとんどなかったと言うべきであろう。

ソ連側に「バルバロッサ」への対抗策はあったか?

もしソ連側がドイツによる「バルバロッサ」作戦の直前に完全な防御態勢に入っていたら、とする仮定はソ連時代から今日まで繰り返し論じられる問題である。たしかにその可能性は、パールハーバーにアメリカがそなえていた可能性よりもあり得ることだ。なぜなら、ハワイは広大な太平洋上の一点にすぎないのに対して、「バルバロッサ」の場合、何千キロにもわたる独ソの境界線でドイツ側は攻撃準備をしていたのである。したがって、この動きを秘匿しておく方が無理というべきである。だがスターリンはしつこく「挑発に乗るな」と指令し、かくて国境部隊を油断させ、国家をあわや崩壊の危機にまで追い込んでしまった。この点は、国家の最高指導者としてスターリンの責任に、弁護の余地はまったくない。

では、ジューコフ以下軍人たちの主張するように、「バルバロッサ」発動時にソ連側が完全な警戒態勢に入っていたとして、はたして独軍の攻勢にどの程度対処できただろうか。これもあくまで仮定の問題だが、戦力、特に戦闘経験の点で指揮官や参謀から下士官、兵にいたるまで、一九三九年の対ポーランド戦以来の実戦で鍛え上げられたドイツ国防軍に対して、ほとんど実戦経験のない、しかも粛清によって内部ががたがたになっていた赤軍には、たとえ完全な防御態勢に入っていたにしても、独軍の侵攻を阻止することは無理であったろう。ただ、局地的により有効な反撃を加えて、独軍の進撃をある程度遅らせることは可能だったろう。あるいはそれによって、両軍の戦線が現実に起こったよりももっと複雑に交錯する現象を引き起こし、ソ連側により多くの反撃の機会を与えることになったかもしれない。だが、それも指揮官の能力次第ということになる。

何よりも、最高指導者スターリン自身が独軍侵攻に対する精神的なそなえができていなければならない。かくて最終的な問題は指導者スターリン自身の姿勢ということになる。

スターリン独裁の意味

スターリン独裁、あるいはスターリン〝個人崇拝〟については、これまで膨大な数の研究や証言がある。しかしここで問題とすべきなのは、ヒトラーと手をむすんでからヒトラーとの全面戦争を迎えるまでの時期に、このスターリン独裁が彼自身の判断にどのような影響もしくは結果をもたらしたかということであろう。

一九三〇年代のソビエト連邦のすべての層に対する粛清によって完成したスターリン独裁において、広大なソビエト連邦の、否、世界中の共産党員にまで、まるで毛細血管か末梢神経のように、スターリンのその時々の判断と意志に、躊躇なく反応して実行する体制が築きあげられた。このスターリン体制の機械のような動きは本書で詳説したように、政府首脳から軍人、官僚さらには在外諜報員にいたるまで一貫したものになっている。

するとスターリンは、ここで取り上げた時期の判断と行動において、自分の作り上げた体制に押しつぶされかかったと言うべきだろう。多数の軍人や諜報機関の関係者を粛清しておきながら、対フィンランド戦争でその手ひどい結果が暴露されると、今度はあわてて態勢の立て直しに奔走する。ヒトラーとの不可侵条約によってソ連の取り分と勝手に了解して、東欧諸国を強制的に併合したことで、逆にヒトラーから決定的な疑念と反感を買うと、今度はあわてて対独宥和策にはしる。

要するに、自分が作り上げた独裁体制がスターリンの意のままに作動した結果もたらされたのは、スターリンの判断が誤っていたことを立証するという現実だった。無論、独裁体制であるから、ソ連国内でスターリンの失敗の責任を問う声は上がらない。側近も国民も沈黙しているから、その本心はわからないし、まさかスターリンの方から失政かどうかを尋ねることもできない。〝全能〟の独裁者として、自分の失敗の結果は自分自身で解決する以外にない。だから開戦直後の茫然自失の体はある意味、スターリンの示したきわめて希有な〝人間的〟現象だったと言える。それでもスターリンは自暴自棄に陥ることなく、この茫然自失から素早く立ち直り、政治と軍事の最高指導者として何をなすべきか、について腹をくくった。それが最終的にはヒトラーに対する勝利をもたらすことになった。

しかし、みずからの判断の誤りから起こったと言ってもよいソビエト「大祖国戦争」の勝利は、スターリンとソビエト連邦にとって実に苦いものであった。今日明らかになっているソビエト連邦の人的損害は二五〇〇万人から二七〇〇万人と言われる。この数字は第二次世界大戦の他のすべての戦線での犠牲者数とほぼ同じか、あるいはそれを凌《しの》ぐとも言われる。だから戦後、スターリンはもちろん、「スターリン批判」をしたフルシチョフも、フルシチョフを追放したブレジネフも、さらにはゴルバチョフにいたるまで、この未曽有の大戦の損害のつけを払う努力を強いられた。そして結局はどの政権もそれに成功しなかった。ゴルバチョフ政権になってやっと「情報公開」の必要性が認識され、本書で参考にした多くの公文書や回顧録、証言が公開され、独ソ戦争勃発にまつわるスターリンの失敗の本当の原因も見えるようになった。だがそれは同時に、ソビエト体制の終焉との引き換えだったのである。

参考文献

資料集

"Velikaia Otetsestvennaia", redaktiei V.A.Zolotareva, 1993, Moskva.

vol.1 "Nakanune Voinui, Materialui Soveshaniia Vuisshego Rukovozhashego Sostava RKKA, 23-31 Dekabriia 1940g".

vol.2 "Prikazui Narodnogo Komissara Oboronui SSSR".

"Rossiia XX vek Dokumentui, 1941 God", otvetstvennui redaktor izdaniia S.S.Ghaplam poviti, 1996, Moskva.

"Zimnaiia Voina 1939-1940, I. V. Stalin i finskaia Kampaniia", 1998, Moskva.

"Slalin and the Soviet-Finnish War 1939-1940", translated by Tatiana Sokokina, 2002, London.

"Hitler i Stalin pered Sghvatkoi", redaktor L.A.Bezuimenskii, 2000, Veche.

"Glazami Tseloveka Moego Pokoleniia, Razmuishleniia o I.V.Staline", redaktor Konstantin Simonov, 1990, Moskva.

"Der deutsche Angriff auf die Sowjetunion 1941", hrsg. Gerd R. Uebershar/Lcv A.Bezuimenskii, 1998, Darmstadt.

"Soviet Documents on the Use of War Experience", translated by Harold S.Orenstein, 1991, London.

vol.1 "Initial Period of War 1941".

"Stalin and his Generals, Soviet Military Memoirs of World War II", edited by Seweryn Bialer, 1984, Boulder Colorado.

"Akten zur deutschen auswartigen Politik. Serie D: 1937-1941", 1950-1970, Frankfurt am Main.

"Atlas zur Deutschen Zeitgeschichte", hrsg. Werner Hilgemann, 1984, Munchen.

"Hitlers Weisungen fur die Kriegsfuhrung 1939-1945, Dokumente des Oberkommandos der Wehrmacht", hrsg. Walter Hubatsch, 1983, Koblenz.

"Kriegstagebuch des Oberkommandos der Wehrmacht 1940-1945", hrsg. Percy E.Schramm, 1982, Munchen Bd. 1 "1940-1941".

"Chronik des Zweiten Weltkrieges", hrsg. Hillgruber/Hummelchen, 1966, Frankfult am Main.

"Der Prozess gegen die Hauptkriegsverbrecher vor dem Internationaler Militargerichtshof Nurnberg, 1949.

『スターリン全集　別巻　レーニン主義の諸問題』　１９５０年　真理社

『スターリン「大祖国戦争」』　１９５１年　日本共産党東京都委員会宣伝教育部編

『ソ連邦重要人名辞典』　１９６１年　外務省欧亜局編

『国民文庫　ディミトロフ「反ファシズム統一戦線」』　１９７３年　大月書店

個人的な日記・回顧録・証言

"Special Tasks", Pavel A.Sudoplatov & Anatoli Sudoplatov, 1994, Boston.（『ＫＧＢ衝撃の秘密工作』 １９９４年 ほるぷ出版）
"Molotov Remembers, Inside Kremlin Politics, conversation with Felix Chuev", ed. Albert Resis, based "Sto Solok Besed s Molotovym", 1993, Chicago.
"Khrushchew Remembers, The Glasnost Tapes", 1990, N.Y.（『フルシチョフ 封印されていた証言』 １９９１年 草思社）
"Generalinuii Stab v Predvoennuie Godui", M.V.Zagharov, 1989, Moskva.
"Hitlers Polilisches Testament-Die Borman Diktate vom Februar und April 1945", 1981, Hamburg.（『ヒトラーの遺言・１９４５年２月４日－４月２日』 １９９１年 原書房）
"Khrushchev Remembers", 1970, N.Y.（『フルシチョフ回顧録』 １９７２年 タイム・ライフ・ブックス）
"Les Notres-Vieet mort d･ un agent sovietique", Elisabeth K.Poretski, 1969, Paris.（『絶滅された世代、あるソビエト・スパイの生と死』 １９９９年 みすず書房）
"Le Grand Jeu", Leopold Trepper, 1975, Paris.（『ヒトラーが恐れた男』 １９７８年 三笠書房）
"Generaloberst Halder, Kriegstagebuch", 1963, Stuttgant.
"Wir und der Kreml, Deutsch-sowjetisch Beziehungen 1918-1941, Erinnerungen eines deutschen Diplomaten", Gustav Hilger, 1956, Frankfult am Main.
"The Secret History of Stalin･ s Crimes", Alexander Orlov, 1954, London.
"In Stalin･ s Secret Service", Walter Krivitsky, 1939., N.Y.（『スターリン時代、元ソビエト諜報機関長の記録』第二版 １９８７年 みすず書房）

ジューコフ回顧録
"Vospominaniia I Razmuishleniia", Georgii Konstantinoviti Zhukov, 2002, Olma Press, Moskva.
"Marshal G.K.Zhukov, Vospominaniia I Razmuishleniia, 10e izdanie dopolnennoe po rukopisi avtora", 1990, Moskva.
"G.K.Zhukov Marshal Sovelskogo Soyuza, Vospominaniia I Razmuishkeniia", 1969, Moskva.（『ジューコフ元帥回想録・革命・大戦・平和』 昭和45年 朝日新聞社）

著作
"ＫＧＢ: The Insidestory of it･ s Foreign Operations from Lenin to Gorbachev", Christ opher Andrew & Oleg Gordievsky, 1990, London.（『ＫＧＢの内幕』 １９９３年 文藝春秋）
"Groznoe Leto 41Goda", v.A.Anfilov, 1995, Moskva.
"Iosif V.Dzugasvili 1879-1953", Aldo Agosti, 1983, Roma.（『評伝 スターリン』 １９８５年 大月書店）
"KGB-The Secret Work of Soviet Secret Agents", John Barron, 1973, N.Y.（『KGB ソ連秘密警察の全貌』 １９７４年 リーダーズダイジェスト社）
"Zhuokov-revised edition", Otto Preston Chaney, 1996, Univ. of Oklahoma Press.
"The Great Terror", Robert Conquest, 1973, London.（『スターリンの恐怖政治 下巻』 １９７６年 三一書房）
"Hitler･ s Stralegy 1940-1941, The Balkan Clue", Martin van Creveld,

1973, Cambridge Univ. Press.
"A History of The Russian Secret Servise", Richard Deacon, 1987, London.（『ロシア秘密警察の歴史』 １９８９年 心交社）
"The Great Purges/The Stalin Mytni", Issac Deutscher, 1965, London.（『大粛清・スターリン神話』 １９８５年 ＴＢＳブリタニカ）
"The Winter War The Russo-Finnish Conflict 1939-40", Eloise Engel/Lauri Paananen, 1973, N.Y.
"The Road to Stalingrad, Stalin・s War with Germany vol.I", John Erickson, 1985, London.
"Russia・s Road from Peace to War, Soviet Foreign Relations 1917-1941", Louis Fischer, 1969, N.Y.（『平和から戦争への道――スターリン外交の25年』 １９７０年 時事通信社）
"Diplomatischer Widerstand gegen 「Unternehmen Barbarossa」", Ingeborg Fleischhauer, 1991, Berlin.
"Operation Barbarossa, Strategy and Tactics on the Eastern Front 1941", Bryan I.Fugate, 1984, Novato（U.S.）.
"Thunder on the Dniepr, Zhukov-Stalin and the Defeat of Hitler・s Blitzkrieg", Bryan I.Fugate/Lev Dvoretsky, 1997, Novato（U.S.）.
"Stumbling Colossus-The Red Army on the Eve of World War", David M.Glanz, 1998, Univ. Press of Kansas.
"When Titans Clashed, How the Red Army Stopped Hitler", David M.Glanz/Jonathan M.House, 1995, Univ. Press of Kansas.（『詳解 独ソ戦全史 史上最大の地上戦の実像』 ２００３年 学研）
"Grand Delusion, Stalin and the German Invasion of Russia", Gabriel Gorudetsky, 1999, Yale Univ. Press.
"Stalin Fremde Heere", Peter Gosztony, 1991, Bonn.（『スターリンの外人部隊・独ソの狭間で翻弄された〝赤い外国軍〟の実像』 ２００２年 学研）
"Sowjetische Zusammenbruch 1941", Pjotr Grigorenko, 1969, Frankfurt am Main.
"Der sowjetishe Aufmarsch im Bialystoker Balkon bis zum 22. Juni 1941 und der kessel von Wolkowsk", Volker Detlef Heydorn, 1989, Munchen.
"Die Zerstorung Europas, Beitrage zur Weltkriegsepoche 1914 bis 1945", Andreas Hillgruber, 1988, Frankfurt am Main.
"Hitlers Strategie, Politik und Kriegfubrung 1940-1942", Andreas Hillgruber, 1993, Bonn.
"Stalins Vernichtungskrieg 1941-1945, Planung, Ausfutrung, und Dokumentation" Joach im Hoffmann, 1999, Munchen.
"Yugoslavia in Crisis 1934-1941", J.B.Hoptner, 1961, N.Y.（『ユーゴスラビヤの危機 １９３４-１９４１』 １９７６年 中央公論美術出版）
"Stalin and the Shaping of the Soviet Union", Alex de Jonge, 1986, London.（『スターリン』 １９８９年 心交社）
"Der Wortbruch, Hitler Stalin und der Zweite Weltkrieg", Werner Maser, 1994, Munchen.（『独ソ開戦――盟約から破約へ』 ２０００年 学研）
『スターリン、ヒトラーと日ソ独伊連合構想』 三宅正樹 ２００７年 朝日新聞社
『国防軍潔白神話の生成』 守屋純 ２００９年 錦正社
"What Stalin knew; the enigma of Barbarossa", David E.Murphy, 2005, Yale Univ. Press.
"June 22 1941", A.M.Nekrich, 1968, The University of South Carolina

Press.
"L· orchestre Rouge", Gilles Perrault, 1967, Librarie Artheme Fayard.（『赤いオーケストラ』 １９７４年　潮出版社）
"Die Sowjetunion und die Verteidigung der Tschechoslowakei 1934-1938, Versuch der Revision einer Legende", Ivan Pfaff, 1996, Koln.
"Praventivkrieg? Der deutsche Angrift auf die Sowjetunion", hrg. Bianka Pietrow, 2000, Frankfurt am Main.
"Stalin· s Folly, The Tragic First ten days of World War II on the Eastern Front", Constantine Pleshakov, 2005, Boston.
"The Little Dictators, The History of Eastern Europe since 1918", Antonyy Polonsky, 1975, London.（『小独裁者達・両大戦開期の東欧における民主主義体制の崩壊』 １９９３年　法政大学出版局）
"Unternehmen Barbarossa, Deutsche und sowjetische Angriffsplane 1940/41", Walter Post, 1995, Hamburg.
"East Central Europe between the Two World War", Joseph Rothschild, 1974, Univ. of Washington Press.（『大戦間期の東欧・民族国家の幻影』 １９９４年　刀水書房）
"The 900Days, The Siege of Leningrad", Harrison Salisbury, 1969.（『攻防９００日　包囲されたレニングラード』 １９７２年　早川書房）
"The Unknown War", Harrison Salisbury, 1978.（『独ソ戦・この知られざる戦い』 １９８０年　早川書房）
"The East Europen Revolusion", Hugh Seton-Watson, 1950, London.（『東欧の革命』 １９６９年　新時代社）
"The Rise and Fall of the Third Reich", William L.Shirer, 1960.（『第三帝国の興亡』 １９６１年　東京創元社）
"Der Eisbrecher, Hiter in Stalins Kalkul", Viktor Sworow, 1989, Stuttgart.
"Stalin· s Secret War", Nikolai Tolstoy, 1981, London.（『スターリンその謀略の内幕』 １９８４年　読売新聞社）
"「Unternehmen Barbarossa」, Der deutsche Uberfall auf die Sowjetunion 1941", hrg. Gerd R.Ueberschar/Wolfram Wette, 1984, Paderborn.
"Expansion and Coexistence··, Adam B.Ulam, 1974, Praeger Publishers.（『膨張と共存　ソビエト外交史』 １９７９年　サイマル出版会）
"Das Russlandbild im Dritteri Reich", hrg. Hans-Erich Volkmann, 1994, Koln.
"Triumpf and Tragedy : A political Portrait of Joseph Stalin", Dmitrii Volkogonov,1982.（『勝利と悲劇　スターリンの政治的肖像』 １９９２年　朝日新聞社）
"Semi Vojudei", Dmitrii Volkogonov, 1995.（『七人の首領　レーニンからゴルバチョフまで』 １９９７年　朝日新聞社）
"Zwei Wege nach Moskau-Vom Hitler-Stalin-Pakt bis zum 「Unternehmen Barbarossa」", hrg. Bernd Wegener. 1991, Munchen.
"Germany Hitler & World War II", Gerhard L.Weinberg, 1995, Cambridge Univ. Press.
"Russia at War 1941-1945", Alexander Werth, 1964, London.（『戦うソビエト・ロシア　１９４１-１９４５』 １９６７年　みすず書房）
"Commissar, The Life and Death of Lavrenty Pavlovich Beria", Thaddcus Wittlin, 1972（「ベリヤ・革命の書清者」 １９８０年　早川書房）

『ヒトラーの戦争指導の決断　１９４０年のヨーロッパ外交』　義井博　１９９９年　荒地出版社
"Hitler･s Balkan Campaign and the Invasion of the USSR", Andrew L.Zapantis, 1987, Columbia Univ. Press.
"Istoriia Velikoi Otechestvennoi Voinui SSSR 1941-1945", Voennoe Izdetelistvo Ministerstva Oboronui Soyuza SSR, 1960, Moskva (『ソ連共産党中央委員会付属マルクス・レーニン主義研究所編・第二次世界大戦史』　１９６３年　弘文堂)
"Das deutsche Reich und der Zweite Weltkrieg, Bd. 4「Der Angriff auf die Sowjetunion」", hrg. Militargeschichtlich Forschungsamt, 1983, Stuttgart.

雑誌記事および論文

"Zametki k Biografii G.K.Zhukova", K.M.Simonov, Voenno Istoritseskii Zhurnal, 1987, No.6.7.9.10.
"Ot 「Junkersa」 1941 Goda K 「Tzessne」 1987 Goda", Voenno Istoritseskii Zhurnal, 1990, No.6.
"Delo No.R-24000 Generala Pavlova, Dimitriya Grigorievitsa"､ Kommunist Vooruzhennuich Sil, 1991, No.8.9.11.13.
"Upryamuie Faktui Natyala Voinui", N.G.Andronikov / R.V.Mazurkeviti/E.I.Zhyzin, Voenno Istoritseskii Zhurnal, 1992. No. 1.2.
"Ofitserskii Korpus Politicheskoi v Politicheskoi Zhizni Rossii Sbornik Dokumentov", Mariina Eliseeva, krasnaia Zvezda, 2003, No.4.
"Stalins 「Kriegsszenario 1939」, Eine Rede, die es nie gab", Sergej Slusch, Viertelschrift fur Zeitgeschichte, 2004, Bd. 4.
"Oprovergat Nevernuie Suzhdeniia o Nashei Razvedke", V.A. Zhurnal,. 2007. No.12.

著者略歴

守屋 純（もりや・じゅん）

1948年生まれ。早稲田大学卒。中部大学非常勤講師。専攻は国際関係史・軍事史。著書に『ヒトラーと独ソ戦争』（白帝社）、『独ソ戦争はこうして始まった』（中央公論新社）、訳書に『ドイツ参謀本部興亡史』『詳解　独ソ戦全史』『ヒトラーが勝利する世界』（学研）、『総統は開戦理由を必要としている』（白水社）など多数。

※本書は、中央公論新社から発行された『独ソ戦争はこうして始まった』を再編集・改題した内容になります。

『ジューコフ回顧録』完全版が明かす
独ソ開戦の真実

2017年10月1日　初刷発行
2020年10月2日　四刷発行

著者　守屋 純

表紙写真　Bundesarchiv
表紙デザイン　WORKS 若菜 啓

発行者　松本善裕
発行所　株式会社パンダ・パブリッシング
〒111-0053　東京都台東区浅草橋5-8-11　大富ビル2F
https://www.panda-publishing.co.jp/
電話／03-6869-1318
メール／info@panda-publishing.co.jp
印刷・製本　株式会社ちょこっと